项目资助

国家社会科学基金"十三五"规划2017年度教育学青年课题"西北农村中学教师教学研究能力发展困境与对策研究"（批准号CAA170243）

高中教师如何通过听评课做课堂教学研究

方洁 ◎ 著

中国社会科学出版社

图书在版编目（CIP）数据

高中教师如何通过听评课做课堂教学研究 / 方洁著 . —北京：中国社会科学出版社，2023.5
ISBN 978-7-5227-1335-9

Ⅰ.①高…　Ⅱ.①方…　Ⅲ.①高中—课堂教学—教学研究　Ⅳ.①G632.421

中国国家版本馆 CIP 数据核字（2023）第 022066 号

出 版 人	赵剑英
责任编辑	赵　丽
责任校对	王　龙
责任印制	王　超

出　　版	中国社会科学出版社
社　　址	北京鼓楼西大街甲 158 号
邮　　编	100720
网　　址	http://www.csspw.cn
发 行 部	010-84083685
门 市 部	010-84029450
经　　销	新华书店及其他书店
印　　刷	北京明恒达印务有限公司
装　　订	廊坊市广阳区广增装订厂
版　　次	2023 年 5 月第 1 版
印　　次	2023 年 5 月第 1 次印刷
开　　本	710×1000　1/16
印　　张	17
插　　页	2
字　　数	270 千字
定　　价	89.00 元

凡购买中国社会科学出版社图书，如有质量问题请与本社营销中心联系调换
电话：010-84083683
版权所有　侵权必究

目 录

第一章 绪论 …………………………………………………… (1)
 第一节 问题提出 ………………………………………… (1)
 第二节 研究目的与意义 ………………………………… (6)
 第三节 核心概念界定 …………………………………… (9)

第二章 文献综述 ……………………………………………… (14)
 第一节 "教师成为研究者"的相关研究及综述………… (14)
 第二节 "课堂教学研究"的相关研究及综述…………… (24)
 第三节 "听评课"的相关研究及综述…………………… (31)
 第四节 文献综述的启示 ………………………………… (42)

第三章 理论基础 ……………………………………………… (44)
 第一节 作为结构的理论——库恩范式理论 …………… (45)
 第二节 听评课范式的结构与要素 ……………………… (52)
 第三节 两种听评课范式的分析与比较 ………………… (54)

第四章 研究设计与实施 ……………………………………… (59)
 第一节 研究思路 ………………………………………… (59)
 第二节 研究范式 ………………………………………… (60)
 第三节 研究方法 ………………………………………… (62)
 第四节 研究对象的选择与确定 ………………………… (67)
 第五节 研究工具的研制 ………………………………… (73)
 第六节 研究实施过程 …………………………………… (77)

第七节 研究的信度与效度 …………………………………… (81)

第五章 教师通过听评课开展课堂教学研究的现实考察 ………… (85)
第一节 教师通过听评课开展课堂教学研究的现状剖析 ……… (85)
第二节 教师通过听评课开展课堂教学研究的问题反思 ……… (127)

第六章 教师通过听评课开展课堂教学研究的实践探索 ………… (151)
第一节 基于Y中学的实践案例：《盐类的水解》课堂
　　　　教学研究 ………………………………………………… (153)
第二节 基于S中学的实践案例：《化学键》课堂教学研究…… (187)

第七章 教师通过听评课开展课堂教学研究的理论建构 ………… (216)
第一节 教师通过听评课开展课堂教学研究的本质内涵 ……… (216)
第二节 教师通过听评课开展课堂教学研究的基本特征 ……… (221)
第三节 教师通过听评课开展课堂教学研究的基本理念 ……… (225)
第四节 教师通过听评课开展课堂教学研究的基本内容 ……… (229)
第五节 教师通过听评课开展课堂教学研究的基本路径 ……… (232)
第六节 教师通过听评课开展课堂教学研究的基本模式 ……… (234)

第八章 教师通过听评课开展课堂教学研究的实施对策 ………… (244)
第一节 学校层面 ………………………………………………… (244)
第二节 教师层面 ………………………………………………… (252)

结　语 ……………………………………………………………… (257)

参考文献 ………………………………………………………… (259)

第 一 章

绪 论

第一节 问题提出

一 普通高中课堂教学质量的提升呼唤教师研究课堂教学

21世纪是人类对教育充满期望的世纪：期望有新型的学校、期望有高质量的教育、期望培养出适应和推动社会发展的新人。显然，为实现这些期望，必然要求有新型的教师，这几乎成为世界各国的通识。[①] 于世纪之交启动的基础教育课程改革，是中华人民共和国成立以来教育领域最为广泛和深刻的变革；是深入实施科教兴国战略，迎接日益激烈的国际竞争的挑战，实现教育面向现代化、面向世界、面向未来的战略要求；是培养新世纪符合素质教育要求和时代精神的合格人才，构建具有中国特色的基础教育课程体系的必然选择。[②] 特别是普通高中课程改革，在培养目标、课程结构、课程内容、课程实施与评价等方面都有了全新的突破，并在课程功能、结构、内容、实施、评价和管理六个方面提出了具体目标，这无疑对教师的教育教学观、学生的学习观以及学习方式带来巨大冲击，并对教师专业素养提出了新的更高要求。

目前，随着普通高中课程改革的深入推进，要从根本上提高普通高中课堂教学质量，还有赖于教师专业发展的提升。要求教师反思、完善甚至转变许多习以为常的教育观念、教学方式和教学行为。从知识的传

[①] 叶澜等：《教师角色与教师发展新探》，教育科学出版社2001年版，第325页。
[②] 中国教育科学研究院课程教学研究中心课题组：《基础教育课程改革十年：经验、问题与对策》，《教育科学研究》2012年第9期。

授者转变为学生学习的促进者,从课程的忠实执行者转变为课程的建设者和开发者。可以说,课程改革能否达到预期目标,在相当程度上取决于能否拥有一支具有新课程理念,并能通过自己的教育教学行为实现新课程理念的高素质教师队伍。《国务院关于基础教育改革和发展的决定》中特别指出:"建设一支高素质的教师队伍,是扎实推进素质教育的关键。"《国家中长期教育改革和发展规划纲要(2010—2020年)》中也明确提出:"教育大计,教师为本。有好的教师,才有好的教育。严格教师资质,提升教师素质,努力造就一支师德高尚、业务精湛、结构合理、充满活力的高素质专业化教师队伍。"显然,促进教师专业发展是深化普通高中课程改革、提高普通高中课堂教学质量的必然要求。因此强调并通过多种途径促进教师专业发展,是当前推进新课程改革的重中之重。

教师专业发展的取向是多元的,整体而言,有外在控制的教师专业发展取向和内在控制的教师专业发展取向。而内在控制的教师专业发展取向又包括内在控制的保守型教师专业发展取向以及内在控制的超越型教师专业发展取向。[①] 与此相对,促进教师专业发展的途径也是多样的。既可以是教师个人的理论学习或实践反思,也可以是教师集中培训;既可以是学校有组织的集体教研活动,也可以是 S-U 合作。2003 年 3 月,教育部颁布《普通高中课程方案(实验)》指出:"学校应建立以校为本的教学研究制度,鼓励教师针对教学实践中的问题开展教学研究,重视不同学科教师的交流与研讨,建设有利于引导教师创造性实施课程的环境,使课程的实施过程成为教师专业成长的过程。"校本教研强调研究重心的下移、教学研究与教学实践的相互统一,力图使教学实践者成为教学研究的主体,促进其自身的专业成长与学校的良好发展。这从理论上解决了教育研究与实践的关系困惑,为深化课堂教学改革指明了方向并提供了保障,同时也对中小学教师提出了新的要求——教师成为研究者。这就意味着教师在教学过程中要以研究者的姿态置身于教学情境,以研究者的眼光审视和分析教学理论与实践中的各种问题,对自身的行为进行反思,对出现的问题进行探究,对积累的经验进行总结,使其形成规

---

① 赵明仁:《教学反思与教师专业发展——新课程改革中的案例研究》,北京师范大学出版社 2009 年版,第 67 页。

律性认识。

目前,以校为本的教学研究制度已经成为全国中小学校的一项常规性制度,广大教师因此拥有了实现可持续专业发展的途径。然而,长期以来,广大中小学教师只是被动接受教育理论的指导,仅仅充当教育理论的消费者。即使中小学教师有从事教学研究的机会,也只能处在辅助地位,配合专家、学者进行实验,把研究看作是独立于日常教育教学之外的事情。而且,很多人从教师的研究能力以及研究成果对教育教学实践的价值方面提出了质疑。他们认为,教育研究的意义在于其成果能够指导教学实践,而这种成果的有效性,取决于研究人员的理论水平和科研能力。也有人认为,教师没有受过专门的研究训练,缺乏规范的研究模式。除此以外,还有教师能否超越个人偏见、避免歪曲事实和自我错觉,教师研究视野的广度和深度能否具有较高的代表性和适用性等其他的质疑。另外,教师研究存在的普遍"失范现象"也加剧了人们对"教师成为研究者"的质疑与批判。其具体表现为:一是追求课题立项,认为只有承担课题才叫研究;二是写学术论文,认为只有发表学术论文才叫研究;三是模仿实证主义研究范式,认为只有遵循观察和实验的方法、获取事实、建立假设与验证假设、得出严格规范的结论才是研究;四是研究问题的认定模拟专业研究过程,结题论证、构建理论、评价获奖等。[1] 由此,学校盲目追求多项课题,教师普遍有着论文情结,然而教师"无能为力"造成了研究中的"无可奈何",教师专业能力未见提升却使自己身心疲惫乃至职业倦怠,普遍出现畏惧研究和排斥研究的心理倾向,教师研究日益呈现出功利化现象。[2] 那么,在"教师成为研究者"这一理念的指引下,教师到底应该研究什么? 如何开展研究?

诚然,教师工作与专业生活的场域在课堂,因此教师成为研究者应该充分发挥教师的个人优势与场域优势,同时应该将教师的研究与日常的专业生活有机融合、相互促进,只有这样才能真正使教师认识并体验到研究的必要性与可行性。首先,从个人优势来看,教师专业生活的场

---

[1] 阳利平:《对"教师即研究者"命题的探析》,《教育发展研究》2007 年第 10B 期。
[2] 徐炜霞:《知识与方法——"教师成为研究者"的再探寻》,《教育科学》2011 年第 2 期。

域在课堂,他们比其他研究者更熟悉课堂教学的内部细节和相关因素,更能深切感受到课堂教学中存在的实质性问题、有价值的经验、令人激动的方法,并且也只有一线教师才能获得鲜活、真实、动人的第一手材料。从这一点上看,一线教师与其他外来研究者相比,处在极其有利的位置,并且还拥有最佳的研究机会。其次,从场域优势来看,课堂是检验教育理论的天然实验室,教师可以通过科学研究的过程系统地解决课堂中遇到的各种问题。任何外来研究者都会不同程度地改变课堂的自然状态,若要既达到观察目的,又不改变原有状态,就只有依靠教师,因为教师本来就置身于教学中,对于教学活动,他不是一个局外人,而是掌握观察方法、了解观察意图且又不改变原来课堂教学情境的最佳人选。最后,从教学与研究的关系来看,教师的教学研究有两个层面的目的:一是"形而下",即通过对教学的反思、研究改进课堂教学;二是"形而上",即通过对教学的研究提升教学生活的意义,获得自身专业发展,实现自我成就感与幸福感。正如苏霍姆林斯基所说:"如果你想让教师的劳动能够给教师一些乐趣,使天天上课不致变成一种单调乏味的义务,那么,就应当引导每一位教师走上从事一些研究的这条幸福的道路上来。"[①]总之,教师成为研究者一定要聚焦课堂、研究教学。只有这样,教师才有可能使自己的教学与研究达到合目的性与合规律性的统一。然而从现实情况来看,中小学教师虽然也在不断地尝试开展课堂教学研究,但在实践中却效果甚微。教师反思常常流于形式,同伴进入课堂往往迫于学校要求,专家进入课堂也是来去匆匆,甚至还不熟悉课堂。这种松散的研究对改善课堂教学提升教师专业发展并没有多大的实际意义。[②] 为此,有必要从理论和实践两方面为教师开展课堂教学研究指明方向与道路。

二 听评课活动是教师开展课堂教学研究的最佳途径

教师开展课堂教学研究与专家学者不同,它的根本目的不是指向新理论的生成,而是针对课堂教学实践中真实存在的困惑与问题,运用科

---

① [苏] 苏霍姆林斯基:《给教师的建议》,杜殿坤编译,教育科学出版社 1984 年版,第 494 页。

② 王鉴、李泽林:《教师研究课堂:意义、路径和模式》,《教育研究》2008 年第 9 期。

学的理论与方法分析、解决问题，从而达到提高课堂教学质量并促进自身专业发展的目的。因此，教师开展课堂教学研究的途径也是多样化的。既可以是教师个人对课堂教学的反思或针对课堂教学问题开展的行动研究，也可以是教师集体备课或听评课活动，还可以是基于专家引领指导的课堂教学研究。但是，就教师个人所开展的研究而言，一方面教师对自己课堂行为的洞察分析是极其有限的，并且存在"当局者迷"的一面，正所谓"不识课堂真面目，只缘身在课堂中"，因此他们在自己的课堂教学中不能有效地发现其中存在的实质性问题；另一方面，即使教师发现了课堂教学中存在的一些问题，往往也囿于自己的经验，无法跳出思维定式理性客观地思考、分析并解决问题。因此，教师要能够真正意识到自己的课堂教学问题，并开展有效的课堂教学研究，还需要和其他研究人员合作。这些研究人员既可以是专业的理论工作者、教研员，也可以是自己的同事。他们在课堂中所开展的是一种"客位的"研究，比较客观公正，而且他们不用考虑教学的进程与课堂的场面，可以就某一个问题进行较为深入地研究，并尽可能详细地描述多变的课堂教学。因此，在同事或同伴的帮助下，教师可以更加有针对性地发现并分析解决课堂教学问题。其实，这种同伴互助的课堂教学研究就是专业听评课活动，具体来说，是教师为了改进课堂教学，在自我反思的基础上通过同伴互助或专业引领，运用科学的理论与方法发现真实课堂教学中存在的各种问题，并通过深度对话分析解释问题，最后达到问题解决的一种教学研究活动。在这个过程中既有授课教师"主位"的研究，又有听课教师"客位"的研究。其根本指向是提高课堂教学质量，促进教师专业发展。因此，从这个角度来看，听评课活动理应是教师开展课堂教学研究的最佳途径。

然而，作为中国教师最熟悉也最具有中国特色的听评课活动，长期以来由于受多种因素影响其功能被异化，很多学校把听评课当作一种对教师进行评价与考核的工具或手段，或者通过听评课活动开展教学比赛等。在这种情况下，教师或将听评课活动视为要完成的任务，或将其视为表现自我、获得个人利益的途径，有时甚至成了教师的"难关"，以至于教师参与听评课活动，所花时间较多，所获效果有限。很多教师未能深刻认识到听评课对于课堂教学研究的意义与价值。

因此，在大力提倡校本教研、教师成为研究者的背景下，听评课活动的目的与指向应该发生根本性转变，充分发挥其教学研究的本体功能。作为教师日常的一项专业活动，一方面指向课堂教学本身，通过对教学问题的研究改进课堂教学，提高课堂教学质量；另一方面是指向教师，使教师通过听评课活动学会关注课堂、研究课堂，促进自身专业发展。其实，这是同一个过程的两个方面，并且相互影响、相互促进。教师在针对课堂教学问题改进课堂提高课堂教学质量的过程中，专业能力自然会有所发展和提升；如果教师的专业能力提升了，对课堂教学问题的认识和分析就会更加深刻有效，课堂教学质量也就能够自然而然提高。

另外，在笔者所查阅的相关文献资料中，对于教师开展教学研究的方式与途径，多是从教师个人反思、课题研究、实验研究、行动研究等方面进行理论阐述，鲜有从听评课的视角系统研究教师如何做课堂教学研究的相关理论与实践成果。总体来看已有的研究理论探讨多，实证研究少；普适性观点多，实质性观点少；推论演绎多，探索归纳少。因此，有必要将听评课活动置于教学研究的语境中，通过实证研究归纳探索普通高中教师如何通过听评课开展课堂教学研究，使教师真正意识到听评课对于课堂教学研究的独特意义与价值，并引导教师学会如何通过听评课开展课堂教学研究，从而提高课堂教学质量并促进自身专业发展。

基于上述理论与实践背景，本书围绕"普通高中教师如何通过听评课开展课堂教学研究"这一核心问题，重点关注以下子问题：

实然层面：普通高中教师通过听评课开展课堂教学研究的现状如何？目前存在哪些问题？成因是什么？

应然层面：普通高中教师通过听评课开展课堂教学研究的本质内涵与基本特征是什么？教师通过听评课开展课堂教学研究应该具有怎样的基本理念？研究什么内容？基本的路径与模式是什么？有效实施的对策是什么？

第二节　研究目的与意义

一　研究目的

1. 通过文献研究，考察关于听评课和课堂教学研究的理论论述与实践探索，了解前人做了什么，做到什么程度，借鉴其研究视角和趋向，并找到理论依据。在此基础上建立分析框架，确定研究思路与方法，设计调查问卷、访谈提纲和观察量表等研究工具。

2. 通过调查研究，从实然层面了解普通高中教师通过听评课开展课堂教学研究的现状，深入分析其存在的问题，挖掘问题形成的原因，为建构教师通过听评课开展课堂教学研究的相关理论提供现实依据。

3. 通过行动研究，与个案学校教师合作探索普通高中教师通过听评课开展课堂教学研究的路径与模式，并及时归纳总结实践经验，为建构教师通过听评课开展课堂教学研究的相关理论提供借鉴与启示，并在此过程中帮助个案学校的教师改进课堂教学，提升专业素养。

4. 通过归纳总结，建构普通高中教师通过听评课开展课堂教学研究的基本理论。具体包括：教师通过听评课开展课堂教学研究的本质内涵、基本特征、基本理念、基本内容以及基本路径与模式。

5. 在以上理论与实践研究的基础上，从学校和教师两个层面提出教师通过听评课开展课堂教学研究的实施对策。

二 研究意义

（一）理论意义

1. 充实教师通过听评课开展课堂教学研究的本土理论

在前人研究的基础上针对甘肃省兰州市普通高中化学教师开展调查研究，并且针对特定的个案研究对象深入实践开展行动研究，从而，建构较为系统并有针对性的普通高中教师通过听评课开展课堂教学研究的相关理论。所得出的研究结论虽不具有很强的普适性和推广性，但由于扎根于实践研究场域，能够获得相对丰富而又宝贵的第一手资料，且通过对原始资料的分析能够建立起指导具体实践的可操作性理论，因此能够充实教师通过听评课开展课堂教学研究的本土理论。

2. 丰富普通高中教师专业发展的相关理论

提升教师专业发展的途径是多样化的。从专业听评课范式这一视角切入，研究教师如何开展课堂教学研究，不仅能有效提高课堂教学质量，而且能提升教师专业发展。在此基础上总结提升教师专业发展的实践经验，可以为提升教师专业发展提供可行的路径与模式，从而丰富教师专

3. 为普通高中教师通过听评课开展课堂教学研究提供学科层面的范例

关于课堂教学研究的相关成果比较丰硕，但把听评课置于课堂教学研究语境中开展研究的成果却十分有限，特别是基于普通高中教师并针对具体学科问题探讨如何通过听评课开展课堂教学研究的成果更是寥寥无几。因此，在普遍调查甘肃省兰州市普通高中化学教师听评课现状的基础上深入个案学校，与化学学科的教师合作开展行动研究，所获得的典型案例可以为普通高中教师通过听评课开展课堂研究提供学科层面的范例。

（二）实践意义

1. 为进一步推进甘肃省普通高中课程改革提升课堂教学质量提供方法引领

随着普通高中课程改革进入深水区，课堂教学中的问题日益凸显，教师的专业水平亟待提升。我们必须关注普通高中课堂教学，从根本上提升普通高中课堂教学质量。那么，到底如何提升？具体的抓手是什么？通过教师最熟悉的听评课活动引领教师研究自己的课堂教学，发现解决课堂教学中的问题，并归纳总结相关的实践经验和理论，可以为进一步推进普通高中课程改革提升课堂教学质量提供方法引领。

2. 为促进甘肃省普通高中教师的专业发展提供切实可行的实践经验

教师的专业发展离不开教师自身素养的提高，同时教师只有把教学实践与教学研究融为一体并相互促进时，两者才能得到实质性的发展与提升。因此，通过扎根实践场域探索普通高中教师如何通过听评课开展课堂教学研究，能够为普通高中教师的专业发展提供切实可行的实践经验。

3. 解决教育教学理论与课堂教学实践分离的"两张皮"现象

一线教师通过听评课开展课堂教学研究，不仅可以提升教育教学经验，使其上升到理论的层面，而且可以运用教育教学的理论开展课堂研究解决课堂教学问题，在这个过程中，理论对实践的指导以及从实践中归纳总结理论就有了抓手，可以有效解决教育教学理论与课堂教学实践分离的"两张皮"现象。

4. 解决教师日常教学工作与教学研究的"疏离"问题

目前，教师普遍认为追求课题立项、发表学术论文、模仿实证主义研究范式才叫研究，因而对研究望而生畏或力所不及，这其实是对教师教学研究的误解。教师的研究应该与教师的日常教学工作紧密相连，在教育教学中做研究，在研究中开展教育教学工作，两者相互促进、相得益彰。因此，教师在日常的听评课中开展课堂教学研究，解决课堂教学问题，提高课堂教学质量，促进自身专业发展，从而可以有效地解决日常教学工作与教学研究"疏离"的问题。

5. 为普通高中教师开展课堂教学研究提供理论与方法引领

新课程呼唤研究型教师，那么什么样的研究是适合一线教师的研究？怎样开展研究？这是摆在教师面前的普遍困惑。基于听评课活动的视角，通过实践研究探索普通高中教师通过听评课开展课堂教学研究的路径与模式，能够为普通高中教师开展课堂教学研究提供理论与方法的引领。

第三节 核心概念界定

本书中主要涉及课堂教学研究、专业听评课和范式三个核心概念。对课堂教学研究和专业听评课进行界定，主要是因为通过文献研究发现，虽然课堂教学研究和听评课本身的历史较长，但是将其作为研究对象开展研究却是近些年才出现的。目前，学术界对于这两者的界定也是众说纷纭。因此，本书在文献梳理的基础上结合实践研究重新界定了这两个概念。而关于范式，本书中主要是沿用范式的提出者——库恩关于范式的界定。

一 课堂教学研究

什么是研究？按照《现代汉语词典》的解释，"研"的直接意思是"细磨"，"究"的直接意思是"仔细追求，追查"。"研"是把整块的东西磨碎了，以便于观察、服用，用的是分析的方法；"究"是对事物追根问底，以便了解其走向，用的是综合的方法。因此，研究有两种方向和方法：一是深入到事物内部，研究其细部；二是指向其来龙去脉，研究其发展。

什么是课堂教学研究？现有文献中还没有一个非常明确统一的界定。与之相关的另一个概念即课堂研究，也是仁者见仁、智者见智。笔者对其进行深入分析，发现其观点不同的原因主要在于对课堂的认识与理解不同，因而有必要首先考察课堂的内涵。我国有学者已总结了国内外学者关于"课堂是什么"的观点和理解[1]，如表1—1所示。

表1—1　　国内外学者关于"课堂是什么"的观点和理解

	观点一	观点二	观点三	观点四
传统课堂观	教室/"班级"	知识传授的场所	人才培养的专门场所	
生命课堂观		知识传授的场所	人发展的场所	
田千兴等	社会实践活动			
沃勒等	生态系统			
佐藤学	原始共同体社会	群体性社会	学习共同体	
郑金洲	师生之间交往、互动的舞台	引导学生发展的场所	探究知识的场所	展现教师智慧的场所
陈时见等	物理空间	特殊的社会舞台	系统整体	
吴小鸥等	场环境			
夏纪梅等	场评价			
吴康宁等	社会活动场	教育活动场		
王鉴等	学习型共同体			

由此可见，不同的学者对课堂的理解不同。总体来看，可以用以下三种观点作总结。第一种是指课堂教学的场所，即教室主要是指教学的环境或上课的地方；第二种是指课堂教学，就是发生在教室里的教学活动；第三种是指课堂是一个"学习型共同体"，是由年龄水平相当、发展水平接近的同龄人组成的以学习活动为主的共同体组织，是学生学习、生活、成长的主要场所，是教师开展教学活动、引导与指导学生、自身专业发展的共同体。[2]

---

[1] 李泽林：《西北地区普通高中课堂变革研究》，博士学位论文，西北师范大学，2010年，第44页。

[2] 王鉴：《课堂研究概论》，人民教育出版社2007年版，第59页。

与课堂的含义相对应,课堂研究也包括三个层次。一是把课堂作为教学环境加以研究,它是传统教学论中教学要素研究之一;二是在课堂之中研究教学活动,即所谓的教学研究;三是将课程与教学整合为一体的"课堂与教学论"的研究对象。现代意义上的课堂研究越来越接近第三种理解——把课堂作为教学研究的一个特殊对象,把课堂作为教学现象与规律发生的主要"场域",把课堂作为课程与教学研究的一个自然实验室。①

因此,依据上述学者对课堂以及课堂研究的认识,将课堂教学研究界定为:教师深入教学现象发生的"场域"——课堂之中,透过复杂的教学现象,发现与课程和教学相关的各种问题,并运用相关的理论与方法分析解决问题,从而提高课堂教学质量并促进教师专业发展的一项专业性活动。具体来说,课堂教学研究可以这样理解:

第一,以改进课堂、提高教学质量为目的;

第二,以教师为主体,强调教师通过行动开展研究;

第三,以课堂教学中真实存在的问题为对象;

第四,以科学的理论和方法为依托;

第五,以促进教师专业发展为旨归。

二 专业听评课

听评课是一个本土性的概念,在我国古代《礼记》中就有关于"天子视学"的记载;《学记》中也有"相视而善谓之摩"的说法。民国时期教育督导视察学校,也是通过听课了解学校的教育情况。②《中国教育百科全书》对听课作了系统阐述,是指领导对课堂教学进行监督、检查、指导的重要形式,是教学管理的必要环节之一。《教育词典》对评课定义为:对教师课堂教学进行分析评定、检查教学质量、总结经验的一种方式。由此可见,古往今来听评课的功能与作用是多元的。以上对听评课的定义更多体现的是听评课的监督、管理、评价和考核功能。然而发展到今天,其内涵与功能发生了根本性变化。目前,与听评课经常通用的

---

① 王鉴:《课堂研究概论》,人民教育出版社2007年版,第123页。
② 周坤亮:《听评课的不同价值取向》,《教育科学研究》2013年第12期。

术语组成了一个概念群，如课堂观察、观课议课、研课等。在对这些相关文献进行梳理的基础上，对听评课的内涵可以做以下三方面的理解：

第一，把听评课作为监督管理或评价考核的一种手段，这也是听评课最原始最基本的功能所在。

第二，把听评课作为研究课堂教学的一种方法。这种研究是一种自上而下的研究，而不是以教师为主体的研究。研究者通过对听评课搜集的信息进行定性分析和定量研究，可以获得改进课堂教学和管理等方面更为有效的策略，这种策略反过来又可以指导教师优化课堂教学和管理。

第三，把听评课作为一种校本研修活动。这是目前学界普遍比较认同的一种观点，认为听评课是一种横向的同事互助研究活动，既不含有自上而下的考核成分，也不含有自上而下的权威指导成分，其目的主要是通过听评课活动改进教学质量，提高教学水平。

根据以上观点，专业听评课是相对于以管理、监督、评价、考核以及指导教师及其教学为目的的传统听评课而言的，具体是指教师为了改进课堂教学，在自我反思的基础上通过同伴互助或专业引领，运用相关的理论与方法发现真实课堂教学中存在的各种问题，并通过深度对话分析解释问题，最后达到问题解决的一种教学研究活动。因此，专业听评课就其实质来说是教师相互之间合作开展课堂教学研究。具体来说，专业听评课可以这样理解：

第一，主体是教师，而不是教育行政管理人员或专家学者；

第二，目的指向课堂教学改进，而不是评价考核教师或监督管理教学；

第三，对象是真实自然的课堂，而不是作秀或表演的课堂；

第四，方式是教师自我反思基础上的同伴互助或专业引领，是基于实质性合作的深度对话，而不是各自为政或表面的形式化合作；

第五，手段是运用科学的方法发现问题并寻找客观的证据，而不是仅凭教师的个人经验或主观臆断。

三 范式

"范式"一词，由美国著名的科学哲学家库恩在《必要的张力》一文中首先使用。然而，这一术语的广泛传播以及人们对此的普遍认同，不仅源于库恩在其经典著作《科学革命的结构》中对"范式"概念的提出，更是源于"范式"一词对于科学革命结构变更的经典诠释。

那么，到底什么是"范式"呢？其实库恩在《科学革命的结构》中并没有给出一个确切统一的界定，以至于很多读者在阅读《科学革命的结构》的过程中产生了很大困难。后来，英国学者玛格丽特·玛斯特曼在《范式的本质》一文中对库恩的范式概念作了系统考察，整理出一份不完全的分析索引，并肯定"范式"这个词在《科学革命的结构》中至少有二十二种用法。她将范式的这二十二种不同含义概括为三种类型或三个层面：形而上学范式（或元范式）、社会学范式、人工范式或构造范式。[1] 八年后，库恩在《科学革命的结构》（第二版）的后记中进一步指出："范式一词有两种意义不同的使用方式。一方面，它代表着一个特定共同体的成员所共有的信念、价值、技术等构成的整体。另一方面，它指谓着那个整体的一种元素，即具体的谜题解答，把他们当作模型和范例，可以取代明确的规则以作为常规科学中其他谜题解答的基础。"[2]

因此，本书认为：范式是一个既包含形而上的理论体系，同时也包含形而下的具体范例的综合体。形而上的理论体系是指学术共同体持有的共同理念和价值观、相同的理论基础和解题方案等；形而下的具体范例是对形而上的理论体系的实践操作。

---

[1] ［英］玛格丽特·玛斯特曼：《范式的本质》，华夏出版社1987年版，第73—115页。

[2] ［美］托马斯·库恩：《科学革命的结构》，金吾伦、胡新和译，北京大学出版社2003年版，第147页。

第 二 章

文献综述

本书主要从"教师成为研究者""课堂教学研究"和"听评课研究"三个方面进行文献综述，采用纵向与横向相结合的思路，首先从纵向梳理国内外相关研究的历史发展线索，然后从横向归纳国内外相关研究的聚焦点，并对每一部分内容进行综述小结，最后整体论述文献综述对本书的启示。

第一节 "教师成为研究者"的相关研究及综述

教师成为研究者，作为教育领域令人注目的国际运动，走过了自己形成、发展的历程。关于教师成为研究者，已有的研究往往追溯至20世纪60年代斯腾豪斯的倡导，或认为与20世纪40年代兴起的行动研究有关。然而，早在20世纪初，塞克拉等主编的《教师教育手册》（第二版）则记载了更为久远的历史。亨森认为："课堂教师成为研究者并不是一个新的概念。"早在1908年，已经出现了使课堂教师从事研究的努力。两年后这个话题开始在专业杂志中出现。正如奥尔森所说："令人感兴趣的是，已经把教师看作是确定与教学相关的教育问题的人。而且，教师们对探究这些问题的解决方法负有责任，尽管他们的实践从来没有被看作是研究。虽然教师们的研究受到鼓舞，但在20世纪上半叶，他们的研究类型和水平一直是有限的。最初，教师们没有成为研究的主体，也不是完全的研究伙伴；他们主要的只是研究的接受者。"① 20世纪40年代，行动研究在美国盛极一时，当时勒温和科里等人领导了第一代行动研究。虽然，勒温认为行动研究是将科学研究者与实践工作者之智慧与能力结合起来解决某一事实的一种方法，然而基础教育的教师仍然只是参与者，并非真正的研究主体，致使研究游离于实践之外或边缘。因此，当务之急是提高教师研究的主体性，使教师真正成为研究的主人。② 1952年，万恩正式发表《教师成为研究者》一文，然而，由于20世纪60年代斯腾豪斯主持的"人文课程研究"作为一项经典性行动研究案例，在教育领域持续不断地引起人们的兴趣。所以他提出的"教师成为研究者""研究作为教学的基础"等观念仍影响至今。③

在我国，"教师成为研究者"并非纯粹的"洋为中用"或"舶来之品"。1952年我国在中小学成立教学研究组织，为的就是教师开展教学研究、钻研教材、熟悉教法。此后，我国涌现出一批边教学边研究的人民教师：1958年，江苏南京附属小学斯霞老师的"小学语文分散识字教学法"研究；20世纪70年代末上海青浦区教师在区科研员顾泠沅老师的带领下，围绕大面积提高数学教学质量展开的探索；于漪老师的语文教学研究、邱学华老师的小学数学"尝试教学法"研究……教师的研究不仅改进了自己的教学实践，而且也影响了我国的学科教学研究。如果说早期是优秀教师、骨干教师开展教学研究、以"学院型研究"为主的话，那么新世纪后的教育研究开始走"群众路线"，校本研究成为大势所趋。④ 2000年以来我国学者开始关注并介绍国外的相关研究成果，在理论层面进行探讨并在实践层面开展行动研究。今天，教师成为研究者仍然是一个纷纭争议的命题，综观已有文献，国内外对教师成为研究者的研究主要集中在以下几个方面：

---

① 宁虹：《教师成为研究者——国际运动 理论 路径 实践》，首都师范大学出版社2002年版，第4页。

② 李方安：《二十世纪西方教师研究运动发展脉络与启示》，《华东师范大学学报》（教育科学版）2009年第4期。

③ 高慎英、刘良华：《论"教师成为研究者"——斯登豪斯及其"人文课程研究"》，《外国教育研究》2002年第6期。

④ 卜静静：《我国中小学教师开展教学研究的历史演变》，硕士学位论文，华东师范大学，2010年，第1—2页。

一 关于"教师成为研究者的可能性和必要性"的研究

教师成为研究者是否具有可能性？有无必要性？一些研究者在这方面进行了探讨。

布克汉姆是教师成为研究者的早期倡导者。他的著作《教师的研究》对理解教师成为研究者和教师成为研究者的可能性和必要性有重要的启示意义。他从教师工作性质的角度强调："教师拥有研究的机会，如果能够抓住这个机会，他们将不仅能有力地推进教学的技术，并且使教师工作获得生命力和尊严。"[①] 对教师在教学研究中所处的尴尬地位，他指出："教师总是情愿站在旁观者的位置上，听凭大学的人员来定义他们的专业，他们只是在别人通过他们并不了解的实验向他们提供某种方法的时候向人道谢，而从来没有想到这些可能并不是真的适用，并且他们并没有参与其中。"[②]

斯腾豪斯在坚持教师成为研究者时指出，教师是课堂的负责人，从实验主义者的立场看，课堂是检验教育理论的理想实验室，而教师则是课堂和学校的潜在的实际观察者。因此，无论从哪个角度来理解研究，我们都无法否认教师拥有大量的研究机会。我们应该承认，每一个课堂都是一个实验室，每一位教师都是教育科学研究的成员。[③]

皮亚杰强调教师参与教学研究才能改变教师地位并树立教师尊严。他认为中小学教师正是因为脱离了科学研究才使他们失去了应有的学术声誉和专业地位。产生这种状况的原因，一方面是别人甚至是教育工作者认为，学校教师无论从技术或科学创造性方面来说都不是一个专家，而只是一个知识的传递者；另一方面是传统制度造成的结果，它已使得未来的中学教师根本不知道有从事教育科学研究的可能。从教师及其所处社会情境的角度来看，那些旧的教育观念已经把他们变成了基本知识

---

① 宁虹：《教师成为研究者——国际运动 理论 路径 实践》，首都师范大学出版社2002年版，第5页。

② 宁虹：《教师成为研究者——国际运动 理论 路径 实践》，首都师范大学出版社2002年版，第5页。

③ Stenhouse, "What Count as Research", British of Journal of Education Studies, No. 6, 1981, p. 24.

或比基本知识略高一点的普通知识的单纯传递者，不允许他们有创新的机会，更没有研究与发言的机会，从而局限于他们目前这种低下地位。[1] 由此，皮亚杰指出教育传统存在两个弊端：其一，使中小学教师脱离了科学研究；其二，是按照知识本身的标准而不是学生吸收知识的难易来设置教师的培训，由此导致的后果是使中小学教师失去了应有的学术声誉和地位，不能像医生、律师、科学家和大学教师等职业一样享有受人尊敬的专业地位。他主张通过参加教育科学研究使教师获得应有的尊严，同时也使教育学成为"既是科学的又是生动的学问"，取得它的正当地位。[2]

近年来，许多研究者认为教师从事研究能促进教师专业自主发展，增强他们的专业性。奥尔森指出，研究团体需要倾听教师的意见，而且有责任支持教师研究者发出他们自己的声音。豪泽和莱瑟尔认为，理论和实践的对立意味着理论者和实践者在地位上的差别，这种差别导致了高度科层化的教育体系。在这样的体系中，教师总是处于没有权利的地位。教师只是被动地听命于管理人员、课程论专家、教科书编纂者的指导，他们有时几乎没有发表意见的权利，也没有任何的专业地位。霍林斯沃斯、米勒和莱德也认为，教师这个群体历史地受到了压抑和控制，需要效法女权运动，像解放妇女那样解放教师。他们提出以教师研究作为解放教师的武器，指导他们的工作，可以使他们从那些无效的知识中解放出来。教师研究对教师意味着确信自己的能力，能够构建知识和改进他们的实践。采取研究的态度能够从一个否认个人的尊严和迷信外部权威的教育制度中把教师和学生解放出来。[3]

在我国，关于教师成为研究者的可能性和必要性也有诸多观点。王鉴认为，研究型教师是教师主体回归的必然，是教师职业专业化发展的

---

[1] [瑞]让·皮亚杰：《教育科学与儿童心理学》，傅统先译，文化教育出版社1981年版，第12、15、127页。

[2] 宁虹：《教师成为研究者——国际运动 理论 路径 实践》，首都师范大学出版社2002年版，第12页。

[3] Santa C. M. and Santa J. L., "Teacher as Researcher", *Journal of Behavior*, Vol. 27, No. 3, 1995, p. 446.

需要，是教师权利的体现和教育改革的迫切要求。① 杨启亮从教育传统、社会需求、教育现实三方面出发，强调一支真正拥有科研能力的现代高素质教师队伍的成长，必然选择教育科学研究的道路。② 陆有铨从时代发展入手，进一步强调教师成为研究者的重要性。他指出，工业革命以来，教育工作和教师工作的全部内涵可以简约为传授知识，但在知识经济时代，这种模式已不能适应时代需要，要求教师不但要有科研素质，而且要向"科研型"教师过渡。③ 宁虹等指出知识经济时代的特点与需要，迫切要求教师由知识传递者转变为教育实践研究者；丰富的研究机会，最佳的研究位置，为教师成为研究者提供可能。④ 教师只有成为研究者，不再只是别人研究成果的消费者，才能增强教师专业性，从而才能获得应有的学术声誉和专业地位。李润洲认为，从某种意义上说，教师之所以难以成为专业人员，更多的是因为教师的"知识传授者""社会代表者"的角色定位使然，从而压抑了教师本来就具有的探究、创新意识，也使本来富有创新、创造的教育日益蜕化为机械、重复的简单劳动，从而造成教师的专业性不强。因此，增强教师的专业性，首先需要教师拥有研究者的特质，成为教育教学的研究者。⑤ 也有学者指出，因为中小学教师进行的研究是特定的教学研究，是对自己的教学进行思考和探究，就是"在教学中研究，在研究中教学"。这种"教研相长"的结果可以"使教员因此可以少教，但是学生可以多学"。⑥

通过对"教师成为研究者"的可能性与必要性的相关研究的综述，国内外学者基本可以达成一定的共识。"教师成为研究者"有非常便利的

---

① 王鉴：《论教师主体与研究型教师》，《学科教育》2003年第5期。
② 杨启亮：《研究教育科学——未来教师成长的必然选择》，《教育发展研究》2001年第4期。
③ 陆有铨：《时代呼唤研究型教师》，《杭州师范学院学报》（人文社会科学版）2002年第1期。
④ 宁虹、刘秀江：《教师成为研究者：教师专业化发展的一个重要趋势》，《教育研究》2000年第7期。
⑤ 李润洲：《叙事研究与教师角色——兼答叙事研究到底是谁的方法》，《湖南师范大学教育科学学报》2005年第6期。
⑥ 高慎英：《教师成为研究者"教师专业化"问题探讨》，《教育理论与实践》1998年第3期。

地位和丰富的机会,因此为其提供了极大的可能性。而且教师成为研究者有很强的必要性,首先是其职业的特征和内在要求;其次是教师主体价值实现的有效途径;再次是教师专业发展的必然趋势;最后是社会发展和教育发展的迫切要求。

二 关于"教师成为研究者存在的问题与障碍"的研究

在强调"教师成为研究者"的可能性与必要性的同时,也有相当一部分人认为中小学教师成为研究者是不可能的。"教师成为研究者"的反对者在其可能性的质问上更为"振振有词","中小学教师肩负着繁重的教学任务,他们有多余的时间进行教育科研吗?进行教育科研需要一定的教育理论知识、研究方法和技术,中小学教师有这样的理论与研究水平吗?进行教育科研还需要一定的资金投入和仪器设备,如何在这方面来加以保障?"……如此多的诘难让人应接不暇。[①]

2003 年 7 月 12 日,在北京召开的"教师成为研究者"的理论与实践学术研讨会上,学者们把当前我国中小学教师成为研究者面临的各种各样的问题概括为四个方面:第一,教育观念和教育实践"两张皮"现象普遍存在,由于对"什么是教育、什么是研究"缺乏充分的理解,科研与教育教学、理论与实践结合不到一起。由此产生两种倾向,其一是认为研究无用,其二是片面追求教育研究的科学量化。第二,中小学教师以及社会公众舆论中存在着对教师进行教育研究的种种不同理解,如认为研究就是写论文;研究就是做课题;研究就是实验;量化就是科学;科研一定要获得可以普遍适用的规律才是成果。长期以来形成的种种诸如此类的理解中,包含着十分复杂的内容,既有合理的一面,也有不当的成分,既有需要改革调整的方面,又在现实中有着很强的支配力量。第三,中小学教师工作负担沉重,想做教育研究,但有心无力,没有从事教育研究的机会和时间。第四,中小学教师缺乏从事教育研究的有效训练,想做教育研究,但不会做教育研究,对教育研究存在相当程度的神秘感。[②]

[①] 闵钟:《关于"教师成为研究者"的理性思考》,《教学与管理》2001 年第 23 期。
[②] 《"教师成为研究者"理论与实践学术研讨会简述》,《教育研究》2003 年第 8 期。

一部分学者认为，中小学教师从事教育教学研究的不利条件和局限性主要有以下几个方面：传统思想观念的阻滞；教育科学理论修养不高；缺乏教育科研的知识和训练。因此，当前中小学教师从事教育科研中存在几个问题：从事教育科研的目标错位；教育教学和科研相分离；缺乏从事教育科研的内部动力和需求；问题和研究的意识淡薄。[1] 同时还有研究者指出，中小学教师成为研究者的障碍有：参与教学研究的时间少、设施短缺、教师素质低；[2] 中小学教师成为研究者面临教师自身素质较差和缺少外部条件支持的困难。[3]

综上所述，"教师成为研究者"存在诸多问题与障碍。有主观方面的也有客观方面的，有观念层面的也有操作层面的。学者们对该问题的论述大都从普遍层面阐述教师成为研究者所遇到的问题与障碍，缺乏结合具体个案从根本层面上进行深入挖掘，并分析其深层原因。

三 关于"教师成为研究者的定位"的研究

探讨"教师成为研究者的定位"问题实质上是对教师从事教学研究的必要性与可能性认识的深化，即教师应该成为什么样的研究者的研究。

20世纪60年代，斯腾豪斯提出教师即研究者的观点后，他的学生埃利奥特和凯米斯发展了他的思想，分别提出"教师即行动研究者"和"教师即解放性行动研究者"。20世纪80年代，舍恩进一步发展了"教师即研究者的观点"，提出了"教师即反思性实践者"的观点，并且把这一观点引入教师教育研究中。[4] 肖克特强烈主张在舍恩的实践认识论下推进教师专业化，他认为专业化的焦点是提高实践的质量，指出作为专业教育者的一个必要条件是把研究活动作为教师教育和教师工作的一个过程。他进一步指出这是一个教育者的反思实践的过程，试图超越"教师

---

[1] 褚远辉、辉进宇：《中小学教师成为研究者：价值、优势、局限、问题及措施》，《中小学教师培训》2004年第5期。

[2] 王卫东主编：《教师专业发展探新——若干理论的阐释与辨析》，暨南大学出版社2007年版，第24页。

[3] 肖钰士、曾文英：《中小学教师成为研究者的障碍及其突破》，《江西教育科研》2005年第6期。

[4] 王艳霞：《教师成为研究者——基于一所中学的个案研究》，北京师范大学出版社2011年版，第34页。

即研究者"和"教师即反思的实践者"的观念,新的教师研究形式出现了,即"批判的教师研究"或"批判性实践"。批判的教师研究不仅对静态知识观和教师研究的实证主义思想控制进行批判,而且开始着眼于反思"个人与制度"的关系以及批判学校再生产不平等的社会等级方式。批判的教师研究试图让教师通过他们自己的理解和行动,从而从实证主义的思想控制中解放出来。这种观点与教师专业发展有着本质的关联,批判性教育实践的发展不仅意味着"做"教育,而且学习和改变教育的结构,同时改变着教师在教育结构中的角色和功能。[①]

还有西方学者从概念层面对"教师成为研究者"做了界定。史密斯将"教师做研究"定义为:"教师对学校和课堂工作进行的一种系统的、有目的的探究,是教师与研究者、教学与研究的统一。"[②] 理查德·普林格在《教师是研究人员》一文中说:"当我谈到教师是研究人员的时候,我并没有把他们同那些用控制组和实验组进行复杂试验,并用各种技术手段来验证和测量成果的人相比,而只是想到他们是那种认真地使实践理论化或者是能系统而严格地考虑本人所从事的工作的人。"[③]

国内学者大都认为,如果把教师所开展的教育研究等同于专职教育科研工作者的研究,要求他们像专职的教育科研工作者那样运用规范的研究方法去进行理论构建,那么很容易就会得出教师从事研究工作的不现实。尽管广大的中小学教师与专职的教育科研工作者一样同为教育科研的主体,但他们的研究是有所不同的。这种不同主要表现在:教师研究的立足点在于解决教育教学中的实际问题;教师研究的着眼点在于沟通教育科学与实践的联系;教师研究的方式以行动研究为主。[④] 还有学者强调教师的教学研究是一种态度、一种意识。教师成为研究者,就是要研究怎样使自己的教学活动有教育的意义,怎样在自己的学生身上实现

---

① 李方安:《二十世纪西方教师研究运动发展脉络与启示》,《华东师范大学学报》(教育科学版) 2009 年第 4 期。
② Sima Yogev and Abraham Yogev, "Teacher Educators as Researchers: A Profile of Research in Israeli Teacher Colleges Versus university Department of Education", *Teaching and Teacher Education*, No. 22, 2006.
③ 陈桂生、赵志伟:《现代教师读本:教育卷》,广西教育出版社 2008 年版,第 350 页。
④ 闵钟:《关于"教师成为研究者"的理性思考》,《教学与管理》2001 年第 23 期。

教育的意义。这样做，研究完全融入了教师日常的教育教学活动，和他们的日常工作是一体的，同时，他们的教育教学活动也因为有了明确的、自觉的实现教育意义的意识而不再仅仅是知识的传递，它本身就是教育根本价值和意义的体现。① 但是也有研究者认为，教师研究不是一个领域问题，而是一种观念（或知识），一种方法，并不存在教师研究与专家研究的不同，教师研究与专家研究的价值诉求都是一致的，那就是知识的增长与创新。无论是人类发展，还是教师发展，其旨趣都是为了知识增长与创新。②

综上所述，教师研究从斯腾豪斯的"教师即研究者"概念的提出，发展到后来涉及"反思性实践"和"批判性实践"的专业化的观点，以及国内外其他学者对教师做研究的定位，都展示了教师研究发展的轨迹和方向。循着教师研究发展的轨迹不难看出：虽然一线教师所做的研究不同于专家学者的研究，但是教师研究的主体性越来越明显，由参与理论研究者开展的研究，或由理论研究者帮助开展研究，到作为研究主体自主开展研究，走着一条由外在引发到内在自发、由参与者到主持人的道路。这对于教师自我更新和促进教育转型变革具有重要意义。

四 关于"教师成为研究者的方式与策略"的研究

以上关于教师成为研究者的探讨是观念层面的，接下来关于"教师成为研究者的方式与策略"的研究，是在操作层面探讨教师如何成为研究者的问题。

杜威关于反思和教育的实践性质的论述，对教师成为研究者产生了重要影响，对于今天理解教师成为研究者以及教师如何成为研究者都有重要启示。他指出，教师成为研究者植根于行动研究，教育科学最终的现实性，不是在书本上也不是在实验室中，也不是在教授教育科学的教室中，而是在那些从事指导教育活动的人们的心中。③ 杰克逊指出，在职

---

① 《"教师成为研究者"理论与实践学术研讨会简述》，《教育研究》2003 年第 8 期。
② 徐炜霞：《知识与方法——"教师成为研究者"的再探寻》，《教育科学》2011 年第 2 期。
③ 赵祥麟、王承绪编译：《杜威教育论著选》，华东师范大学出版社 1981 年版，第 280 页。

教育应该帮助教师形成对自己课堂教学的敏感性，让教师从对自己教学经验的反思和概念化获得专业成长。舍恩则指出在实践中培养教师的反思能力，促进教师的专业成长。[1] 科柏认为教师研究的主要焦点是通过系统的课堂研究，扩展教师的作用。贝兰格认为教师研究的方法是自然主义的，通常是合作的，采用参与式观察、人种志研究技术和富有个性特点的个案研究方法。还有学者介绍了实验的教师研究。他们认为实验的教师研究鼓励教师运用科学探究过程来表述并回答与他们自己的课堂有关的问题。教师使用这种模式思考他们自己的教学方法，确定可研究的问题和变量，进而开展小规模的试验。在教师研究中运用实验方法的一个独特优点是它提供一个问题解决过程的结构化模式。[2] 还有学者提出教师研究基于校本实践的观点，认为研究问题来源于学校实践，研究过程寓于学校教育教学当中，研究目的指向提高学校教育质量，教室和学校即"实验室"。[3]

我国学者认为，当前改进和提高中小学教师的教育科研工作可以从以下几个方面入手：增强广大中小学教师的科研意识；匡正教育科研的目的；提高和改善中小学教师从事教育科研的内在条件；倡导教育行动研究，切实发挥教育科研对教育教学的指导作用。[4] 另外，从教师自身出发，教师成为研究者必须具备一定的教育教学研究能力：运用信息的能力；发现问题与解决问题的能力；提炼、形成教育经验与教育思想的能力。[5] 还有学者认为反思性实践是促进教师专业发展的途径与策略。反思性实践强调教师扎根于日常的教育教学实践，从日常的经验入手进行反思。教师工作的性质决定了只有对教师自身的研究与反思才能触及教师实践本身。[6] 还有学者认为：教师应该加强理论学习；加强实践与理论的

---

[1] 王艳霞：《教师成为研究者——基于一所中学的个案研究》，北京师范大学出版社2011年版，第40页。

[2] 宁虹：《"教师成为研究者"的理解与可行途径》，《比较教育研究》2002年第1期。

[3] 李方安：《二十世纪西方教师研究运动发展脉络与启示》，《华东师范大学学报》（教育科学版）2009年第4期。

[4] 褚远辉、辉进宇：《中小学教师成为研究者：价值、优势、局限、问题及措施》，《中小学教师培训》2004年第5期。

[5] 应湘、向祖强：《教师专业发展与学生成长》，暨南大学出版社2007年版，第11页。

[6] 阳利平：《对"教师即研究者"命题的探析》，《教育发展研究》2007年第10B期。

碰撞；研究应该有较高的创新成分。① 也有学者指出"教中研"是教师研究的实现路径：开采教育实践的天然"富矿"；"返乡的陌生人"的视角与审视；寻找合适的草根研究的方法；重视自我感悟、自我研究与反思。②

关于"教师成为研究者的方式与策略"的研究，学者们的观点可以归纳为两个方面：主观方面，教师要有反思意识和能力，"教研相长"，另外教师要加强理论学习提高理论水平；客观方面，学校和有关部门应该提供相应的保障条件，如专家指导、领导支持、政策保障，从而提高和改善教师进行教学研究的外部环境和条件。

通过对以上四个问题的综述发现，关于"教师成为研究者"，国外的研究比较系统、成熟，既有理论方面的又有实践方面的，其研究成果大体可以分为两类：一是从学理层面探讨教师成为研究者的可能性与必要性以及对教师专业成长和发展的价值与生存意义；二是依据理论进行实地的个案研究，探索教师如何成为研究者。而国内目前主要停留在理论介绍和实践探索阶段，研究成果显得比较零散和缺乏自觉。特别是对于教师如何成为研究者，很多学者大多从宏观的、普适性的层面展开论述，很少结合具体学科、具体教师开展的微观的实证研究。教师教学是以某学科教师的身份进入课堂，其教授的是具体的学科内容，面临的也是学科教学中的具体问题，而对这些问题的思考和解决也必须立足于学科的立场，以具体学科为载体。因此，就目前的教师研究的相关成果来看，还缺乏深入具体学科层面的理论与实践研究。

第二节 "课堂教学研究"的相关研究及综述

西方现代课堂教学研究开始于 20 世纪 50 年代，起初用于师资培训，目的是帮助接受培训的教师充分了解课堂教学反馈而创造的一种方法，以便使培养对象了解有效的课堂教学的构成要素。③ 20 世纪 60 年代，斯

---

① 郑毓信、张汝新：《"教师研究"的现状与发展》，《全球教育展望》2005 年第 7 期。
② 张爱军：《教师研究的价值取向及实现路径》，《中国教育学刊》2010 年第 3 期。
③ 张慧芬：《国外课堂教学研究简介》，《教学研究》（外语学报）1989 年第 4 期。

腾豪斯提出"教师成为研究者"的观点，并进一步指出，教师从事研究工作，是解决课堂上实现课程改革的一个办法，因此教师从事的研究活动不只局限在课程方面，而是要深入到课堂教学的方方面面。20世纪70年代以来，受斯腾豪斯思想的影响，课堂行动研究得以长足发展，并且成为教师从事研究的主要形式。

中国学者由于在研究风格与研究方法方面长期受苏联影响，教学研究的主流在于理论研究，只有那些参与教学改革工作的研究人员才有机会关注教学实践。而教学实践者由于缺乏相应的研究意识和研究能力，很少关注课堂教学研究。因此，在我国教学论的学科体系中，也就没有专门的课堂教学研究，而是把课堂中的教师、学生、教学内容、教学方法和教学组织形式等作为要素分别研究。这样的研究传统，使得我国对课堂教学的专门系统的研究相对较晚和较少。[①] 综观近些年我国学者对课堂教学的研究，主要集中在以下几个方面：

一 关于"课堂教学研究主体"的研究

谁来研究课堂教学？王鉴指出：从中国的现实来看课堂教学研究，包括三个研究群体的合作：广大教师、教研员、教学研究工作者。他们对课堂教学的研究会形成三种不同的研究方式：教学专业研究者的研究要把课堂教学作为研究的对象，他们深入到课堂教学的实际情境中去，目的在于从理论上真正地阐释课堂中存在的种种现象，从多学科的角度说明课堂中出现的种种问题；教师作为研究者研究自己的课堂教学与理论研究者的工作不同，它不是指向新理论的生成或新规律的发现，而是立足于自己所面临的实际问题，提高课堂教学的质量与效益；教研员作为课堂教学的研究者，更是一种"中介"的作用，一方面他们要引导教师作为研究者学习和掌握基本的教学研究理论与方法，另一方面他们还要在工作中把教学理论工作者的研究成果、自己的教学研究成果和教师的研究成果统一起来，帮助教师开展课堂教学研究。在这三种研究之中，教师作为研究者，在教学过程中研究课堂教学、反思课堂教学，他们是

---

① 王鉴：《课堂研究概论》，人民教育出版社2007年版，第127页。

课堂教学研究的主体。[1]

郑金洲指出：谁对课堂教学有发言权？这个问题似乎用不着回答，当然是教师。但当我们问，谁对课堂教学研究有发言权时，这个问题的回答就不那么简单了。很长一段时间内，对课堂教学有发言权的教师并没有涉足课堂教学研究，他们的声音很微弱，不被专业研究者关注，甚至不被同行重视。这种状况在过去十年间发生了较为显著的变化。行动研究降低了研究的重心，破除了研究的神秘感，把研究拉到了教师身边。教师突然认识到，原来研究是每个人的权利，研究与实践是紧密结合在一起的，对课堂教学中的问题进行系统、持续不断的反思，也就是在研究课堂了。课堂教学研究的主体由专家转向了教师。[2]

综合以上研究，虽然从实然现状来看，教师在课堂教学研究中没有发挥应有的作用，还处于边缘化的状态。但是从应然的视角来看，不论是从开展课堂教学研究所占有的优势还是开展课堂教学研究的意义与价值方面，教师都应当是课堂教学研究的主体。

二　关于"课堂教学研究视角"的研究

对课堂尤其是课堂教学的研究，最初是从哲学、教育学角度进行的，借鉴哲学中的认识论和方法论理解和研究课堂教学，进而把心理学研究成果应用到课堂教学研究中。由此，各种教学法随之而生，课堂研究不断深化。

吴康宁从社会学的视角审视和研究课堂。他认为，不论是从理论还是从事实出发，课堂首先是一个正式的"社会活动场"，然后才是一个"教育活动场"。当从社会学的视角去观照课堂教学时，便发现了已被视为不言自明的一些现象的新含义，发现研究课堂可以为一些长期困惑人们的"老大难"问题找到答案。[3]

另外，还有学者从生命哲学的视角构建"生命课堂"，提出课堂中不仅要传承知识，更要激扬人的生命；从生态学视角提出构建"生态课

---

[1] 王鉴：《课堂研究概论》，人民教育出版社2007年版，第129页。
[2] 郑金洲：《课堂研究30年的变迁进程》，《中国教师》2008年第11期。
[3] 吴康宁等：《课堂教学社会学》，南京师范大学出版社2000年版，第5页。

堂",注重培养学生的全面可持续发展;从和谐社会与和谐教育的基本理念出发构建"和谐课堂",倡导学生平等共享教育资源,促进其知情意和谐发展;借助关怀伦理学的理论提出建构"关怀型课堂",唤醒学生的主体意识,守护其精神价值,追寻其生活意义;针对课堂中出现的与新课程理念不符的异化现象而提出建构"优质课堂"。[1]

李定仁和徐继存主编的《教学论研究二十年》一书中,对1979年到1999年有关课堂研究的成果进行了总结和反思,使课堂研究达到了一个新水平。综上所述,学者们从哲学、教育学、社会学、文化学、生态学、管理学、生命哲学等视角对课堂进行了整体研究,形成了课堂研究多元视角并存、亮点纷呈的态势。

三 关于"课堂教学研究内容"的研究

王鉴针对"课堂教学研究的主要问题"提出以下观点:"课堂教学中的问题有的是可以预设的,有的则是教学过程中生成的,这都需要研究。可预设问题的研究,常常是按照教学理论中教学要素的方式有计划、分门别类地开展研究的,如对学生学习方式的研究、对教材的研究、对教学方法的研究、对教学评价的研究、对教师自身的反思性研究等。生成性问题的研究则是在问题生成的过程中和教学活动结束之后开展的相关研究,它不是教师个体的研究,而是需要群体智慧来解决以形成最佳的方案。"[2]

2007年8月,西北师范大学举办了"当代教学论的理论基础与时代课题暨首届全国课程与教学论专业博士生论坛"专题研讨会。与会代表围绕"走进课堂、研究课堂、反思课堂"展开了热烈讨论并达成了初步共识。关于"课堂研究应该研究什么"的问题主要形成了三个方面的共识。宏观层次:在课堂研究中,对一些宏观的、"形而上"的问题进行研究是必需的,也是不可回避的;中观层次:主要是在课堂教学内部具有普遍性的值得研究的问题;微观层次:深入到课堂教学的内部,对课堂

---

[1] 纪德奎:《变革与重建:课堂优质化研究建设》,博士学位论文,西北师范大学,2008年,第30—41页。

[2] 王鉴:《课堂研究概论》,人民教育出版社2007年版,第217页。

教学中的一些细节问题给予关注。①

通过对近些年关于课堂研究的文献分析，课堂研究的内容与主题正在发生深刻转换：研究内容从以往对课堂教学规范性的关注转向对课堂教学实践性质、交往特质和文化属性的研究；研究主题则从片面关注课堂教学结果的实效性转向对课堂教学过程合理性的关注；通过对教师教学观念和教学水平的分析，进一步总结当代课堂教学的内在规律；从单纯评价课堂教学的成败，进而揭示当代课堂教学的基本特征。②

综上所述，关于"课堂研究内容"的研究主要有以下两个特征：第一，研究的重心从理论转向问题。目前的课堂研究由于受到国外研究及后现代主义思潮等因素的影响，许多课堂研究者自觉地把注意力转向了情境化的问题研究，使课堂研究呈现出一种从理论研究到问题研究的倾向。但这并不意味着课堂研究完全放弃理论建构而转向实践中的问题研究，而是呈现出理论与问题并举的局面；第二，研究问题的着眼点开始从课堂应该有什么样的新理念，转向课堂需要有什么样的新做法、新方式，研究从课程理念向课堂理念转化的基础上，开始向课堂理念如何表现为课堂具体行为、课堂具体行为又如何表现为新的教学智慧等操作层面。

四 关于"课堂教学研究范式与方法"的研究

崔允漷认为，课堂一直是人们关注和研究的领域，课堂教学研究已经出现过许多范式，每种范式都在坚持自身的信念，创造或丰富关于课堂的知识。就目前研究而言，在课堂研究领域比较活跃的研究范式大概有如下四类，③ 如表2—1所示。

---

① 吕晓娟、蔡宝来：《走进课堂研究课堂反思课堂——首届全国课程与教学论专业博士生论坛综述》，《课程·教材·教法》2007年第12期。

② 李松林：《课堂教学研究二十年：回顾、反思与重建》，《教育理论与实践》2008年第11期。

③ 崔允漷：《论课堂观察LICC范式：一种专业的听评课》，《教育研究》2012年第5期。

表 2—1　　　　　　　　　　　课堂教学研究范式

类型	共同体/信念	问题域	解题方法
叙事/描述范式	教师个体或专家个体；解释主义	课堂事件	用故事的方式叙述或描述有意义的事件
话语/解释范式	教师个体或专家共同体；解释主义	课堂话语	通过对课堂话语的分析与阐释，解释话语背后的意义
观察/评论范式	教师共同体；科学实用主义	从多个视角观察课堂中可观察、可记录的现象	用科学研究的方法描述或解释课堂问题的解决，通过评议反馈行为改进的建议
技术/分析范式	专家个体或共同体；科学实证主义	根据录像分析课堂语言行为	通过语言、行为编码的分析，揭示课堂的真实性与客观性

　　从范式的三要素来看，以上四种范式在信念、问题域与解题方法方面都存在一定的分歧，但这在社会科学领域也是常见的。

　　从宏观的方面看，当前课堂教学研究范式正从传统的文本书斋式研究向田野式的行动研究转变。研究者们深入到研究场域——课堂之中，通过对研究对象进行大量的观察、描述、判断、概括或解释，获取了研究的原始资料，构建了课堂研究的新理论，使课堂研究重新焕发出生机和活力。但必须意识到："田野"研究范式并不是课堂研究的唯一形式，也不能在课堂研究中发挥万能作用，自身和其应用条件局限性，不能陷入一种非此即彼的思维定式和方法上的一元论，完全否定其他的研究范式。"文本"研究范式在课堂研究的历史中，也曾起到一定的作用。所以，在应用"田野"研究范式时，还要兼顾"文本"研究范式，即以"田野"研究范式为主，"文本"研究范式为辅。[①]

　　在课堂研究方法方面，美国学者弗兰德斯在 20 世纪 60 年代提出了一种课堂行为分析技术——弗兰德斯互动分析系统（FIAS）。他把课堂上的言语互动行为分为教师语言、学生语言和沉默或混乱（无有效语言活动）

[①] 纪德奎：《变革与重建：课堂优质化研究建设》，博士学位论文，西北师范大学，2008年，第 44 页。

三类共十种情况，具有强烈的结构化、定量化研究的特点，在数十年的应用中，表现出对课堂教学细节进行分析的异乎寻常的技术性功能。① 然而，1974 年英国学者汉密尔顿和德拉蒙特发表论文批判了互动分析理论。他们在调查当时迅猛推广的儿童中心学校的课堂教学现场后指出，弗兰德斯的"相互作用分析"尽管是比较一种教学同另一种教学的有效指标，但在揭示教学的个性特征方面是缺乏有效性的。②

王鉴在《课堂研究概论》中详细介绍了如何在课堂研究中运用"主客位"研究法、课堂观察研究法、深描解释研究法、教学案例研究法等方法。还比较了教育人种志与课堂人种志两种研究方法的关系，提出了回归教学生活的课堂志研究的基本含义以及主要特点和一般步骤。③

另外，教育叙事作为一种重要的质的研究方法应用到课堂研究中来，如教学叙事、生活叙事和自传叙事等，促进了教师进行教学反思、解决课堂问题和成为研究者。新的课堂研究方法的引入，为课堂研究注入了新的活力，开辟了课堂研究方法的新路径。④

通过以上四个问题的综述发现：课堂教学研究逐步从边缘状态向中心状态转化，课堂教学研究也正在逐渐成为教育研究的"显学"。⑤ 从已有的课堂教学研究成果来看，课堂教学研究的主体实现了从专家控制到教师自主的转变；课堂教学研究的视角超越了教育学学科本身，心理学、生态学、人类学等多种理论也成为课堂教学研究的理论基础与方法论依据；课堂教学研究的内容逐渐从理念的层面转向实际操作的层面。研究者的着眼点开始从课堂应该有什么样的新理念，转向课堂需要有什么样的新做法、新方式，研究从课程理念向课堂理念转化的基础上，开始向课堂理念如何表现为课堂具体行为、课堂具体行为又如何表现为新的教学智慧。课堂教学研究的范式与方法也开始从书斋走向田野。另一个显著变化就是研究者开始用系统、复杂、整体的眼光来看待课堂，从传统

---

① 宁虹、武金红：《建立数量结构与意义理解的联系——弗兰德互动分析技术的改进运用》，《教育研究》2003 年第 5 期。
② 王鉴：《课堂研究概论》，人民教育出版社 2007 年版，第 174 页。
③ 王鉴：《课堂研究概论》，人民教育出版社 2007 年版，第 193 页。
④ 刘万海：《近二十年来国内外教育叙事研究回溯》，《中国教育学刊》2005 年第 3 期。
⑤ 郑金洲：《课堂研究 30 年的变迁进程》，《中国教师》2008 年第 11 期。

的"解构式"研究向"重构式"研究转变。

但就目前已有的研究成果来看,大多是教育教学专家的理论研究成果,很少看到作为课堂教学实践者的一线教师自己对课堂的研究成果,如何让课堂教学研究的主体——一线教师发出自己的声音,展示自己的课堂研究成果是我们需要进一步思考的问题。另外,就教育教学专家的研究成果来看,应然层面的理论、方法介绍居多,而实然层面的具体微观分析缺乏,所以应该提倡和强调实然层面的研究。这不但是课堂教学研究要回到"原点"的必然要求,而且也是广大师生的热切期望。另外,已有的研究缺乏针对具体学科的实证性课堂研究成果。不同学科的课堂呈现出不同的形态,且存在不同的问题,教师的教学风格与方法也不尽相同,需要关注学生的心理特征与学习特点也各有差异,但目前针对具体学科的课堂教学研究明显不足。

第三节 "听评课"的相关研究及综述

自从教研组产生之日起,集体备课、听评课和观摩教学便成为中小学普遍采用的教研方式,活跃于基础教育领域,虽然至今没有相关文件规定,但听评课已成为我国中小学教师一项重要教研活动。据笔者目前掌握的资料来看,国外没有专门的听评课研究,他们更多关注的是对整个课堂教学的系统化研究,运用的方法主要是课堂观察法。有学者总结了西方课堂观察被运用到教育研究中所经历的三个阶段。[1]

第一阶段,课堂观察作为一种方法被引入教育研究领域。自 20 世纪二三十年代起,自然科学中的观察、心理实验室中的观察以及在社会学和人类学研究中对特定群体对象的观察研究,影响了教育领域的研究者,他们开始试图通过观察的方法研究课堂。自 20 世纪 50 年代起,观察方法在教育研究的文献中已经开始涌现。

第二阶段,课堂观察的方法和工具大量涌现。自 20 世纪 50 年代到 70 年代,受教育研究中科学化思潮的影响,定量化、系统化、结构化的观察方法不断出现,研究者们不断探索系统性的观察记录体系,并运用

---

[1] 杨玉东:《"课堂观察"的回顾、反思与建构》,《上海教育科研》2011 年第 11 期。

到课堂研究中去。如贝尔斯1950年开发的"交互作用分析"、弗兰德斯1960年提出并不断修订的互动分析体系等。

第三阶段，课堂观察方法和技术围绕有效教学的探讨深入发展。自20世纪70年代中后期至今，课堂观察被大量应用到课堂教学研究中，课堂观察中结合定量与定性方法研究教学的有效性成为主流。如Rosenshine和Furst就综述了20世纪70年代以前研究者在使用课堂观察时所潜在使用的有效教师的九种特征。Acheson和Gall在此基础上，结合现代媒体技术的发展（如录音、录像技术的普及），形成了针对有效教学特征的21种定量与定性相结合的课堂观察技巧。英国学者Wragg在1999年出版的《课堂观察简介》中指出，课堂观察技术具有很强的主观选择性，并从定量观察和定性观察两大维度对课堂观察方法做了系统梳理、反思了每一类方法的优劣所在。

可见课堂观察在西方沿着科学化的轨道，从单一到多样，从定性到定量，再到定量与定性相结合，成为研究者有意识并且经常使用的重要研究方法。

受到国外学者对于课堂研究的影响，我国学者近年来也开始关注听评课的研究，综观已经查阅到的文献，华东师范大学崔允漷与浙江省余杭高级中学基于大学—中小学专业伙伴关系，历经两年的钻研与修正共同探索的专业听评课LICC模式，是目前国内最具系统性也最有影响力的研究成果。其他学者的研究散见于各类期刊。总体来看，目前对听评课的研究主要集中在以下几个方面。

一　关于"听评课内涵"的研究

对于"听评课内涵"可以从以下三个方面理解。

首先，把听评课作为学校评价考核的手段。这也是听评课最原始最基本的功能所在。作为一种自上而下的、旨在评定教师的课堂教学表现以区分等级或合格与否的总结性评核，这种形式经常用于学校教师考评中。有学者认为，听评课是对执教教师课堂教学的成败得失及其原因进行的分析和评估活动，是听评课人参照课堂教学目标对师生课堂活动及其结果与影响所作出的价值判断。①

其次，把听评课作为一种研究课堂教学的方法。研究者通过对听评课搜集的信息进行定性分析和定量研究，可以获得改进课堂教学和管理等方面更为有效的策略，这种策略反过来又可以指导教师优化课堂教学和管理。有学者指出，听评课作为一种教育研究范式，被界定为观察者带着明确的目的，凭借自身感官及有关辅助工具，直接从课堂情境中收集资料，并依据资料作相应研究的一种教育科学研究方法。听评课是围绕着特定的一堂课展开的教学研究活动，其追求的旨趣不在于管理或评价，而在于教学本身。②

最后，把听评课作为教师教育的一种方式。有学者认为，这是一种横向的同事互助研究活动，既不含有自上而下的考核成分，也不含有自上而下的权威指导成分，其目的主要是通过观课后观课双方在某些事先预设的共同关心的课题方面的研讨和分析改进教学行为，提高教学水平。③ 听评课作为一种有效的合作研究方式，它为教师的专业合作提供了有效的机会和平台，教师借助听评课共同体，开展自我反思和专业对话，探究具体的课程、教学、学习、管理等方面的问题，促使该合作体的每一位成员都得到应有的发展。④

二　关于"听评课意义与价值"的研究

对"听评课意义与价值"的研究，主要观点集中在以下三个方面：听评课是促进教师专业发展、提升课堂教学质量和形成良好教研文化的重要途径。

在促进教师的专业发展方面，听评课能培养教师解决实际课堂教学问题的能力、鼓励教师审视提升自己的经验，并且受到其他教师及其任

---

① 邵光华、董涛：《教师教育校本培训与同事互助观课浅论》，《课程·教材·教法》2004年第1期。
② 周坤亮：《指向课堂教学改进的听评课》，《教育理论与实践》2011年第9期。
③ 邵光华、董涛：《教师教育校本培训与同事互助观课浅论》，《课程·教材·教法》2004年第1期。
④ 尤炜：《听评课的现存问题和范式转型——崔允漷教授答记者问》，《基础教育课程》2007年第11期。

职学校的欢迎。① 因为评课是在大家共同感受和收集课堂信息的基础上，围绕共同关心的问题进行对话和反思，以改进课堂教学、提升教学智慧，所以它是促进教师专业发展的一种研修活动。②

在提升课堂教学质量方面，听评课是一种对话、反思与研究的专业行为，它能够有力地提升教师的教学水平，促进学生有效学习。③ 评课能使参与活动的教师，从一个个课堂教学实例中汲取教益，改进不足。④

在形成良好教研文化方面，听评课是一个发现问题、分析问题、解决问题的活动，是一个诊断、交流、合作的活动，是一种学习、反思、研究的活动，是一种观念更新、思维转换、行动改进的活动，因而它是一种教师自主建构和专业发展的活动。⑤ 听评课的真正价值并不只是关注被听课者的教学表现，对其教学能力作一实际判断，更主要的是借助同行的专业力量使被听课者获益，并形成一种合作、互利的机制。⑥

三 关于"听评课类型与视角"的研究

根据当前课程改革的要求和教学的实际情况，结合课堂教学的特点及其相对稳定性的要求，常见的听课类型有：检查型听课、评比型听课、观摩型听课、调研型听课、"临床指导式"听课、"推门式"听课六种类型。⑦ 按目的可分为两类：一类是以考核为目的的听课，这是一种自上而下总结性评核，旨在判定教师的表现，以区分高低等级，这是传统教师考核中经常用的。另一类是以专业发展为目的的听课，这是一种横向的同事互助指导，重点是帮助教师提高教学水平，改进教学行为。还有学者提出主题式观课、邀请式观课、白描式议课、反思式观课等。⑧ 关于

---

① 邵光华、董涛：《观课与教师专业成长》，《中小学教师培训》2004 年第 3 期。
② 周瑜芽：《评课：教师在校本研修中互助的重要形式——访特级教师曹培英》，《江西教育》2008 年第 5 期。
③ 李润洲：《专业化视域里的教师听评课》，《中国教育学刊》2009 年第 8 期。
④ 周瑜芽：《评课：教师在校本研修中互助的重要形式——访特级教师曹培英》，《江西教育》2008 年第 5 期。
⑤ 杨骞：《教师成长离不开听课评课》，《中国教育报》2008 年 7 月 22 日第 7 版。
⑥ 胡惠闵：《教师专业发展背景下的学校教研活动》，《全球教育展望》2006 年第 3 期。
⑦ 杨丽花：《新课程背景下的听评课》，《教育理论与实践》2011 年第 2 期。
⑧ 余文森：《校本教学研究的实践形式》，《教育研究》2005 年第 12 期。

评课的类型，有学者按照组织类型分为：教学研究型评课、等级评比型评课、典型示范型评课、组内随机型评课、群体展示型评课、小组互助型评课。按照分析类型分为：教学现象分析型评课、教学技术分析型评课、教学质量分析型评课、教学价值观分析型评课。①

对课堂教学不同层面的关注，构成了评课过程中的各种视角，分别形成教学能力的视角、教学设计的视角以及学科加工的视角。在评课过程中，视角的不同往往会带来意见上的差异与冲突。② 评课者看待问题的视角不同，采取的策略和产生的效果也会不同。评课的视角一般分为三种，即教学指导者、教学引领者和教学合作者视角。当然，评课还有其他视角的评课，如学科教学改革、课堂教学研究的授课方法对比实验等。③

其实，课的类型和听评课的目的决定了听评课的类型与视角。不同性质、不同形式、不同目的的课对听评课的要求是不同的。所以，听评课的类型划分与视角选择也是相对的。

四 关于"听评课内容与标准"的研究

关于"听评课的内容与标准"，真可谓仁者见仁，智者见智。有学者从"学生学习、教师教学、学科（课程）性质和课堂文化"四个维度，选择多样化的视角对听评课的内容与标准做了详细分析。④ 也有学者认为应该从"教学思想、教材处理、教法运用、学法指导、教学过程、教学效果和教师素养以及教学特色"等方面对课堂进行评价。⑤ 其实，听评课是一个复杂的系统。首先，可以从不同的视角（或依据不同的标准）去确定评价内容，视角不同，评价内容则不同。其次，评价的内容往往是多层次的，层次不同，评价的深度也不同。最后，即使按照上述同一"视角"所列出的同一层次的评价项目，它们之间往往也是很难绝对清楚地区分开的，也有一些交叉和联系。因此，确定一节课的"可评价内容"

---

① 顾志跃等：《如何评课》，华东师范大学出版社2012年版，第25—33页。
② 丁道勇：《评课中的视角差异及其重构》，《上海教育科研》2012年第5期。
③ 汪海：《关于教研员评课几个问题的研究》，《教育探索》2012年第5期。
④ 崔允漷：《论课堂观察LICC范式：一种专业的听评课》，《教育研究》2012年第5期。
⑤ 周予新：《谈谈新课程下的评课》，《教育实践与研究》（B）2011年第2期。

是复杂的，没有统一的标准或依据。另外，评课有时可能需要对一节课作出比较全面的评价，有时可能只需要评价课的几个方面，甚至只需要评价课的某一个方面。在众多"可评价内容"中，要根据评价的目的确定"应评价内容"。目的不同，评课的具体内容或侧重点也不同。如果是新教师，评课就应该侧重教师的基本素质；如果是观摩学习一种新的教学方法，就应该侧重评价教师的教学方法和学生的学习效果等；一般的评课要考虑教学目标、教学过程、教学方法、教学效果等。至于课堂评价标准，主要是指根据教育教学理论或法规等制定的课堂各方面的具体要求或标准。一个较合理的评课"标准"体系可以包含评价内容、一般标准、特殊标准和参考分值等项目。①

五 关于"听评课模式与路径"的研究

在对传统的听评课模式补充完善的基础上，我国学者提出了多种听评课模式与路径：基于课堂观察的专业听评课模式—LICC 模式、"2×2"听评课模式、指向教学改进的听评课实践模式、协商主题—观课说明—观察分析—平等对话—规划改进听评课模式、主题式观课议课模式、专题性听说评课模式和同事互助观课模式。除此之外，还有滚雪球听评课模式、复盘式听评课模式、同步互动式听评课以及白描式议课等听评课模式。以上模式对于克服传统听评课模式的弊端有很强的指向性，为听评课活动的改进提供了框架性的操作程序与技术，指明了学校开展听评课活动的合理路径。但这些模式大都还是理论性的构建，尚未在具体的实践中进行操作。

六 关于"听评课策略与方法"的研究

关于如何提高听评课的实效性，论者从制度与文化层面、意识与态度层面以及方法与技术层面提出了一些可资借鉴的策略与方法。

制度与文化层面：有效的听课、评课活动必须重点关注听课、评课的目的性、主动性、创新性、多元性、互助性及研讨性，并从"个人反

---

① 江玉安：《评课的三个基本问题：内容、标准与思路》，《课程·教材·教法》2007 年第 3 期。

思、同伴互助、专业引领"三个方面,最终建立学校同事互助观课制度。① 走向有效的观课议课应该建设进取、合作、民主、创新的学校文化。② 以人为本,互相关怀,唤醒教师的专业研究意识,培养教师的专业能力,促进教师专业发展,在"研究性对话"中培育优秀的教研文化。③

意识与态度层面:首先,听评课前应该有充分的准备;其次,有效的听评课要致力于发现课堂、要用心灵感悟课堂、积极主动思考课堂、为议课做好准备;最后,以理解教学、平等对话为基础,有"同在共行"的立场和方式、致力于推进有效教学、发现教学中的关系和可能。④ 作为教师,使听评课成为自己"信息资料库"的素材资源,应按照"听什么、怎么听、听后怎么做"的逻辑思路,明确评课的目的、把握评课原则、做好评课准备。⑤⑥ 矫正评课取向,调整评课者心态与评课方式,唤醒被评价教师的主体意识,确立动态多维的评课标准,建立平等交流与合作对话的关系等方法,促进评课功能的实现。⑦

方法与技术层面:听课教师要带着问题进课堂,全面透视教学,及时总结反思。具体听评课方法应包括听课前的预习和准备、听课中的观察和记录、听课后的思考和整理等内容。评课教师在听课时仔细地捕捉讲课教师教学的每一细节,听课后对课堂教学进行反复琢磨,从而在肯定讲课教师独特教学风格的基础上,结合自己的教学实际,改进自己的教学。针对不同的课型构建和完善不同的评价体系,创新评课方法,及时反馈教师的教学情况。另外,评课中要抓住主要矛盾、采用多种形式、坚持激励原则,进而实现以学论教、直面问题、平等对话。⑧⑨

---

① 黄立刚:《如何提高听课、评课的实效性》,《教育实践与研究》(A) 2011 年第 1 期。
② 陈大伟:《走向有效的观课议课》,《人民教育》2007 年第 23 期。
③ 邵光华、王建磐:《教师专业发展取向的观课活动》,《教育研究》2003 年第 9 期。
④ 陈大伟:《走向有效的观课议课》,《人民教育》2007 年第 23 期。
⑤ 冯青林:《论听评课的困境与突围》,《基础教育》2008 年第 4 期。
⑥ 徐武汉:《基层学校评课中的问题及对策》,《中小学教师培训》2000 年第 11 期。
⑦ 熊岚:《中小学评课:问题反思与策略构建》,《教育探索》2010 年第 1 期。
⑧ 周予新:《谈谈新课程下的评课》,《教育实践与研究》(B) 2011 年第 2 期。
⑨ 陈红日:《学校层面的听评课应重在"议课"》,《中小学教师培训》2006 年第 9 期。

七 关于"听评课活动中存在的问题及影响因素"的研究

听评课是教师日常工作中不可或缺的一项教研活动，是教师研究课堂教学、提高教研水平和教学质量的一种行之有效的方法。目前，虽然听评课研究取得了一定的成果，不仅丰富了听评课研究的理论，而且还为教师提供了有关课堂研究的程序与技术，对于改善学生的学习、促进教师的专业发展都起到了一定的助推作用；但是综观现有的听评课研究，学者们普遍认为当前听评课活动存在诸多问题，宏观层面有制度与文化方面的，中观层面有意识与态度方面的，微观层面有内容与方法方面的。

制度与文化方面的问题。听评课活动的制度与文化是影响其有效开展的保障因素。虽然国家没有明确的听评课制度，但当前中小学内部却已形成了较为详细的听评课制度，用以保障听评课活动的顺利实施。然而，很多学校关于听评课的制度仅仅停留在规定每个教师每学期的听评课数量，其他则别无要求。这就使得大部分教师把听评课当成任务，流于形式，只是走走过场而已。[1] 崔允漷认为：现行的听评课制度存在着简单处理、任务取向、不合而作等许多问题，一些地方长期以来更多地把它当作一种对教师的单项考核、一种要完成的任务，有时甚至成了教师的"难关"。[2]

听评课活动的成效在一定程度上取决于教师群体中的文化，只有形成开放、民主、合作的教师专业共同体文化，听评课才能真正发挥促进学生有效学习和教师专业发展的作用。但是，相当一部分教师把听评课当作一种任务，更有甚者，不少学校把听评课当作一种考核手段，于是听评课者和上课教师之间就变成了"评价"与"被评价"、"考核"与"被考核"的不对等关系，而不是平等的合作者关系。这样的听评课活动根本谈不上合作与共享，研究意义更是无从谈起，教师之间自然无法展开从知识文化层面到精神层面的专业对话与深度合作，无法践行"共享

---

[1] 周坤亮：《指向课堂教学改进的听评课》，《教育理论与实践》2011年第9期。
[2] 尤炜：《听评课的现存问题和范式转型——崔允漷教授答记者问》，《基础教育课程》2007年第11期。

的原则"进而实现"互惠的效益"。① 还有学者认为,评课主体多为教育行政领导、科研机构人员、学校管理者和部分学者,评课者的地位明显高于被评教师,评课者多抱有挑剔与评论的心态,往往凭借自己的身份和权威发出权势话语,独霸课堂教学的评价过程,而本应是评课主体的中小学教师却沦为被评价的客体,深受权势话语的贬低与压制,致使他们在课堂教学评价中话语权缺失和主体意识日渐失落。② 由此可见,听评课活动的制度与文化往往是指令任务式的,而非自愿合作式的,这对听评课活动的有效开展造成了一定的阻碍。

意识与态度方面的问题。听评课活动开展得如何,参与者的意识与态度是决定性因素。然而,目前的听评课活动中,教师的意识与态度不容乐观。不少教师把评课视为应对"走秀"的"捧课"或"批课","听而不评、评而不深""为听评课而听评课"的现象较为严重。集中表现在:一是大部分人的听评课动机是任务取向的,即把听评课当作任务。有的是学校规定的,有的是想当然地认为要多听课。二是听评课目的仅是完成任务,并非出于为了自身专业发展和学生有效学习的主动愿望,而是迫不得已为了完成管理层安排的任务。三是评课的程式化,评课时,参与听评课的老师往往多保持沉默,非到不得已时才发言;即使发表意见,也往往过于客套,说一些不痛不痒的场面话。要么大而全,不着边际地说几句,并未达到评课的作用与效果;要么评课由教研员或专家把持,评课成了"一言堂"。另外,在听评课过程中,教师还表现出对立思维:一是自我本位,评课人往往都是"由己及人";二是责任缺位;三是角色凝固,没有认识到听评课是合作体。③ 而且,目前的中小学评课功利色彩严重。教师往往从常规的课堂教学评价指标出发,为了迎合评课者的口味而设计;评课者往往也是依据评课指标来评估整堂课的教学。④ 还有学者认为,教师对待听评课是"标准至上"。大多数的评课者头脑中充

---

① 张爱军:《课堂观察之于教师研究:价值、困境与对策》,《教育理论与实践》2011 年第 10 期。

② 熊岚:《中小学评课:问题反思与策略构建》,《教育探索》2010 年第 1 期。

③ 尤炜:《听评课的现存问题和范式转型——崔允漷教授答记者问》,《基础教育课程》2007 年第 11 期。

④ 彭亚青等:《中小学评课:问题与策略》,《中国教育学刊》2006 年第 1 期。

斥着"目标明确、重点突出、内容正确、方法恰当、表达清晰、组织严密、气氛热烈"的标准。于是，评课的过程就是检验执教者与所谓的标准的切合程度，评课就是以不变的标准应对瞬息万变的课堂情境。①

内容与方法方面的问题。听评课到底该如何有效地进行，内容与方法是关键因素。目前，在听评课应该"听什么"和"评什么"方面，尚未达成共识。听评课的内容主要依据教师自身的经验和各个学校采用的课堂教学评估表来确定。从教师的评课情况来看，他们习惯于关注课堂教学的各个方面，即对一堂课进行"全科式诊断"；从学校课堂教学评估表来看，评估表的内容虽十分全面，但各项评价指标较为笼统，在具体操作上没有明确的要求，缺乏针对性。首先，实践表明，听评课时，如果关注的内容过于广泛，就很有可能拘泥于一些明显的细节问题，而难以聚焦于某一个或某几个评价指标，难以发现深层次的教学问题。② 其次，评课内容和标准缺乏灵活性。重视课堂教学预设的固定标准，忽视课堂情境的随时变化与课堂生成；重视对课堂教学结果或绩效的评价，轻视对课堂教学过程、对学生在课堂上心理状态的关注，忽视课堂教学对象的差异性与多样性。③ 再次，听评课的方法"崇尚量化"。将多彩的课堂情境根据人为的方便简约出若干向度，执教者的总分就是各个向度分数简单相加。一方面，这种评课的方式只能误导执教者在教学中根据量化的标准去注重外在的、表面化的东西。另一方面，评课者采用量化方法评价执教者时，往往是听课后用很短的时间就给出分数，这易让执教者对评课者的仓促和应付产生不满，从而使评课流于形式。④ 最后，听评课的内容与方法方面存在"简单处理"等问题，这集中表现在：一是进入时，听评课者自己没有做充分准备，也没有与上课教师进行有效沟通。二是过程中，听课时主要关注教师单方的行为，对学生的有效学习没有足够的关注，评课时缺乏有证据的观点，漫谈式、即席发挥式话语过多。三是结果往往是为了让上课的教师得到一个分数，而且该分数常

---

① 周杰：《直面课堂情境：评课的应然追求》，《教育理论与实践》2010年第5期。
② 周坤亮：《指向课堂教学改进的听评课》，《教育理论与实践》2011年第9期。
③ 熊岚：《中小学评课：问题反思与策略构建》，《教育探索》2010年第1期。
④ 周杰：《直面课堂情境：评课的应然追求》，《教育理论与实践》2010年第5期。

常是无法解释的。四是使用结果时往往错误类推,用一节随机抽到的课来类推该教师其余的课,或用一节精心打造的课来类推该教师其余的课。[①]

通过上述七个方面的综述发现,有关听评课的研究目前主要存在以下问题:

第一,听评课研究的主体中缺乏一线教师。

通过分析现有的研究资料发现,关于听评课研究的理论与实践成果几乎都来源于教育教学理论研究者,而真正的一线教师关注听评课研究的却非常稀少。本来,听评课作为教师研究课堂教学、反思课堂教学的途径与方法,教师理应是听评课研究的主体,然而,在错综复杂和多变的课堂教学中,在教师繁忙而辛苦的工作中,研究教学就已经让教师感到非常困难了,更不用说让教师研究听评课活动。但是,听评课作为改进课堂教学、提升自身专业发展的一项重要途径与方法,必须要引起教师自身的关注与重视,使教师成为听评课研究的主体。随着教育理论工作者对听评课活动专业引领的发展,也随着基础教育校本教学研究的不断深入,教师研究课堂的意识和能力正在不断加强,他们不仅应该参与听评课活动,而且更应该开展听评课活动的相关研究,以此丰富听评课活动研究的主体。理论工作者、教研员和广大教师共同参与,使听评课活动研究的主体多样化,而且他们之间的通力合作,也能进一步推动听评课活动研究的深入发展。

第二,听评课研究的取向缺乏对实践变革的关注。

从听评课研究的取向来看,目前关于听评课活动的研究大都是理论性的研究,缺乏实践的支撑与印证。诚然,实践需要理论的指导,但是失却实践支撑的理论无疑是空洞的理论。在众多的听评课研究成果中,基于课堂观察的 LICC 专业听评课范式,不仅丰富了有关课堂的知识,而且在长期的实践中总结出了一套课堂研究的实践操作程序与技术,并且对于改善学生的学习、促进教师的专业发展都起到了一定的推动作用。但是综观其他研究,能把听评课置于具体的教学实践中进行研究的成果却十分有限,很多是基于研究者的感性认识与经验之谈,缺乏理论的参

---

① 崔允漷:《听评课:一种新的范式》,《教育发展研究》2007 年第 9B 期。

照与实证的分析。正是因为当前听评课研究中理论较强、实践较弱的现状，随着教师参与听评课活动研究队伍的不断扩大，听评课研究的取向应该向实践发展，理论工作者也应该关注实践活动，二者通力合作将听评课活动的研究作为改进学校课堂教学的主要途径，发挥其实践变革的价值。

第三，听评课研究的内容缺乏深入学科的研究。

从听评课研究的内容来看，目前关于听评课活动的研究大都是从普适性的方面来建构理论，缺乏深入具体学科层面的理论建构和实践探索。教师教学是以某学科教师的身份进入课堂，其教授的是具体的学科内容，面临的也是学科教学中的具体问题，而对这些问题的思考和解决必须立足于学科本身。失却学科背景，漫谈教学研究或听评课研究只能造就"应然"的"昙花"。只有扎根于具体学科，以学科为载体，立足于学科，在学科中研究，才能发现真正的问题，才能找到交流对话的基础和依据，教师的教学研究或听评课活动才能有发展的力量源泉。

第四，听评课研究的方法缺乏扎根实践的研究。

从听评课研究的方法来看，已有的研究大都是基本理论的演绎和推理，或者是感性层面的就事论事，缺乏深入学校现场、扎根实践的研究。对于听评课研究这种实践性、情境性较强的研究领域，而且每所学校、每位教师都是独特的个体，只有在深入研究场域进行深刻了解、分析的基础上，才能真正把握其共性与个性。

第四节　文献综述的启示

一　从研究成果来看：理论探讨多，实证研究少

总体来看，有关教师成为研究者、课堂教学研究和听评课研究的成果比较丰硕，既有学理层面的分析，又有实践层面的探索。相比较而言，国外的研究比较系统、成熟，而国内在这几个方面的研究还处于理论介绍和探讨阶段，实证研究相对比较少，而且研究成果显得比较零散和缺乏自觉。一些理论研究的抽象水平和系统性不够，缺乏相应的哲学、社会学背景以及教育理论的支撑。

二 从研究内容来看：普适性观点多，实质性观点少

不论是教师成为研究者的研究、课堂教学研究还是听评课研究，内容都过于宽泛、笼统，都是从普适性的方面来建构理论，缺乏深入具体学科层面的理论建构和实践探索。因此，本书中探讨教师如何通过听评课开展课堂教学研究，必须要深入具体的学科，发现目前教师通过听评课开展课堂教学研究存在的具体问题，并针对问题开展实践研究，进而归纳总结具有可操作性的实质理论。

三 从研究方法来看：推论演绎多，探索归纳少

已有的研究大都是基本理论的演绎和推理，或者是感性层面的就事论事，缺乏深入学校现场、扎根实践的研究。教师成为研究者或听评课研究都是实践性、情境性较强的研究领域，而且每所学校、每位教师都是独特的个体，只有深入研究场域对他们的专业生活进行深入了解、分析的基础上，才能真正把握其共性和个性。因此，对于教师通过听评课开展课堂教学研究的研究，仅仅停留在整体的抽象分析和数量化的描述层面还远远不够，只有走进教育现场、深入教师们的专业生活情境中，聆听身处教育变革中的教师们自己发出的声音，才能真正了解其复杂性与真实性。因此，应该走出书斋，深入学校内部开展行动研究，才能使问题解决获得实践和经验的土壤。

第 三 章

理论基础

　　围绕"普通高中教师如何通过听评课开展课堂教学研究"这一核心问题开展研究，必须有相关的理论提供有价值的观点、思想和方法支持。因此，在所查阅的众多理论中，笔者以该理论能否为本书提供基本的分析框架、逻辑基础、思想指导和方法支持等为依据，对本书具有强大支撑作用的理论体系、基本命题、观点、方法加以选择性汲取。基于此，本书主要以库恩的范式理论为理论基础，为本书提供基本的指导思想、研究思路与分析框架。具体来说主要有以下三个方面的启示：

　　首先，依据库恩范式理论，新旧范式转换的前提是旧有范式产生了"危机"。本书针对"普通高中教师如何通过听评课开展课堂教学研究"这一核心问题进行研究，就是因为以监督管理、评价考核教师为取向的传统听评课范式产生了危机，不能有效解决课堂教学质量提升和教师专业发展中的现实问题。因此，必须剖析传统的听评课范式，分析其问题及成因，探寻新的能够真正改进课堂教学、促进教师专业发展的听评课范式。这种听评课范式的转换，需要科学共同体的认识视角发生格式塔转变，产生或接受新的知识信念。那么传统的听评课范式到底存在哪些"危机"？这是本书第五部分将要回答的问题。根据库恩对范式的界定"范式是一个科学共同体成员所共享的信仰、价值、技术等的集合"，范式应该包括三个要素——共同体的信念、问题域和解题方法。据此，本书以甘肃省兰州市普通高中化学教师为研究对象，依据库恩范式理论中范式的三个基本要素设计考察内容，对普通高中化学教师听评课的整体现状进行调查研究，从而发现存在的问题并分析成因。

　　其次，依据库恩范式理论，从以评价管理为取向的传统听评课走向以课堂教学研究为取向的专业听评课,其实质是听评课范式的转换。那么专业的听评课范式如何建构?库恩为我们给出了答案:首先要在哲学层面对其概念进行重新界定,其次要在社会学层面把教师组建成一个专业合作体,最后要在技术或工具层面对其提供支持。① 因此,本书将在第七部分围绕这三个层面对教师通过听评课开展课堂教学研究的相关理论进行建构。第一,在哲学层面进一步厘清教师通过听评课开展课堂教学研究的本质内涵,明晰其特征;第二,在社会学层面归纳概括教师通过听评课开展课堂教学研究的基本理念;第三,在技术或工具层面为教师通过听评课开展课堂教学研究提供基本的内容框架、路径与模式及操作程序。因此,这也是本书理论建构的依据和框架。

最后,依据库恩范式理论,范式既是一种形而上的理论体系,也是形而下的具体范例,因此它是一个综合体。形而上的理论体系是指学术共同体持有的共同理念和价值观、相同的理论基础和解题方案等;形而下的具体范例是对形而上的理论体系的实践操作。据此,一个成熟的范式不仅要在理论层面建构形而上的理论,而且还要在实践层面提供形而下的范例。因此,本书中第六部分将在第五部分现实考察的基础上,针对目前听评课范式存在的问题,有针对性地开展实践探索,试图在实践层面提供具体范例。

综上所述,库恩范式理论作为本书的理论基础贯穿研究始终,因此,有必要对其基本内容与核心概念进行进一步的理解与把握,以便对听评课范式的要素与结构作深入分析。

第一节 作为结构的理论——库恩范式理论

范式理论由美国著名科学哲学家托马斯·库恩在其经典著作《科学革命的结构》中首次提出。他认为,对科学的传统说明,无论是归纳主义还是否证主义,都与历史证据相左。他试图提供一种与他所认为的历史情况更为一致的理论。这个理论其实就是范式理论,其关键特征是强调科学进步具有革命性,这里所说的革命包括摒弃一种理论结构,并用

---

① 崔允漷:《听评课:一种新的范式》,《教育发展研究》2007年第9B期。

另一种不相容的理论结构取代它。另一个重要特征是强调科学共同体的社会学特征所起的重要作用。因此，范式理论不仅在自然科学的发展过程中广泛应用，而且社会科学也开始逐步推广应用。正如库恩本人所说："科学的共同体结构，这个问题近年来已成为社会学研究的一个重要课题，科学史家也开始认真对待它。"[1] 然而，由于库恩范式极为复杂，不同的学者对此有不同的理解，即便是库恩本人，也在其一生中不断地修正着自己的理论。值得注意的是，虽然库恩对范式概念的界定有多种含义，但是作为范式革命的基本观点没有改变。正如库恩自己所说："观点必定要改变，这是我的基本观点，就此而言，我的基本观点没有改变。"[2] 鉴于这种状况，研究听评课范式首先要对库恩范式理论的基本观点进行深入的分析与研究，以便于更清楚地把握听评课的范式。

一 库恩范式理论的基本内容

综观库恩的《科学革命的结构》一书，可以用以下这一开放的图式来概括库恩所描述的科学进步的方式：

前科学—常态科学—危机—革命—新的常态科学—新的危机

当某个科学共同体开始遵循某个单一的范式之后，那种在一门科学形成以前的混乱和多样化的活动，最终会转变为有组织和有定向的活动。范式是由一些具有普遍性的理论假设和定律以及它们的应用方法构成，而这些理论假设、定律和应用方法都是某个特定的科学共同体的成员所接受的。无论一个范式是牛顿力学、波动光学、分析化学或是任何诸如此类的理论，在该范式框架内进行研究的人都在从事库恩所谓的常态科学。对于实验结果所揭示的现实世界的某些相关活动，常态科学家会尝试予以说明和适应，与此同时，他们将阐明和发展范式。在此过程中，他们将不可避免地经历一些困难并遇到一些显见的否证。如果这些困难失去控制，就会出现危机状态。当一种全新的范式出现并且吸引越来越

---

[1] ［美］托马斯·库恩：《科学革命的结构》，金吾伦、胡新和译，北京大学出版社2003年版，第148页。

[2] ［美］托马斯·库恩：《科学革命的结构》，金吾伦、胡新和译，北京大学出版社2003年版，第205页。

多的科学家的忠诚,直到原来那个问题百出的范式被放弃,这时危机才被解决。这种不连续的变化构成了科学革命。新的范式充满了希望,而且没有受到任何难以克服的困难的困扰,它现在要指导新的常态科学活动,直到它也遇到严重麻烦,并且出现新的危机随之又发生新的革命为止。①

二 库恩范式理论中的核心概念

（一）范式

库恩认为,读者在阅读《科学革命的结构》过程中产生的困难,大都是围绕着"范式"这一概念。范式一词在本书中出现得很早,其出现方式实质上是循环的。在该书一开始,库恩就指出：它们的成就空前地吸引一批坚定的拥护者,使他们脱离科学活动的其他竞争模式。同时,这些成就又足以无限制地为重新组成的一批实践者留下有待解决的种种问题。凡是共有这两个特征的成就,此后便称为"范式"。在该书的其他部分,库恩也对范式进行过多次阐释：一个范式就是一个公认的模型或模式。范式是一个成熟的科学共同体在某段时间内所认可的研究方法、问题领域和解题标准的源头活水。范式是共有的范例,这是库恩认为本书中最有新意而最不为人所理解的那些方面中的核心内容。基于此,英国学者玛格丽特·玛斯特曼在《范式的本质》一文中对库恩的范式概念做了系统考察,整理出一份不完全的分析索引,并肯定"范式"这个词在《科学革命的结构》中至少有二十二种用法。她将范式的这二十二种不同含义概括为三种类型或三个层面：

第一,形而上学范式,也被称作哲学范式或者元范式：泛指科学家所共同接受的信念。这一层面的范式反映的是科学共同体在哲学认识论的高度上对科学研究的共同信念与认识。这一共同信念与认识影响着科学共同体在进行科学研究时的价值取向和方法论取向。

第二,社会学范式,指科学家普遍认可的科学成就和学术传统,即一套既有的科学成就、政治制度与法律判决,指引科学共同体成员按照

---

① [英] A.F. 查尔默斯：《科学究竟是什么?》,鲁旭东译,商务印书馆2013年版,第133—134页。

既有成果的相似性和结构进行研究工作。正如库恩所说:"我所谓的范式通常是指那些公认的科学成就,它们在一段时间里为实践共同体提供典型的问题和答案。这一层面的范式概念是将范式作为一种科学习惯、一种学术传统、一个具体的科学成就,对科学共同体的研究具有规范性,是科学共同体一致接受的本学科的基本理论和取得的重大科学成就,包括构成学术研究基础的概念系统、基石范畴和核心理论在内的理论框架。"①

第三,人工范式或构造范式,这一层面的范式概念将范式作为一种依靠本身成功示范的工具、一个解疑难的方法、一个用来类比的图像或者范例,它可以是实际的教科书、经典著作、仪器设备等。范例就是根据公认的科学成就做出的典型的具体的"题解",科学共同体通过范例的学习掌握范式,学会解决同类问题的方法。

库恩本人认为,这二十二种用法的主要差异是由于文笔上的不一致引起的,要消除它们并不困难。因此,库恩在《科学革命的结构》的后记中进一步指出:"范式一词有两种意义不同的使用方式。一方面,它代表着一个特定共同体的成员所共有的信念、价值、技术等构成的整体;另一方面,它指谓着那个整体的一种元素,即具体的谜题解答,把他们当作模型和反例,可以取代明确的规则以作为常规科学中其他谜题解答的基础。"

由此可见,范式既是一种形而上的理论体系,同时是形而下的具体范例,因此它是一个综合体。形而上的理论体系是指学术共同体持有的共同理念和价值观、相同的理论基础和解题方案等;形而下的具体范例是对形而上的理论体系的实践操作。

(二)科学共同体

科学共同体这一概念在科学革命的结构中占有极其重要的地位。库恩在《科学革命的结构》的后记中写道:"假如我重写此书,我会一开始就探讨科学的共同体结构,这个问题近来已成为社会学研究的一个重要课题,科学史家也开始认真对待它。"库恩认为,一个科学共同体由同一

---

① 蔡守秋:《法学研究范式的革新——以环境资源法学为视角》,《法商研究》2003年第3期。

科学专业领域中的工作者组成。在一种绝大多数其他领域无法比拟的程度上，他们都经受过近似的教育和专业的训练，他们都钻研过同样的技术文献，并从中获取许多同样的教益。同时，库恩认为科学共同体与范式这两个概念是纠缠在一起的。一个范式就是一个科学共同体的成员所共有的东西，反过来，一个科学共同体由共有一个范式的人组成。我们能够也应当无须诉诸范式就能界定出科学共同体，然后只要分析一下特定共同体的成员的行为就能发现范式。一个范式支配的首先是一群研究者而不是一个学科领域。不论是范式指导下的研究还是动摇了范式的研究，对它们研究的把握都必须从确定从事这种研究的团体入手。科学共同体获得一个范式就是有了一个选择问题的标准，当范式被视为理所当然时，这些选择的问题被认为都是有解的。在很大程度上，只有这些问题，科学共同体才承认是科学的问题，才会鼓励他的成员去研究它们。别的问题，包括许多先前被认为是标准的问题，都将作为形而上学的问题，作为其他学科关心的问题，或有时作为因太成问题而不值得花费时间去研究的问题却被拒斥。就此而言，范式甚至能把科学共同体与那些社会所重视的但又不能划归为谜的形式的问题隔离开来，因为这些问题不能用范式所提供的概念工具和仪器工具陈述出来。这些问题会分散科学共同体的注意力。因此，在库恩看来，科学共同体是一个极其有效的工具，它能使通过范式变换得以解决的问题的数量和精确度达到最高限度。

由此可见，科学共同体是由一些对某一学科或专业有共同信念的人组成。这种共同信念规约着他们的研究方向、研究方法以及研究范围，同时，也为他们提供了共同的理论模型和解决问题的框架，从而形成一种共同的科学传统。范式就是科学共同体成员所共同接受和认可的一组假说、理论、准则和方法的总和，这些东西在心理上形成科学家的共同信念。只有有了理论上和方法论上的信念，才能进行选择、评价和批评；如果没有这种信念或者某种隐含的信念，任何一部自然史都无法得到解释。[①] 任何科学团体如果没有一套共同接受的信念，就难以实践科学

---

① ［美］托马斯·库恩：《科学革命的结构》，李宝恒、纪树立译，上海科学技术出版社1980年版，第13页。

事业。

(三) 反常与危机

在库恩看来，一般情况下常态科学家充满自信地在一个范式所规定的明确界定的领域中进行工作，该范式将为他们提供一组明确的问题，并且提供一些他们确信对解决这些问题来说恰当的方法。然而，科学研究终将会发现反常、遇到失败，这些反常与失败最终会达到一种严重的程度，以至于构成了范式的一场重大危机，而且可能导致现有范式被拒绝并被另一种不相容的范式取而代之。库恩承认，范式总会遇到一些难题，总会出现一些反常。只有在一系列特别的条件下，反常才会发展到动摇人们对范式的信心的地步。因此，发现始于意识到反常，即始于认识到自然界总是以某种方式违反支配常规科学的范式所做的预测。于是，人们继续对反常领域进行或多或少的扩展性探索，这种探索直到调整范式理论使反常变成与预测相符时为止。而危机与理论变化总是结伴而行的。在库恩看来，如果一个反常是会引发危机的，那么，它通常必定不仅仅是反常而已。当一个反常变得似乎不只是常规科学的另一个谜时，向危机和非常规科学的转变就开始了，此时反常本身就更普遍地为专业人员所承认，且该领域越来越多的杰出人物开始关注该反常。因此，反常只在范式提供的背景下显现出来，范式越精确，涵盖面越广，那么它作为对反常的一个指示器就越灵敏。在科学发现的常规模式中，甚至阻碍变化的力量也是有用的。这种阻力将保证范式不会太轻易地被抛弃，科学家也不会轻易地被反常困扰，因而导致范式改变的反常必须对现存知识体系的核心提出挑战。反常是如此长久和深刻，以致人们可以把它影响所及的领域恰如其分地说成是处于日益增长的危机状态中。因为它要求大规模的范式破坏，要求常规科学的问题和技巧有重大转变，所以，在新理论突现之前，一般都有一段显著的专业不安全感时期。人们不难料到，这种不安全感是在常规科学解不开它本应解开的谜的这种持续失败中产生的。现有规则的失效，正是寻找新规则的前奏。科学家在面临甚至是严重的和长期的反常情况下，他们并不把反常视作反例。虽然在科学哲学的词汇里，这些反常就是反例。一种新现象及其发现者所具有的价值，与这种现象违反由范式所做出的预测的程度成正比。因此，感觉到反常——即感觉到一种他的范式没有为研究者准备的现象——对导致新发现起到了关键的作用。

（四）不可通约性

"不可通约性"是库恩范式理论的一个重要思想，它被用来形容新范式和旧范式之间的本质不同。库恩认为科学革命并不是科学积累式的发展，而是一个新范式取代了一个旧范式的革命性变化，新旧范式之间不仅在逻辑上不相容，而且实际上也是不可通约的，它们之间有着质的不同，不能被彻底地还原。具体来说包含了三个方面：一是范式之间的标准不一致造成的新旧范式的不可比性；二是相同新旧范式的术语，其内涵存在完全的不同，并由此造成范式之间的无法沟通；三是新旧范式之争可能是在不同层面上进行的，所以科学家在同一点、同一方向所看到的可能是不同的东西。至此，库恩一直强调"不可通约性"的原因便显而易见了。正是两个范式的转换是一种不可通约物之间的转变，竞争着的范式之间的转变就不可能（借助逻辑和中性经验的推动）逐步地完成。就像"格式塔转换"一样，它要么必须立即整个地转变（虽然不必在瞬间完成），要么就根本不变。库恩认为，"不可通约性"必定是任何历史的、发展的或进化的科学知识观中一个基本的成分。

（五）科学革命或范式转换

科学革命或范式转换是范式理论的落脚点。常规科学以范式为特征，范式规定了共同体所研究的谜题和问题。一切运转良好，直到为范式规定的方法不再能应付一系列的反常现象，由此危机爆发并不断持续，直到一项新的科学成就诞生，重新指导研究，并被奉为新一代的范式。这种现象就是范式的转换。因此，库恩指出，范式之所以获得了它们的地位，是因为它们比它们的竞争对手能更成功地解决一些问题，而这些问题又为实践者团体认识到是最为重要的。不过，说它更成功，既不是说它能完全成功地解决某一个单一的问题，也不是说它能明显成功地解决任何数目的问题。库恩认为，科学革命是指科学发展中的非累积性事件，其中旧范式全部或部分地为一个与其完全不能并立的崭新范式所取代。科学革命是科学家据以观察世界的概念网络的变更。一部分作为个体的科学家，从对一种范式的忠诚转向了对另一种与之不相容的范式的忠诚，库恩把这种变化比作"格式塔转换"或"宗教上的改宗"。库恩在谈到范式转变的决定性因素时说到："科学范式的转换根本上是整个认识活动的形而上学基础的转换，是整个知识信念的改变。"因此，科学共同体的世界观决定着科学共同体在进行科学研究时的价值取向和方法论取向，理所当然地决定着范式转变。范式转变意味着科学革命的开始，当每次科学革命改变了经历革命共同体的历史视角时，那么，视角的改变将影响革命之后教科书和研究著作的结构。

第二节　听评课范式的结构与要素

依据上述对库恩范式理论的解读，接下来将其运用于听评课范式，具体分析听评课范式的结构与要素。

一　听评课范式的结构

依据范式理论的基本观点以及库恩对范式内涵与外延的界定，可以归纳出范式的基本结构，即形而上学范式、社会学范式和人工范式，听评课范式其实也包含这三个层面。听评课范式既是一种形而上的理论体系，同时也是形而下的具体范例，因此它是一个理论与实践融为一体的综合体。由此，本书中听评课范式的结构包含以下三个层面：

（一）哲学层面——形而上学范式

哲学层面的听评课范式是指教师在哲学认识论的高度上对听评课活动的共同信念与认识，即教师对于听评课活动的本质内涵、基本特征、作用及其意义与价值的认识与理解，这一共同信念与认识其实也反映了教师听评课的基本目的与态度，同时影响着教师听评课时的价值取向和方法论取向。

（二）社会学层面——社会学范式

社会学层面的听评课范式是指教师共同体在其共同信念指引下所形成的关于听评课的基本理念、基本要求和基本内容。教师共同体对于听评课的不同信念决定了听评课范式的基本理念和内容。本书把专业听评课界定为教师专业共同体的合作研究活动，这样一种定位将有助于重构教师的日常专业生活方式，也将有助于教师专业合作共同体的形成。但是这样的研究共同体必须要对专业的听评课达成一致的理念、要求与内容，否则基于合作的专业研究活动将无法有效开展。

（三）操作层面——人工范式

技术层面的听评课范式是指教师如何开展听评课、是否有一定的路径与模式可循、是否有典型的范例提供指导。因此，这一层面的听评课范式涉及实践中教师听评课的方式方法、组织形式以及基本路径与模式等。

在听评课范式这三个层面的框架中，各个层面都是相互联系、不可分割的有机统一体。教师听评课共同体所持有的共同信念、理念要求以及实践操作手段的总和，构成一个完整的教师听评课范式。当旧的听评课范式出现危机时，只有改变共同体的信念、理念以及实践操作才能解决危机，实现听评课范式的转换。从形式上看，听评课的范式框架与库恩自然科学的范式框架是一致的，但它绝不是库恩自然科学范式的翻版，因为属于社会科学范畴的听评课与自然科学的不同性质决定了二者在内涵上是完全不同的。

二 听评课范式的要素

依据范式理论对听评课范式的结构进行分析，进而也可以得出听评课范式的要素。崔允漷教授认为，如果从库恩坚持常规科学的中心地位这一立场出发，进行哲学上的推论，就可以得出：范式就是指某一科学共同体采用基本一致的思考方法来研究同一领域的特定问题。据此，我们可以得出"范式"所指涉的三大核心要素：共同体是科学范式形成的最基本的实体要素，它可以是有形的，也可以是无形的，只要拥有共同的信念；问题域是研究信念的寄托和载体，亦是科学范式得以形成的保障；解题方法或思考方法是共同体对话的基础，也是产生可比性的科学成就的前提条件。[①] 据此，听评课范式也包含这三大核心要素：

（一）共同体的信念

听评课范式中的共同体是指参与听评课的所有教师。而共同体的信念是指教师听评课的目的与态度以及听评课的文化。在听评课活动中，教师对于听评课本身持有怎样的目的与态度决定了他在听评课活动中的

---

① 崔允漷：《范式与教学研究》，《课程·教材·教法》1996年第8期。

关注点和具体行为。因此，分析听评课范式，必须首先分析听评课的主体——教师的共同信念，即对于听评课的目的与态度以及听评课的文化。

（二）问题域

听评课范式中的问题域是指教师听评课的内容以及学校听评课的制度。共同体的信念涉及的是教师为什么听评课的问题，而问题域涉及的是教师听评课到底听什么、评什么的问题。如果教师在听评课的内容方面不能达成统一的共识，那么听评课活动将无法有效地开展。而听评课的制度作为学校层面的维系公约，也应该对听评课的有效开展提供一定的保障与引领。

（三）解题方法

听评课范式中的解题方法是指教师听评课的方式方法以及学校听评课的组织实施，即涉及操作层面听评课如何开展的问题。对于听评课的教师来说，如果不能对听评课方式方法达成相应的共识，学校如果对听评课活动没有科学合理的组织实施，那么听评课活动将无法有效开展。

以上三点共同构成了听评课范式的基本要素，因此在对听评课现状进行剖析时，必须从这三个基本要素依次进行深入的分析。

第三节 两种听评课范式的分析与比较

依据上述对于听评课范式的结构与要素的分析，结合对听评课发展历史的考察，将听评课范式分为传统听评课范式和专业听评课范式两种。接下来在理论层面对两种听评课范式作以分析与比较。

（一）以管理评价教师为取向的传统听评课范式——价值评判

本书中的传统听评课范式是指教育行政部门的管理者、学校领导或教师作为评价主体进入课堂中，依据一定的标准对授课教师及其课堂教学诸因素的发展变化所进行的一种价值评判。依据库恩范式理论可以对其核心要素做进一步解析：

1. 共同体的信念：传统听评课范式中，共同体的信念也是存在的，即对授课教师及其课堂教学进行评价或监督。因此，在这样的听评课活动中，授课教师与听评课教师不是对等的主体间性关系，而是对立的主客关系。听评课者是评价主体,而授课教师只是被评价的客体。虽然在这个过程中也会发现授课教师自身以及课堂教学过程中的一些问题,但是往往到这一步就终止了。因为这样的听评课其目标只是给授课教师做一个总体的质性评价或打出一个量化分数,而不需要对其课堂教学做进一步深入具体的分析,进而给授课教师相应的教学改进意见与建议。因此,对于授课教师来说,这样的听评课对其自身的专业发展以及课堂教学质量的提升都不能发挥有效的作用。而且,一些教师为了在这样的听评课中获得好的评价或分数,他们会竭尽全力表现自己最好的一面,或者隐瞒教学进度重复已教的内容,或者不惜丧失职业操守提前借班演练。对于听评课教师来说,相对较好的课可以从中借鉴吸收一些技术方面的优势,而对于过于失真的表演课,也就只能是抱着完成任务的目的去当观众。因此,这样的听评课对其专业发展没有实质性意义与价值。在评课的时候,听评课的教师明知授课教师展示的不是真实的课堂教学,往往也是碍于情面,只讲好话而不说问题。因此教师对于这样的听评课态度往往比较消极被动,并非积极主动。同时,因为这种听评课是一种评价范式,因此必然会有好差或等级之分,教师为了获得所谓更好的评价,相互之间形成的必然是个人主义、分化竞争或表面合作的文化,而不会有真正合作的开放、互信、支持的文化。

2. 问题域:传统听评课范式中,其目的是对教师及其课堂教学进行价值判断,因此理应有客观合理的评价标准作为其评价依据。然而事实却是,评价者或凭借一张评价表中宽泛笼统的评价指标随意划"√"或打分,或凭借评价者自己的主观经验与惯性思维对授课教师及其课堂教学随意发表评论,缺乏客观合理的依据和证据。而授课教师对于这样的评价往往也是表面接受而内心排斥,因为这样的评价事实上并不能对他们的教学以及专业发展发挥应有的作用。而且,在这样的听评课范式中,听评课制度也仅仅是发挥监督或管理的作用,并没有起到应有的保障引领作用。

3. 解题方法:在这样的听评课范式中,到底如何开展听评课活动呢?从组织实施来说,一般都是学校层面的规定安排,教研组组织教师落实。从教师个人层面来说,由于听课之前没有明确的目的与具体的内容,因此评课时采用的方式一般是随意漫谈式或分数评定式,从而完成学校安排的基本教研任务。而且在这样的听评课中,听课时大家各自为政,评课时由于缺乏共同的问题与主题,往往各自发挥,想到什么说什么,不能达成共识并给授课教师提出具有可操作性的意见与建议。

因此,这种传统的以管理评价教师为取向的听评课范式,虽然也能够在一定程度上发现课堂教学中的问题,对教学起到一定的监督与促进作用,但是并不能真正发挥听评课在教师专业领域中的专业价值,不能有效地改进课堂教学,促进教师的专业发展。

(二) 以研究课堂教学为取向的专业听评课范式——问题解决

专业听评课范式是教师为了改进课堂教学,在自我反思的基础上通过同伴互助或专业引领,运用科学的理论与方法发现真实课堂教学中存在的各种问题,并通过深度对话分析解释问题,最后达到问题解决的一种教学研究活动。依据库恩范式理论可以对其三大核心要素做进一步分析:

1. 共同体的信念:在专业听评课范式中,听评课教师和授课教师作为课堂教学研究共同体,其共同信念是发现并解决课堂教学问题,从而改进课堂教学,促进教师专业发展。因此,在这种听评课范式中,听评课教师和授课教师是对等的合作关系,且都是课堂教学研究过程中的主体,而不存在主客关系,即哈贝马斯所谓的主体间性关系。对于授课教师来说,在这样的听评课范式中,由于其目的是发现课堂教学问题并改进课堂教学,因此教师不会刻意去掩盖避讳自己的问题,反而愿意主动暴露问题,展示真实的课堂教学,从而在与其他教师合作开展课堂教学研究的过程中解决问题并提升自我。对于听评课的教师来说,在基于合作研究真实课堂教学问题的过程中,不但能吸收借鉴其他老师课堂教学中的优势与经验,而且在与其他教师合作发现并解决课堂教学问题的过程中,能够反观自己的课堂教学,学会课堂教学研究的方法,加深对课堂教学本质与规律的认识,提升自己的专业素养。因此,在这样的听评课范式中,听评课教师与授课教师对待听评课活动的态度都会比较积极主动,从而形成的听评课文化必然是一种真正合作开放的文化。

2. 问题域:在这样的听评课范式中,其共同的目的是发现并解决课堂教学问题，改进课堂教学，因此听课的内容必然是对课堂教学问题的关注，并收集发现问题和解决问题的客观依据。在评课过程中主要是围绕课堂教学中的问题及依据，讨论问题解决的策略与方法，最后授课教师与听评课教师达成基本一致的共识，从而为进一步改进课堂教学找到突破口与抓手。

3. 解题方法：从组织实施的层面来看，这样的听评课应该是教师自主自发的，因为只有教师最清楚自己在哪些内容的教学方面或在哪些课型的教学中困惑最大、问题最多，因此教师自主自发的听评课对于问题的解决来说最有针对性与实效性。从方式方法来说，在这样的听评课中，教师应该提前反思预设性问题，并针对预设性问题讨论解决策略或设计课堂观察量表，或归纳整合后上升为研究主题。在听评课的过程中，教师应该通过课堂观察研究预设性问题的解决效果并发现生成性问题。总体来说，专业听评课范式中教师听评课的方式不再是基于主观经验的随意漫谈，而应是基于问题、主题或观察点的课堂观察与研究。

因此，以研究课堂教学为取向的专业听评课范式，需要教师在传统听评课范式的基础上发生观念以及行为的根本性转变。然而，目前一些学校或教师都在尝试开展专业听评课，但还未见明显成效。因此，只有教师真正认识并体验到听评课对于课堂教学研究的价值，才能真正实现从传统听评课范式走向专业听评课范式。

（三）两种听评课范式的比较

在此需要说明的是，两种听评课范式的出现都有其特定的理论与实践背景，而且有其特定的目的指向。以管理评价教师为取向的传统听评课范式有其自身的功能与价值所在。但是，目前它不能有效地解决教师专业领域中的特定问题，即对于课堂教学质量的提高以及教师专业发展的提升不能发挥应有的作用。因此，从这个方面来看，教师听评课的范式必须发生转向，由管理评价为取向的传统听评课范式向研究课堂教学为取向的专业听评课范式转变。

在上述分析的基础上，从两个层面、七个维度对两种听评课范式做以下具体的比较，如表3—1所示。

表3—1　　　　　　　　　两种听评课范式的比较

		传统听评课范式	专业听评课范式
教师层面	目的	评价教师、机械模仿、完成任务	学习成长、发现并解决课堂教学问题
	态度	消极被动	积极主动
	内容	依据主观经验或评价指标的全科式诊断	基于问题、主题、观察点收集研究资料
	方式	分数评价式、随意漫谈式	主题或问题研讨式、量表分析式
学校层面	制度	监督管理	保障引领
	组织	学校规定安排、教研组组织落实为主	教师相互之间自主自发为主
	文化	个人主义、分化竞争、表面合作	实质性合作

第 四 章

研究设计与实施

第一节 研究思路

"普通高中教师如何通过听评课开展课堂教学研究"这一核心问题的解决，既需要借鉴已有理论成果，更需要在具体实践中去探索并归纳总结。因此，本书整体采用归纳的思路，借鉴人类学家马林诺夫斯基提出的"在这里—去那里—回到这里"的研究路线，采用"文本"和"田野"相结合、"量化"与"质性"相结合的研究范式，坚持从理论到实践再从实践到理论的认识论路线开展研究。具体的研究思路如图4—1所示。

在这里：主要指进入研究场域前所做的基础性准备，即开展文献研究以及研究设计。具体包括：通过对文献资料的搜集、整理和分析，考察前人关于听评课研究和课堂教学研究的理论论述，了解前人做了什么，做到什么程度，借鉴其研究视角和趋向，从而聚焦研究问题，寻找理论依据。在此基础上设计研究思路以及所用到的调查问卷、访谈提纲和观察量表等研究工具。

去那里：主要指深入研究场域开展田野研究。首先通过调查研究，从实然层面了解兰州市普通高中化学教师通过听评课活动开展课堂教学研究的现状，深入分析其存在的问题，挖掘问题形成的原因，为普通高中教师通过听评课开展课堂教学研究的理论建构提供现实依据。然后，针对调查研究呈现出来的普遍问题和个案学校的具体情况，与个案学校教师合作开展行动研究，探索教师如何通过听评课开展课堂教学研究，引领教师通过听评课反思课堂教学问题、改进课堂教学实践，帮助教师

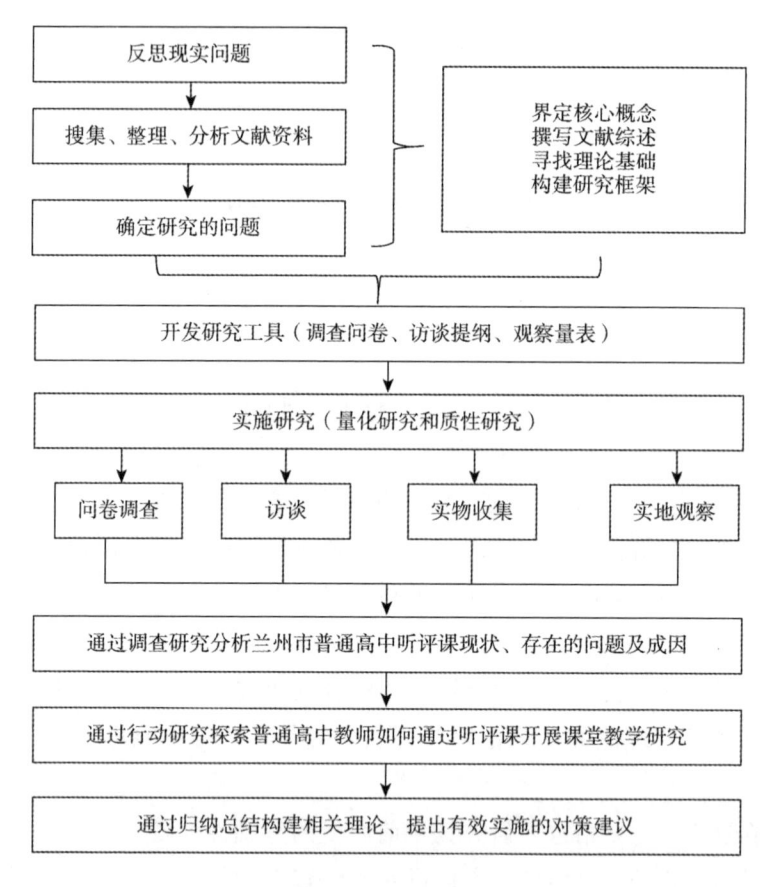

```
┌─────────────────┐
│  反思现实问题    │──┐       ┌──────────────┐
└─────────────────┘  │       │ 界定核心概念  │
┌─────────────────┐  │       │ 撰写文献综述  │
│搜集、整理、分析  │──┤       │ 寻找理论基础  │
│   文献资料       │  │       │ 构建研究框架  │
└─────────────────┘  │       └──────────────┘
┌─────────────────┐  │
│  确定研究的问题  │──┘
└─────────────────┘
          │
┌──────────────────────────────────────────┐
│ 开发研究工具（调查问卷、访谈提纲、观察量表）│
└──────────────────────────────────────────┘
          │
┌──────────────────────────────────────────┐
│    实施研究（量化研究和质性研究）          │
└──────────────────────────────────────────┘
          │
┌────────┬────────┬────────┬────────┐
│问卷调查│ 访谈   │实物收集│实地观察│
└────────┴────────┴────────┴────────┘
          │
┌──────────────────────────────────────────┐
│通过调查研究分析兰州市普通高中听评课现状、 │
│存在的问题及成因                           │
└──────────────────────────────────────────┘
┌──────────────────────────────────────────┐
│通过行动研究探索普通高中教师如何通过听评课 │
│开展课堂教学研究                           │
└──────────────────────────────────────────┘
┌──────────────────────────────────────────┐
│通过归纳总结构建相关理论、提出有效实施的   │
│对策建议                                   │
└──────────────────────────────────────────┘
```

图 4—1　研究思路

提升专业素养，并及时归纳总结实践中的有益经验。

回到这里：主要指通过文献研究与田野研究之后再次回到观念世界，对既有理论架构进行反思与完善，以便使理论更好地诠释实践中的问题，从而丰富并加深教师对课堂教学研究和听评课活动的理解。具体包括通过归纳总结构建教师通过听评课开展课堂教学研究的相关理论，提出普通高中教师通过听评课开展课堂教学研究的实施对策与建议。

第二节　研究范式

艾尔·巴比认为，在社会科学中，范式作为我们观察世界的方式没有对错之分，而只有用处上的大小之分。每一种范式都为关注人类社会生活提供了一种不同的方式，都有独特的关于社会事实的假定。所以都能敞开新的理解，带来不同类型的理论，并且激发不同类型的研究。① 可以说，研究范式的选择为研究开展奠定了基础。

近几年，社会科学界两种不同的研究范式"量的研究"和"质的研究"形成了声势浩大的对垒与抗衡，双方各有其理，认为自己的方法更加"合理""真实""可信"。其实，"量的研究"和"质的研究"都是教育研究中的基本范式，它们风格各异，却又互相补充。针对这两种范式，陈向明指出，量的研究的长处恰恰是质的研究的短处，而质的研究的长处恰恰可以用来填补量的研究的短处。在同一个研究项目中使用这两种不同方法，可以同时在不同层面和角度对同一研究问题进行探讨，可以结合宏观和微观、行为和意义，自上而下验证理论和自下而上建构理论。可以同时收集不同类型的原始资料，为研究设计和解决实际问题提供更多灵活性。不同的方法之间可以相互补充，共同揭示研究现象的不同侧面。②

因此，在研究范式的选择方面，采用理论分析与实证研究相结合、量化研究和质性研究相结合的综合范式。在量的研究方面，主要通过对兰州市三县五区普通高中化学教师的听评课现状进行问卷调查，从而发现普遍存在的问题，在此基础上分析问题的成因。在质的研究方面，主要通过实地观察、深度访谈、实物收集进一步深入分析存在的问题、挖掘问题形成的原因，并与个案研究对象合作开展行动研究，追踪研究对象行动发生、发展和变化的过程，根据当时当地的研究情境灵活地调整研究设计，深入教师专业生活内部探寻其对行动的意义解释，整体深入地考察整个行动过程，并在收集原始资料的基础上通过"自下而上"的研究路线建立情境化的、主体间性的意义解释，构建介于宏大理论和微观操作性假设之间的实质理论。

个案研究是通过对单一研究对象进行深入具体的调查与认真细致的

---

① [美]艾尔·巴比：《社会研究方法》，邱泽奇译，华夏出版社2005年版，第34页。
② 陈向明：《质的研究方法与社会科学研究》，教育科学出版社2000年版，第472—473页。

分析来认识个案的现状或发展变化过程。[①] 在质性研究中，其主要的研究方式就是个案研究。按照不同的标准，可将个案研究分为不同的类型。按照个案的性质，可以将个案研究分为探索性个案研究、描述性个案研究、解释性个案研究和评价性个案研究。本书中，我们试图探索普通高中教师如何通过听评课开展课堂教学研究，必须结合已有的理论深入实践中去检验和探索相关的理论，因此本书中的个案类型属于探索性个案。按照研究的目的可以将个案划分为两类：第一类是旨在通过对个案的调查与分析来认识个案的现状或发展变化的进程，即"解剖麻雀"的方法；第二类研究是以对个案的了解与认识为基础，旨在尝试一些积极措施，促进个案发展，从而认识措施与结果之间的关系。本书在前期大样本调研的基础上，针对个案学校的具体问题有针对性地开展行动研究，试图通过行动研究分析归纳总结普通高中教师通过听评课开展课堂教学研究的相关理论。因此，本书中的个案研究目的属于第二类。另外，本书选择个案研究的理由是：从纵向的维度看，个案研究是对研究对象发展变化的过程进行深度分析和探究的过程。普通高中教师如何通过听评课开展课堂教学研究本身是一个在教学情境中不断探究、不断反思的过程，以个案的方式研究有利于从纵深层面探究问题并解决问题。从横向的维度看，个案研究是以整体性的方式展示与诠释真实生活世界中的普遍联系及意义特征。通过个案研究，可以以开放的心态发现听评课活动与课堂教学研究之间的内在关系。

第三节　研究方法

对于一项社会科学研究，某种意义上说，方法的选择比问题解决更为重要。陈向明认为，具体选择什么样的方法应该根据具体研究的问题、研究的目的、研究的时空情境和研究对象等因素而定。因此，本书在哲学现象学、社会学扎根理论以及人类学的田野研究为方法论的基础上，选择文献法、问卷调查法、访谈法、实地观察法、实物收集法等具体方法开展研究。

[①] 温忠麟：《教育研究方法基础》，高等教育出版社2004年版，第6页。

一 研究的方法论基础

（一）现象学——回到实事本身

现象学是现代西方哲学最重要的哲学思潮之一，对20世纪的西方哲学和包括教育学在内的其他学科的发展产生了重大影响，并在欧美一些国家获得发展并保持着生机。它把教育理解为参与其中的人与人之间的生活方式，认为教育学不能从抽象的理论文本或分析系统中去寻找，而应该在教育的生活世界中去寻找，强调教育理论必须关注时代的教育实践，关注现实并对其进行反思。现象学中"回到实事本身"表达了现象学研究最根本的准则，这个理念也告诉我们，教育事件必须如其所是地进行研究，科学不是方法，科学首先意味着要认真对待事实，科学就是要研究事物的本来面目。现象学研究是一种反省研究，反省就是内在地"看"，即通过本质直观的方式把握事物的本质特征——通过悬置自然的态度，排除对世界的存在设定，进而转向一种哲学反思，即在直接的直观中把握事物的本质或本质结构。现象学中"生活世界"的思想为教育研究打开了一个新的视界，让教育学者开始关注教育情境中师生的"生活体验"，关注生活"前反思"的意义。这种研究试图把教育研究者从学术界一直处于支配地位的、违反直觉的研究方法和问题域，拉回到教育的日常体验中来，通过人化的、以语言描述生活体验及其意义的方式来开展研究。[①] 对"教师如何通过听评课开展课堂教学研究"这一核心问题开展研究，其实质就是对教师日常专业生活的研究，因此必须"回到实事本身"，深入教师的日常专业生活世界中去关注教师的"生活体验"，并进行深刻地"反省"，从而探寻相应的答案。

（二）社会学——扎根理论

社会学中的扎根理论是质的研究中建构理论的一种方式，或者说是质的研究的"风格"。其主要宗旨是在经验资料的基础上建立理论。因为只有通过对资料的深入分析，一定的理论框架才可能逐步形成。这是一个归纳的过程，自下而上将资料不断地进行浓缩。与一般的宏大理论不

[①] ［美］洛伦 S. 巴里特：《教育的现象学研究手册》，刘洁译，教育科学出版社2010年版，第4页。

同的是，扎根理论不对研究者自己事先设定的假设进行演绎推理，而是强调对资料进行归纳分析。这是因为，扎根理论认为，只有从资料中产生的理论才具有生命力。如果理论与资料相吻合，理论便具有了实际的用途，可以被用来指导人们具体的生活实践。因此，扎根理论的首要任务是建立介于宏大理论和微观操作性假设之间的实质理论（即适用于特定时空的理论），但也不排除对具有普适性的形式理论的建构。而且，形式理论必须建立在实质理论的基础之上，只有在资料的基础上建立起实质理论以后，形式理论才可能在各类相关实质理论之上建立起来。这是因为，扎根理论认为知识是积累而成的，是一个不断地从事实到实质理论，然后到形式理论的演进过程。建构形式理论需要大量的资料来源，需要实质理论的中介。如果从一个资料来源直接建构形式理论，这其中的跳跃性太大，有可能产生很多漏洞。此外，形式理论不必只有一个单一的构成形式，可以涵盖许多不同的实质性理论，将许多不同的概念和观点整合、浓缩、生成一个整体。这种密集型的形式理论比那些单一的形式理论，其内蕴更加丰富，可以为一个更为广泛的现象领域提供意义解释。[①] 对普通高中教师通过听评课开展课堂教学研究进行现实考察和实践探索，就是要在关注实践的基础上进行经验总结和规律探寻，以期构建普通高中教师通过听评课开展课堂教学研究的实质理论。因此，必须深入教师的专业生活中收集大量的第一手资料，并对资料进行及时深入地分析，从而自下而上将资料不断地进行浓缩，最后在经验资料的基础上建立实质理论。

（三）人类学——田野研究

在人类学领域，研究者们所做的是"民族志"，就是建立联系、选择调查合作人、做笔录、记录系谱、绘制田野地图、记日记等。这种深入研究对象的研究方法常常是田野工作、参与观察、深度访谈、深度描述等的综合运用，其中以田野工作最为基础和最具有代表性。[②] 民族志中的田野研究是人类学的根基，是人类学研究者获取研究资料的最基本途径，同时可以使研究者对研究的问题获得一种现场感，使研究者更加逼近所

---

① 陈向明：《质的研究方法与社会科学研究》，教育科学出版社2000年版，第327页。
② 王鉴：《课堂研究概论》，人民教育出版社2007年版，第21页。

研究问题的全面和真实。因此，对于教师如何通过听评课开展课堂教学研究这样的专业活动进行研究，研究者应该关注教师生存其中的学校，走进真实的教育情境与现场，直面教育现象和事实本身，对问题的本质作出完整而深入地揭示。因此，在实践探索部分，主要针对两所个案学校开展深入的行动研究，通过实地观察、深度访谈和实物收集等方法更加真实全面地描述教师的专业生活，从而揭示问题的本质。另外，主客位研究是文化人类学中常用的方法之一。它是指研究者在进行田野研究时，既要浸入到研究的对象中作为研究对象的一员去观察、体验、认识研究对象的文化含义，又要作为专门的研究者对研究对象的文化进行理性的思考与审视，并对两种研究的结果进行比较与分析，从而得出比较客观的结论。[①] 笔者既要和研究对象合作开展行动研究，搜集第一手研究资料，这是一种主位研究；同时又要适时地转换角色，以研究者的身份审视研究对象的语言与行为，用研究者所持有的观点和方式去描述和解释所看到和感受到的内容，这又是一种客位研究。这两种角色所形成的张力可以为研究者创造一定的空间。

二 研究的具体方法

（一）文献法

本书运用文献法，主要是通过 CNKI、万方数据库、百度、谷歌等搜索引擎，图书馆藏资料等渠道，查阅"教师成为研究者""课堂教学研究"和"听评课"三个方面的国内外相关文献，并采用横向与纵向相结合的思路，对所查阅的文献进行综述。先采用纵向的思路整体梳理其历史发展线索，再从横向的方面归纳其共性和聚焦点。目的在于聚焦研究问题，找到研究的逻辑起点，在此基础上对研究问题进行合理定位，并为研究框架的设计提供整体思路和理论支撑。

（二）问卷调查法

在文献研究和理论分析的基础上，结合对样本学校初步调研的结果，并参考大量关于听评课和课堂教学研究方面的问卷，设计《普通高中教师听评课活动调查问卷》，目的主要是发现目前兰州市普通高中化学教师

[①] 王鉴：《课堂研究概论》，人民教育出版社 2007 年版，第 131 页。

听评课活动中存在的突出问题。为了确保问卷的信度与效度,将设计的问卷首先进行了预测试,通过对预测试结果的分析,根据实际情况对问卷进行了相应的修正,然后进行正式调查。

(三) 实地观察法

实地观察不仅能够对被研究的现象得到比较具体的感性认识,而且可以深入到被观察者的文化内部,了解他们对自己行为意义的解释。质的研究中的实地观察,根据观察程度的区别,分为参与型观察与非参与型观察两种形式。本书中主要运用参与型观察,研究者深入研究场域初期,在与被观察者一起工作的过程中倾听和观察他们的言行,了解他们的课堂教学研究和听评课活动的现状。随着研究的深入,与被观察者一起合作开展行动研究时,在密切的相互接触和直接体验中观察他们的行为表现,并与之前做对比,了解行动研究对他们产生的实际影响。这种观察的情境比较自然,观察者不仅能获得比较具体的感性认识,而且可以深入到被观察者的文化内部,了解他们对自己行为意义的解释。在对被观察对象的课堂教学进行观察时,为了不干扰研究对象的正常教学工作,选择非参与型观察。

(四) 访谈法

由于质的研究涉及人的理念、意义建构和语言表达,因此访谈便成为质的研究中一个非常关键的收集资料的方法。与问卷调查相比,访谈具有更大的灵活性以及对意义解释的空间。与观察相比,访谈可以了解受访者的所思所想和情绪反应、他们生活中曾经发生的事情以及他们的行为所隐含的意义,观察往往只能看到或听到研究者的外显行为,很难准确地探究他们的内心活动。[①] 本书主要运用开放式访谈和半结构式访谈对研究对象进行访谈。在研究初期,为了与研究对象建立自然信任的关系,使用开放式访谈,了解他们日常教学和教研活动的整体现状。这种访谈所收集到的资料主要是研究对象自己认为重要的或有意义的内容,或者是他们想急于表达或倾诉的内容。在研究的中后期,开始对前期开放式访谈所浮现出来的主题和关键事件进行半结构式访谈,使其向纵深发展,以期达到三方面的目的:一是厘清问卷调查和实地观察中一些表

[①] 陈向明:《教师如何作质的研究》,教育科学出版社2001年版,第70页。

面现象背后更深层次的问题及原因，如价值观念、情感体验和文化规范等；二是补充问卷调查和实地观察无法涉及的问题，并探析问卷调查虽有涉及但仍模糊的问题；三是探寻教师的内心世界，言说他们自己所关心的事情对于现实问题的意义。

（五）实物分析法

将实物作为质的研究资料来源于这样一个信念，即任何实物都是一定文化的产物，都是在一定情境下某些人对一定事物的看法的体现；因此这些实物可以被收集起来，作为特定文化中特定人群所持观念的物化形式进行分析。[1] 本书中收集的实物主要包括：学校有关校本教研以及听评课的规章制度文本、教师的听评课记录、教学研究成果、教学随笔札记等。在收集丰富实物资料的基础上，通过进一步分析从而了解研究场域和教师们的日常教学生活。

第四节 研究对象的选择与确定

一 问卷调查对象

在本书中，量的研究主要采用问卷调查的方法，以兰州市普通高中化学教师作为样本总体，采用分类抽样和单纯随机抽样相结合的方法进行抽样，以保证所选样本的代表性。因此，在开展问卷调查之前笔者专门从兰州市教育局了解了兰州市普通高中的基本情况以及化学教师的分布情况，如表4—1所示，然后有针对性和代表性地选取本书中的研究样本。

表4—1　　　　兰州市普通高中化学教师的基本分布情况

	省级示范性高中		市级示范性高中		一般高中	
	学校总数（所）	化学教师（位）	学校总数（所）	化学教师（位）	学校总数（所）	化学教师（位）
城关区	5	63	11	89	3	26

---

[1] 陈向明：《质的研究方法与社会科学研究》，教育科学出版社2000年版，第275页。

续表

	省级示范性高中		市级示范性高中		一般高中	
	学校总数（所）	化学教师（位）	学校总数（所）	化学教师（位）	学校总数（所）	化学教师（位）
七里河区	1	12	5	46	2	27
安宁区	1	13	1	0	2	18
西固区	3	23	5	65	1	8
红古区	0	0	1	8	2	17
榆中县	1	18	1	9	4	55
皋兰县	0	0	1	13	1	13
永登县	0	0	4	54	2	24
合计	11	129	29	284	17	188

在具体的样本选择方面，本书选择了兰州市15所普通高中，其中省级示范性高中7所（西北师大附中、兰州一中、兰大附中、兰炼一中、兰化一中、榆中一中、皋兰一中），市级示范性高中4所（兰州四中、兰州五中、兰化三中、恩玲中学）以及一般高中4所（交大东方中学、兰州九中、兰州十中、兰州市第五十七中学）。这些学校在教学质量方面形成一定的梯度，不论从办学规模、教学水平、师资力量还是学校发展等方面，都能够从不同层级不同程度反映整个兰州市普通高中化学听评课活动的现状。实际发放调查问卷时，按照学校实际担任高中化学课程的教师人数发放，共发放问卷209份，具体情况如表4—2所示。

表4—2　　　　　　　　样本学校基本情况

样本学校所在地	样本学校名称	发放问卷数（份）
城关区	兰州一中	15
	兰大附中	12
	兰州五中	11
	兰州十中	12
七里河区	兰州四中	11
	兰州九中	8

续表

样本学校所在地	样本学校名称	发放问卷数
安宁区	西北师大附中	17
	交大东方中学	8
	兰州市第五十七中学	6
西固区	兰炼一中	10
	兰化一中	12
	兰化三中	9
榆中县	榆中一中	22
	恩玲中学	20
皋兰县	皋兰一中	36

回收问卷195份,回收率为93.3%。剔除无效问卷后统计有效问卷数为179份,问卷的有效率为91.8%。对有效问卷中研究对象的基本信息统计如表4—3所示。

表4—3　　　　　　　　问卷调查对象的基本信息

项目	类别	人数	百分比	合计
性别	男	87	48.6%	179
	女	92	51.4%	
年龄	20—25岁	33	18.4%	179
	26—30岁	58	32.4%	
	31—40岁	72	40.2%	
	41—50岁	14	7.8%	
	50岁以上	2	1.1%	
教龄	0—3年	47	26.3%	179
	4—10年	68	38.0%	
	11—20年	57	31.8%	
	20年以上	7	3.9%	
职务	普通教师	173	96.6%	179
	教研组长	4	2.2%	
	学校其他领导	2	1.1%	

续表

项目	类别	人数	百分比	合计
职称	初级	80	44.7%	179
	中级	82	45.8%	
	高级	11	6.1%	
	其他	6	3.4%	
学历	中师或高中	0	0.0%	179
	大专	0	0.0%	
	本科	152	84.9%	
	研究生	27	15.1%	
现任教年级	高一	94	52.5%	179
	高二	64	35.8%	
	高三	21	11.7%	

二 访谈对象

访谈对象主要来源于笔者选择的两所个案学校的全部化学教师，基本情况如表4—4所示。

表4—4　　　　　　　　访谈对象的基本信息

代码	性别	年龄	教龄	职务	职称	学历	任教年级
L	女	42	20年	备课组长	中一	本科	高一
SP	女	28	5年	无	中二	研究生	高一
Z	女	29	5年	无	中二	本科	高一
F	女	24	1年	无	无	本科	高一
SJ	女	48	26年	教研组长	高级	本科	高二
G	女	25	2年	无	中二	本科	高二
H	女	52	30年	备课组长	高级	本科	高三
S	女	45	22年	无	中一	本科	高三
YP	女	28	5年	无	中二	研究生	高二
C	女	26	4年	无	中二	本科	高一
W	男	50	28年	教研组长	高级	本科	高一
Y	男	24	1年	无	无	研究生	高一

续表

代码	性别	年龄	教龄	职务	职称	学历	任教年级
YL	男	44	21年	备课组长	中一	本科	高二
YJ	男	53	32年	副校长	高级	本科	无
D	女	34	10年	无	中一	本科	高一

三 个案研究对象

本书中的个案研究对象是兰州市非常有典型性的两所高中。以下对两所高中的基本情况分别作以简要介绍：

（一）Y中学简介

Y中学是一所具有深厚历史和文化底蕴的学校，至今已有110多年的办学历史，为甘肃省首批办好的重点中学之一，也是甘肃省首批通过示范性普通高中评估验收的中学之一。作为全市乃至全省的名校，Y中学以"养德、开智、健体、立美"为教育理念，以"升学预备教育为主，兼创名校特色，全面理解贯彻党的教育方针，稳步地、科学地推进素质教育，因材施教、发展特长，不断提高学生综合素质，培养学生创新精神和实践能力"为办学特色，现拥有一支德业精良的教师队伍，一套精诚团结的领导班子。学校高度重视教育科研，并在长期的教育科研实践中形成了独具特色的教研文化。确立了以"促进课堂教学的优化、促进教师的专业成长、促进学校的科学发展、向社会提供优质教育"的教研目标和"以课题为龙头、以课堂教学研究为载体、以学情研究为特色、以教师的广泛参与为渠道，以校办杂志和校园网为平台，在以校为本的教学研究、德育研究和管理研究三大块上做好文章"为教研指导思想。立足校情，借鉴全国兄弟学校的先进经验，由小而大，由下而上，由实而新，做精做实做新国家级和省级课题；重成果并重经历；重个人的成就，更重成就新人；重解决问题，更重发现新问题；通过教师个体的自我反思、教师间的同伴互助、专家的引领等方式，实现教师的专业成长。为了扎扎实实推进校本教研，Y中学制定和完善了相关制度。如：《Y中学教育教学研究工作条例》《Y中学教育科研课题管理办法》《Y中学教师科研考核奖励办法》等，按照规范的程序进行教学研究。学校规定，教育科研主要由教研处牵头，但是各处室必须相互协调配合，共同参与科研，形成良好的协调机制。学校每两年进行一次科研考评，评选教研先进集体和个人，进行表彰奖励。在考评过程中，建立健全各教研组每位老师的教研档案。每次考评过程中，进行教育科研成果的分析和总结，发现优势，找出不足，明确下一步的努力方向。学校提倡全员参与，动员每位教职工积极参加教育科研。同时，在教研中注重培养骨干，注意发挥教研组组长和教育硕士的作用。全员参与和培养骨干相结合，有力地保证校本科研的顺利进行。因此，在这样一所教学和科研都走在全省前列的高中与教师合作开展课堂教学研究，能够为本书核心问题的研究提供一定的基础和保障。

（二）S中学简介

S中学始建于1965年，2001年8月创建为兰州市首批示范性中学。学校始终坚持社会主义办学方向，全面贯彻党的教育方针，深化教育教学改革，把"勤奋、求实、团结、进取"作为校训，逐步形成了"好学、深思、严谨、求实"的学风，"严谨治学，面向全体，因材施教"的教风，教育教学质量稳步上升，素质教育成果显著。学校先后荣获"兰州市初中教学质量进步奖"和"兰州市高中教学质量优秀奖"。2009年，在扩大优质高中教育资源的背景下，S中学被列为逐步向独立高中转型的学校之一，经过全校师生3年的共同努力，学校于2012年7月完成了由完全中学到独立高中的蝶变，进入了市优质高中的行列。虽然2009年以前S中学是一所完全中学，但是不论是招生人数还是教学特色与质量都是以初中教育为主，因此，在从完全中学向独立高中的转变过程中，面临师资不足等多方面的困境。现有的教师队伍中，有将近一半的教师是直接从初中部跨入高中部的，还有少部分教师是刚刚从师范大学毕业的新教师，因此，师资队伍的水平参差不齐，亟须提升其专业能力与素养。2010年秋天，S中学与甘肃省其他学校一样正式进入高中新课程改革，所有教师都面临着教学理念与行为的巨大冲击，如何真正进入并适应新一轮的高中课改，是S中学目前面临的亟待解决的问题。

第五节　研究工具的研制

一　量化研究工具

根据量化研究的目的和内容，研究工具主要是制定《普通高中教师听评课活动调查问卷》，从而发现普通高中化学教师听评课活动中普遍存在的突出问题。问卷的编制过程如下：

（一）问卷编制的步骤

第一，理论构想，拟定大纲。通过文献分析、理论探讨以及对样本学校的初步了解，针对研究目的，确立问卷的基本结构和维度。初步分析认为：目前普通高中化学教师的听评课现状不容乐观，其影响因素主要有主观和客观两个大的方面。主观方面主要是教师听评课的目的、态度、取向以及所掌握的听评课的相关理论与技术；客观方面主要是学校听评课的相关制度、文化、组织与实施。在形成预调查问卷之前，先征求专家意见，对问卷构成的基本维度进行了总体修正。最终删减了教师听评课的取向，合并了学校听评课的组织与实施，确定了"教师听评课的目的""教师听评课的态度""教师听评课的内容""教师听评课的方式""学校听评课的制度""学校听评课的组织""学校听评课的文化"七个调查维度。

第二，撰拟问卷题目，征求专家意见，形成预测问卷。依据研究目的和实际观察所了解到的情况拟定预测问卷，具体过程包括以下几个环节：首先，就草拟问卷向专家请教，就问卷的语言和形式方面的一般原则，作了技术性咨询，对草拟问卷进行了第一次修改。其次，向甘肃省教科所和兰州市教科所的两位中学化学教研员请教问卷的修改意见。他们的意见使笔者对怎样通过更通俗的表达方式考察所研究的问题有了更清晰的认识，并对问题的陈述方式进行了全面修改，使问卷更切合学校和教师的实际。再次，向两所样本学校的六位化学教师征求对二次修改后问卷的意见。这六位教师中有四位攻读过在职教育硕士学位，他们都有相对比较丰富的课堂教学经验以及对听评课活动的认识，并且对教育科学研究方法有基本的了解。请这六位教师现场作答，提出建议，帮助笔者对问卷进行第三次修改，剔除了易产生歧义和无效的问题，修订了题目中表述不明确的语句。最后，结合对样本学校所做的初步调研，通过初步访谈和实地观察得到的资料，笔者进一步修订了问卷题目，形成预测问卷。

第三，选取样本，进行预测。对三所样本学校（分别为省级示范性高中——兰州一中、市级示范性高中——兰州四中和一般高中——东方中学）化学教师进行预调查，获取教师完成问卷所需的时间、出现的问题以及保证调查顺利进行要注意的事项等方面的信息。共发放试测教师问卷32份，回收32份，有效问卷为30份。

第四，对预测问卷进行信、效度检验，修正定稿。为保证正式问卷有良好的信、效度，笔者进行了三次试测，对每次试测的问卷进行信度检验和问卷构成维度的相关分析，依据SPSS19.0统计分析结果，并进一步征求专家意见，删除不合格的题目，修正定稿。问卷最终选取了60道题目形成正式问卷，其中基本信息为选择题，包括8道题目；教师听评课现状为五点量表，包括49道题目；最后设计了三道开放式题目。

（二）问卷的维度划分及题目分布

问卷设计时基于一个研究假设，即普通高中化学教师的听评课现状不容乐观，其影响因素主要有内因和外因两个方面。另外，借鉴库恩范式理论中对范式的界定"一个科学共同体成员所共享的信仰、价值、技术等的集合"，由此得出范式应该包括三个要素——共同体的信念、问题域和解题方法。将目前的听评课活动作为听评课的一种范式，依据内因和外因两个方面的主要影响因素以及范式的三个要素对本书中调查问卷的维度进行了划分。

内因：教师 { 主体层面——共同体及信念——教师听评课目的、态度
　　　　　　 内容层面——问题域——教师听评课的内容
　　　　　　 技术层面——解题方法——教师听评课的方式

外因：学校 { 主体层面——共同体及信念——学校听评课的文化
　　　　　　 内容层面——问题域——学校听评课的制度
　　　　　　 技术层面——解题方法——学校听评课的组织与实施

内因主要是教师听评课目的、态度和教师听评课的方式；外因主要

是学校听评课的文化、制度以及听评课的组织与实施。因此，问卷设计包含以下七个维度：教师听评课的目的、教师听评课的态度、教师听评课的内容、教师听评课的方法、学校听评课的制度、学校听评课的组织与实施以及学校听评课的文化。在这七个一级维度之下，依据前人已有的研究成果和笔者在样本学校的前期观察和调查所得，设计了每一个维度之下的相关指标。确定了问卷的基本维度和指标之后，根据研究的需要设计了相应的具体题目。问卷中的题目主要采用一般的选择题和李克特五点量表的方式计分，五点量表中每一问题的选择项为：非常符合（5分）、比较符合（4分）、说不清楚（3分）、比较不符合（2分）、非常不符合（1分）。为确保调查的客观性，问卷特设了一些反向题，其赋分与正向题目相反，以避免被试猜测。标注 * 的题目是反向题。

基于以上分析，确定了调查问卷的设计要素及具体内容分布，如表4—5所示。

表4—5　　　　　　　　调查问卷的维度划分及题目分布

维度	指标	题目
教师听评课的目的	评价教师	二（*45）
	完成任务	二（*46）
	机械模仿	二（*47）
	学习成长	二（48）
	研究课堂	二（49）
教师听评课的态度	认知评价	二（39）
	情感体验	二（2）
	行为意向	二（3、4、*5、*6）
教师听评课的内容	全面关注	二（*14、*19）
	基于指标	二（*17、*40）
	基于主题	二（12、41）
	基于问题	二（11、15、18）
	基于观察点	二（13、16、20）

续表

维度	指标	题目
教师听评课的方式	随意漫谈式	二（*22）
	分数评价式	二（*23）
	主题讨论式	二（24）
	问题研讨式	二（25）
	量表分析式	二（26）
学校听评课的制度	监督管理	二（*27、*28、*29）
	保障引领	二（30、31、32、33）
学校听评课的组织	学校层面	二（*34、*35、36、37）
	教研组层面	二（38、*42）
	教师层面	二（1、7、9、21）
学校听评课的文化	个人主义	二（*43）
	分化竞争	二（*8）
	表面合作	二（*10）
	合作共赢	二（44）

注：标*的题目是反向题。

二 质性研究工具

（一）观察量表的设计

本书中运用观察法主要有两个目的：一是笔者和其他参与听评课的教师观察授课教师的课堂教学情况，针对不同的课堂和不同的研究问题设计相应的观察记录表；二是笔者在引领教师进行课前研讨和课后评课时观察教师在活动中的表现。

（二）访谈提纲的开发

本书中运用访谈法主要有两个目的：一是对问卷调查中的有关问题进行深入了解，由此分析揭示问题背后的原因，属于半开放型访谈。二是在行动研究的过程中对教师进行访谈，随时了解掌握他们的思想和心理动态，从而发现研究中存在的问题以及把握进一步研究的方向，属于开放型访谈。因此，访谈提纲主要是针对半开放型访谈设计的，基本的维度与调查问卷的七个维度相一致。

第六节 研究实施过程

一 如何进入研究场域

（一）调查研究场域

进入研究现场是研究者进行资料收集的首要环节。问卷调查可以大规模地收集不能通过直接观察得到的信息资料，比如调查研究对象的情感、动机、态度等。但是问卷调查研究的开展又会存在问卷难以发放、有效回收等诸多困难。本研究中的样本总体是兰州市普通高中全体化学教师，样本量要尽可能涵盖兰州市不同县区、不同类型学校、不同性别、年龄、职称、学历的高中化学教师。如何进入到不同高中发放问卷是一项非常困难的工作。有幸的是，在确定好调查研究工具之后，笔者联系到了兰州市教育局的相关负责人并得到了他们的大力支持。在教育局相关领导对问卷内容进行审查后，笔者在他们的协调联系下顺利进入不同的样本学校发放问卷。在校方的重视与支持下，确保了每一位在校化学教师都填答了问卷，保证了研究的样本量。

（二）个案研究场域

在个案研究中，研究资料的收集是一项非常重要而艰难的工作。有幸的是笔者并非是以陌生人的身份进入Y中学的，而是得益于Y中学J校长的支持与帮助。J校长不仅在Y中学主管教学科研工作，同时还在笔者所工作的高校担任硕士生导师。笔者在攻读硕士学位期间就结识了J校长，并通过J校长的"关系"，经常去Y中学听课学习。后来笔者留任高校工作，由于仰慕J校长在化学教学以及研究中取得的成就，经常向J校长请教问题、交流想法，并且笔者的很多想法与困惑也常常能引起J校长的共鸣。交流中笔者了解到，Y中学的教研水平在全市乃至全省都是领先的，并且J校长极具开拓意识和创新精神，想在教学与科研都领先全省的基础上再上一个台阶。特别是在2010年随着甘肃省全面进入高中课程改革，很多教师还是表现出对新课程的不适应，因此学校提出以教研促进新课程教学，鼓励教师边教边研，达到教研相长，而学校目前最为缺乏的就是理论方面的专业引领。这正好和笔者博士论文研究的课题非常契合。因此，当笔者向 J 校长表达想研究高中化学教师如何通过听评课开展课堂教学研究这一问题时，得到了 J 校长的赞同与支持。他既允许笔者随时进入 Y 中学参与听评课活动以及其他的教研活动，而且还可以在 Y 中学实施一些自己的想法。用 J 校长的话说："只要使 Y 中学的教师尝到教研的甜头，专业上得到一定的发展就行。"因此，这种"熟人"关系为笔者开展研究带来了极大便利。

顺利进入 S 中学得益于笔者所参与的田家炳基金项目。2012 年 9 月 23 日至 26 日，由田家炳基金会主办、西北师范大学承办、甘肃省教育厅协办的"田家炳基金会成立三十周年暨 2012 年全国田家炳中学校长论坛"在西北师范大学召开。当时，笔者作为项目组成员加入了甘肃田家炳项目的推进中。该项目组主要是借助西北师范大学田家炳教育书院与甘肃省 5 所田家炳中学之间的伙伴合作关系，积极践行田家炳先生"宣扬中华传统文化和推广道德教育"的理想，并以此为核心，从课程与教学、教师专业发展等方面整体推进学校变革，逐步形成田家炳中学的办学特色。笔者在介入该项目时，项目已经进入第三个专题，即"以校本培训为基础的课堂教学质量提升"。以校本培训为基础的课堂教学质量提升是本课题的重点内容，也是该项目实施过程中的难点所在。因此，在整个项目推进的过程中，西北师范大学教育书院将为每所项目学校委派一名在学校发展与改进方面有专门研究的专家为"学校发展顾问"，每月在项目学校工作一周，以定点跟进的方式支持学校发展。在此基础上，建立以项目学校为主阵地、项目学校教师为主体、西北师范大学田家炳教育书院专家扎根学校的大学与中学合作模式，主要采用说课、观摩、评议、微格教学、教学研讨、同课异构等方式，让部分教师把教学本身作为思考对象，使教学过程也成为教师思考的过程，为后续研究、创新奠定坚实基础。因此，借此项目机会，笔者顺利深入甘肃省的田家炳项目学校之一——S 中学开展研究。

二　如何收集研究资料

（一）问卷的发放与回收

根据研究需要，在兰州市教育局领导的大力支持下，在兰州市二县四区共发放问卷209份，回收195份，回收率为93.3%，初步分析筛选后整理出有效问卷179份，有效率为91.8%。

（二）访谈资料的收集

访谈贯穿本研究的始终。大样本调查研究阶段的访谈主要是探析教师听评课中存在的问题及背后的原因。个案研究阶段的访谈在深入挖掘问题以及探析原因的基础上，了解教师理想中的听评课以及在行动研究中教师的一些真实想法和感受。因此，调查研究阶段的访谈维度和问卷中的维度基本一致，主要为半开放式问题。行动研究中的访谈根据研究需要随时随地进行，为开放式访谈。访谈提纲旨在为访谈提供一个引导，实际访谈时，并未完全按照访谈提纲中问题及其顺序进行，而是根据受访者的特点、进展情况以及研究的目标作出适当调整。所有的访谈都在征询被访者同意的情况下做了录音，并随后整理成文字以供分析。

（三）观察资料的收集

观察资料的收集主要是对每一次听评课活动中教师的行为表现进行观察与记录。因此，在两所个案学校开展行动研究的过程中，征得学校领导和教师同意后，笔者对每一次听评课活动都进行了全程录像。在活动结束后及时对视频进行文本化处理，便于后续分析与运用。并且在每一次听评课活动中，笔者运用事先设计的观察量表对重要人物和重要事件以及笔者当时的所思所想即时记录。

（四）实物资料的收集

在本书中，收集的实物主要是教师的教案、听评课笔记、学校的规章制度以及教研活动记录等。通过征得学校领导和教师本人的允许，笔者将这些有研究价值的实物资料进行复印，以备后续深入分析。

三 如何整理分析研究资料

（一）量化资料的整理分析

量化研究资料即问卷调查的资料是以文本呈现的，使用统一的指导语，采取现场发放现场回收的办法，确保问卷的有效率。问卷由被试独立完成，回收后认真审查数据质量，对多选、漏选、矛盾选择和完全一致的答卷均作废卷处理。对有效问卷首先进行编码和数据录入，然后采用 SPSS19.0 社会科学统计软件对数据进行统计分析。数据统计分析包括两个方面：一是进行描述性统计，包括平均数、标准差和频数百分比；二是进行推断性统计，包括 T 检验、单因素方差分析和相关分析。

（二）质性资料的整理分析

在资料整理过程中，首先是对音像资料进行文本化处理。将访谈录音、课堂观察以及教研活动录像以实录的形式转化成文本，并进行编码。其次，将转化后的文本与其他资料进行归类，并编码存档。为了检索方便，对文本来源采取了以下方式进行命名：资料获取途径（访谈为"F"、教案为"A"、集体备课记录为"B"、听课记录为"T"、评课记录为"P"、其他教研组活动记录为"Z"、学校档案为"D"）+信息提供者（如果两所个案学校都有 P 老师，那么 Y 中学的 P 老师命名为 YP，S 中学的 P 老师命名为 SP，范老师为"F"、张老师为"Z"、金老师为"J"、罗老师为"L"、王老师为"W"、李老师为"L"）+按时间编码后的资料次序。例如"F-F-2"是指对范老师第二次访谈中所获取的资料。

四 如何开展行动研究

笔者在 Y 中学和 S 中学进行了为期一年的行动研究。首先选择深入 Y 中学开展为期一学期的行动研究。因为初次进入研究场域，笔者自身感觉研究的推进难度较大。因此，主要是以寻找志愿者的方式分别与特定的几位年轻教师组成研究共同体开展研究，而没有进行教研组的整体推进。而在 S 中学的研究，一方面有了在 Y 中学积累的经验，另一方面也是缘于 S 中学的特殊情况以及田家炳项目的支持，因此在 S 中学的行动研究是针对每一个年级的备课组和教研组整体开展行动研究。在第六部分，笔者将详细论述在两所个案学校所开展的两次行动研究案例。行动研究整个过程的基本情况，见表4—6。

表4—6　　　　　　　　　行动研究的基本情况

学校	行动研究	研究的课题	基本知识类型	基本课型	基本模式
Y中学	第一次行动	《盐类的水解》	化学基本原理	新授课	个性问题解决
	第二次行动	《金属的化学性质》	无机元素及其化合物	新授课	共性问题解决
	第三次行动	《氧化还原反应》	化学基本概念	习题课	个性问题解决
S中学	第一次行动	《化学键》	化学基本概念	新授课	共性问题解决
	第二次行动	《乙醇》	有机元素及其化合物	新授课	共性问题解决
	第三次行动	《化学反应与能量》	化学基本原理	复习课	共性问题解决

第七节　研究的信度与效度

一　量化研究的信度与效度

信度和效度是量化研究用来检测研究结果的可靠性和真实性的两个重要维度。信度是指研究的前后一致性，即对同一事物进行重复测量时，所得结果的一致性程度，反映的是研究结果的可靠性。效度则是指研究的真实程度，即一项测试在何种程度上测试了它意欲测试的东西，效度越高，表示测量结果越能显示其所能测量的对象的真实性。[①]

（一）调查问卷的信度

研究结果的可靠性取决于所运用测量工具的可靠性，了解问卷的可靠性与有效性，就要对其进行信度检验。[②] 在李克特五点量表法中常用的信度检验方法为克伦巴赫 α 系数，如果一个量表的 α 系数越高，表明信度越高，量表越稳定。信度有外在信度与内在信度，所谓内在信度是指每一个量表是否测量单一概念，同时，组成量表题项的内在一致性程度如何。综合多位学者的看法，整个量表的内部一致性信度系数至少要在

[①] 袁方主编：《社会研究方法教程》，北京大学出版社1997年版，第192页。
[②] ［美］乔伊斯·P. 高尔、M. D. 高尔、沃尔特·R. 博格：《教育研究方法实用指南》，屈书杰等译，北京大学出版社2007年版，第129页。

0.70以上,若高于0.80,表示量表有高的信度。分量表的内部一致性信度系数要在0.50以上,若高于0.70,表示分量表有高的信度。[①] 本调查采用克伦巴赫α系数对预测问卷进行信度检测,在删去与总量表呈负相关以及相关性较小的问题项后,形成最后的正式问卷。

《普通高中听评课活动调查问卷》包含教师听评课的目的、态度、内容以及方式,学校听评课的制度、组织实施以及文化七个维度,每个维度都有其特定的内涵,因此判断问卷的信度需要对其内部一致性α系数以各个不同的维度分别计算,更客观地进行项目分析,从而判断问卷的内部一致性。本问卷共包含的题目数有49道,对其采用克伦巴赫α系数进行信度检测,如表4—7所示。

表4—7　　　　　　　问卷总的信度和各维度信度检验表

	克伦巴赫α系数	题目
问卷的总信度	0.926	49道题目
教师听评课的目的	0.590	*45、*46、*47、48、49
教师听评课的态度	0.565	2、3、4、*5、*6、39
教师听评课的内容	0.847	11、12、13、*14、15、16、*17、18、*19、20、*40、41
教师听评课的方式	0.581	*22、*23、24、25、26
学校听评课的制度	0.721	*27、*28、*29、30、31、32、33
学校听评课的组织	0.669	1、7、9、21、*34、*35、36、37、38、*42
学校听评课的文化	0.544	*8、*10、*43、44

由表4—7中的数据分布可见,问卷的总信度克伦巴赫α系数高于0.8,各维度的信度均高于0.5,总体来说,该问卷有较高的信度,达到社会科学研究的基本要求。

(二) 调查问卷的效度

对于问卷的效度问题,首先,需保证"理论效度"。"理论效度"是

[①] 吴明隆:《问卷统计分析实务——SPSS操作与应用》,重庆大学出版社2010年版,第244页。

指研究所依据的理论以及从研究结果中建立起来的理论是否真实地反映了研究的现象。通过阅读和分析大量文献，依据相关理论编制出初步问卷，以保证问卷中的题目能基于其所依据的理论基础测查对应的问题。然后，采用"专家效度"法，请专家、学者、教研员、教学管理人员和一线教师对初始问卷认真审阅，广泛征求意见，并在正式调查之前，深入到样本学校进行预测试，以预测试问卷分析小样本中个体反应，预测被调查者如何理解问卷中的题目，并结合初步访谈和实地观察的体会，进一步完善问卷。最后，经过专家审阅和预测后对多次修改的问卷再次进行信度检验，删去与整个量表负相关以及相关性很小的问题项后，最终选取49道题目组成普通高中化学听评课活动调查正式问卷，以期满足基本的研究要求。

另外，通过SPSS19.0软件对问卷中各维度的相关性进行检验发现，各维度的相关系数的显著性均小于0.01，达到非常显著的水平，如表4—8所示。总体来说，本问卷具有相对严密的内在结构。

表4—8　　　　　　问卷各维度之间相关系数及其显著水平

	目的	态度	内容	方式	制度	组织
态度	0.817**					
内容	0.617**	0.389**				
方式	0.512**	0.377**	0.847**			
制度	0.389**	0.202**	0.619**	0.518**		
组织	0.644**	0.498**	0.796**	0.716**	0.692**	
文化	0.475**	0.673**	0.566**	0.564**	0.258**	0.493**

注：** 表示 $P<0.01$，* 表示 $P<0.05$。

二　质性研究的效度

在质性研究中，效度即指研究的描述、解释、诠释和结论是否反映了研究对象的真实程度。质的研究真正感兴趣的不是量的研究所谓的"客观现实"的"真实性"本身，而是被研究者看到的"事实"，他们看事物的角度和方式以及研究关系对理解这一"真实"所发挥的作用。尽管质的研究不多考虑研究的信度和效度问题，但是作为一项社会科学研究，笔者在研究过程中尽可能地考虑研究的客观性和真实性，尽量"逼近"真实，使研究结果与真实存在的客观实际尽可能保持一致。基于此，通过以下三个方面确保质性研究的效度。

第一，描述型效度。描述型效度是指对可观察到的现象或事物进行描述的准确程度。为了减少由于描述不完整而带来的效度威胁，在研究中先将观察和访谈资料录音，将课堂教学过程与听评课活动过程录像，然后翔实记录观察时的场景细节、有关人物的言语和行为等。在对由原始资料转录而来的文本进行整理和分析时，对文本的部分和整体之间经过反复循环论证，以提高对文本理解的确切性。另外采用三角互证的方法确保资料的真实性与客观性。其原则是从多个视域收集有关事件确保信息的真实有效，让不同的人去分析评价同一现象、问题或方案，并比较不同来源的信息，以确定它们是否能够相互证实，以此来检验资料的真实性。每一个维度都通过问卷调查、访谈、观察和文本分析收集资料，并对四类资料进行相互比对，以鉴别信息和资料的真实性，相互印证推断的结果。

第二，解释型效度。解释型效度的主要威胁是没有深入去了解被研究者的观点，以及他们说某些话做某些事的原因，而以自己的观点进行主观解释。减小解释型效度威胁的具体做法是，静下心来认真去听由原始资料转录而来的文本的声音。另外，在分析资料和撰写论文过程中，把相关研究内容反馈给被研究者，请他们再次判断内容的符合程度，并且运用三角互证法保证解释型效度。

第三，理论型效度。理论型效度又称诠释效度，是指研究所依据的理论以及从理论结果中建立起来的理论是否真实地反映了所研究的对象。因此，不论在收集资料还是在分析资料过程中，不能忽略收集矛盾的、负面的资料。

第 五 章

教师通过听评课开展课堂教学研究的现实考察

第三部分通过对库恩范式理论的解读归纳概括了听评课范式的基本结构与要素,并在理论层面对以评价管理教师为取向的传统听评课范式和以研究课堂教学为取向的专业听评课范式的基本要素作了分析与比较。接下来,将依据听评课范式的基本要素,从实然层面对听评课现状的调查结果进行剖析与反思,描述目前听评课的现状,揭示存在的突出问题并挖掘问题背后的深层原因。

第一节 教师通过听评课开展课堂教学研究的现状剖析

依据第三部分对库恩范式理论的解读,听评课范式应该包括三大基本要素:共同体的信念、问题域和解题方法。共同体的信念即教师听评课的目的与态度以及听评课的文化;问题域即听评课的内容与制度;解题方法即听评课的方式与组织实施。因此,从教师听评课的目的、态度、内容、方式和学校听评课活动的制度、组织实施及文化七个维度进行问卷调查,并通过教师访谈洞察蕴藏于其中的深层意义和特殊问题,从而了解并分析普通高中化学教师通过听评课开展课堂教学研究的总体现状。具体从以下三个方面进行分析:首先,通过分析普通高中化学教师听评课活动七个维度之间的相关性,进一步检验七个维度的内在关系;其次,通过普通高中化学教师听评课现状的差异描述,分析各个维度、指标下每道题目教师作答情况的频数分布、平均值以及标准差,从而把握整体趋势;最后,通过普通高中化学教师听评课活动现状的差异检验,进一步分析每个维度之下不同性别、年龄、教龄、职务、职称、学历以及不同任教年级教师、不同所在地与类型的学校听评课活动的差异及其原因,为建构普通高中教师通过听评课开展课堂教学研究的理论提供可参考的现实依据。

一 听评课活动各维度之间的相关系数及其显著性水平

为了解教师在听评课的目的、态度、内容、方法和学校听评课活动的制度、组织实施以及文化等方面的现状和所持观点的相关程度,首先对各维度的平均分进行相关分析。

如表4—8所示,教师听评课的目的、态度、内容、方式和学校听评课活动的制度、组织与实施以及文化七个维度的相关性均比较显著。特别是教师听评课的态度与目的相关系数 Pearson 达到 0.817,教师听评课的内容与方式相关系数 Pearson 达到 0.847,学校听评课的组织实施与教师听评课的内容以及听评课的方式相关系数 Pearson 分别达到 0.796 与 0.716,说明教师听评课的目的与态度、内容与方式以及学校听评课的组织实施与教师听评课的内容与方式这些维度有高度显著的相关关系。但是,数据表明,七个维度中学校听评课的制度这一维度与其他几个维度的相关系数相对较小,特别是学校听评课的制度与教师听评课的目的、态度以及学校文化之间的相关系数 Pearson 分别为 0.389、0.202、0.258,这说明学校听评课制度在学校的听评课活动中没有起到实质性的作用。这也可以从关于听评课基本情况的一道选择题中得以印证,如图5—1所示。

由图5—1可见,有70.4%的学校没有相关的听评课制度,或者即使有也是形同虚设,没有起到应有的作用。只有5.0%的学校有相关的听评课制度,且具有指导性。因此,在问卷调查七个维度的相关性分析中,听评课制度与其他维度的相关性系数均相对较小。

二 听评课活动现状的差异描述

对普通高中化学听评课活动现状进行差异性描述,主要是了解兰州市普通高中化学听评课活动的整体现状,从而发现存在的突出问题。下

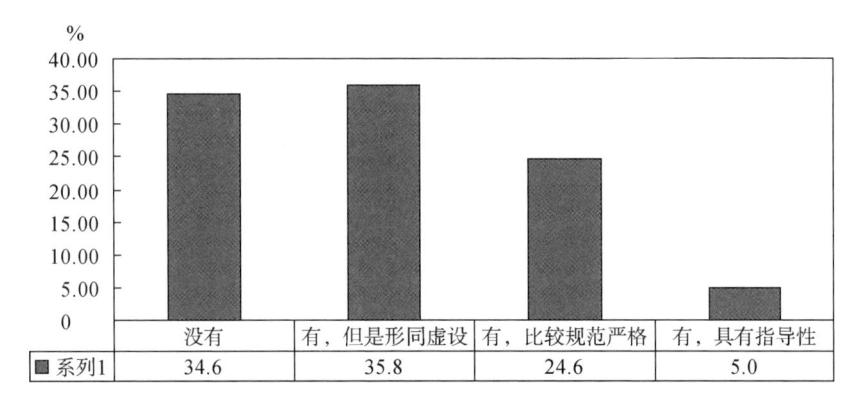

	没有	有,但是形同虚设	有,比较规范严格	有,具有指导性
系列1	34.6	35.8	24.6	5.0

图5—1 学校听评课制度基本情况

面从七个维度分别进行分析。

(一)维度一:听评课的目的

目的是行为的出发点和归宿。教师作为听评课活动的主体,其目的在很大程度上决定听评课的效果。因此,在调查听评课活动的现状时,必须首先了解教师听评课的目的,以明确当前普通高中化学教师在参与听评课活动时的出发点与指向性。前期调研发现,教师听评课的目的主要集中在以下四个方面:完成学校安排的教研任务、评价教师及其教学、机械模仿、学习成长。在此基础上,结合相关理论和研究成果,将开展课堂教学研究也作为教师听评课的目的之一纳入调查维度的指标中,从而了解普通高中化学教师具有怎样的听评课目的以及教师如何看待听评课与课堂教学研究之间的关系,结果如表5—1所示。

表5—1 教师听评课的目的频数分布、平均值与标准差

指标	题项	非常符合(%)	比较符合(%)	说不清楚(%)	比较不符合(%)	非常不符合(%)	Mean	SD
完成任务	*45	16.3	38.6	23.4	14.1	7.6	2.4	0.776
评价教学	*46	7.8	14.2	28.8	29.2	20.0	3.9	0.843
机械模仿	*47	27.6	33.4	16.7	19.5	2.8	1.8	0.868
学习成长	48	17.1	21.7	1.6	26.5	33.1	2.1	0.926
研究课堂	49	10.8	6.4	39.6	22.4	20.8	2.8	1.031

注:标*的是反向题,余同。

由表 5—1 可以看出，教师在听评课目的这个维度之下的五个指标平均得分都不高，只有评价教学这一指标得分相对较高，均值为 3.9，高于中间值 3，说明教师目前对于"参加听评课活动主要是为了评价老师讲得好不好"（T46）这一观点是基本不认同的。但是其他四个指标的得分都低于中间值 3。具体来看，54.9% 的教师认为"参加听评课活动主要是为了完成学校安排的任务"（T45），61.0% 的教师认为"参加听评课活动主要是为了模仿一些老师的好课"（T47），38.8% 的教师认为"参加听评课活动主要是为了学习其他老师的经验"（T48），而只有 17.4% 的教师认为"参加听评课活动主要是为了发现和解决课堂教学问题"（T49）。从标准差的数值方面来看，完成任务这一指标的标准差最小，数值为 0.776，表明教师对于"参与听评课活动主要是为了完成学校安排的任务"这一观点看法差异最小，说明大部分教师都把听评课当成一种任务来完成。以上数据所反映出的内容也可以从教师的访谈中得以印证。

说实话在我们自己学校，听课就是为了凑够一定的次数。学校要求每学期听课不少于 15 节，哪有那么多时间去听课呢？再说哪有那么多的课去听呢？我们学校的化学老师总共都不够 10 个，就是每学期同课异构的时候听听公开课，平时谁愿意让别人听课啊？那就只能是去听听其他学科的课凑个数。（F-Z-2）

我们年轻教师，听课主要还是为了学习老教师的思路、方法和课堂管理技巧。你说让我们在评课时对他们的课评头论足，这不现实。毕竟人家资历老、懂得多，我们还没有资格去说。另外，评课的时候人家老教师都不怎么说，我们就更不敢说了。其实有些老师的课问题还是有的，但是你不说，我也不说，这样评课就只能是走走过场，我们年轻教师也就只能是看到些啥学些啥。（F-F-2）

听了好课还是要借鉴呢！否则听课听了个啥意思。花时间花功夫去听了，肯定要让自己受益呢嘛！像有的老师人家的思路好，那我们就在我们的课堂上也按照那样的思路讲呗，或者课件做得好，我们可以拷贝过来用，或者人家的视频演示动画好，我们都可以用在我们的课堂上。（F-L-2）

总体来看,以上调查数据和访谈内容可以反映出目前普通高中化学教师听评课目的的评价取向有所弱化,而主要集中在两个方面:一是任务取向,很多教师是为了完成学校安排的教研任务而去听评课;二是简单的技术取向,主要是模仿、借鉴、学习其他教师的课堂优势。而对于专业听评课活动的应然取向——研究课堂教学,教师的认识还不够到位。

(二) 维度二:听评课的态度

态度是个体对特定对象所持有的稳定的心理倾向。这种心理倾向蕴含着个体的主观评价以及由此产生的行为倾向性。迈尔斯(1993 年)指出,态度的结构涉及三个维度:情感、行为意向和认知。即态度的 ABC 结构。认知因素指个人对态度对象带有评价意义的叙述。内容包括个人对态度对象的认识、理解、相信、怀疑以及赞成或反对等。情感因素指个人对态度对象的情感体验,如尊敬—蔑视、同情—冷漠、喜欢—厌恶等。行为意向因素指个人对态度对象的反应倾向或行为的准备状态,也就是个体准备对态度对象做出何种反应。因此,调查教师听评课的态度依据心理学中态度的 ABC 结构,从认知评价角度看教师对听评课活动是如何认识与评价的,从情感体验角度看教师对听评课活动是积极还是消极的,从行为意向角度看教师今后还愿不愿意参与听评课活动。

由表 5—2 可以看出,教师在听评课态度这一维度下三个指标的平均得分都高于中间值 3,其中最高的行为意向第 6 题,均值为 4.24,标准差为 0.97。从具体数值来看,有 82.1% 的教师"愿意别人点评自己的课堂教学"(T6)。其次得分较高的是认知评价,即 76.5% 的教师认为"参与听评课活动有助于我教学水平的提升"(T39)。从标准差的数值方面看,认知评价这一个指标的标准差也相对较小为 0.76,表明教师对听评课活动的认识与评价差异最小,都比较认同听评课对教学水平提升的促进作用。

表 5—2 教师听评课的态度频数分布、平均值与标准差

指标	题项	非常符合(%)	比较符合(%)	说不清楚(%)	比较不符合(%)	非常不符合(%)	Mean	SD
认知评价	39	21.2	55.3	19.0	4.5	0.0	3.93	0.76

续表

指标	题项	非常符合(%)	比较符合(%)	说不清楚(%)	比较不符合(%)	非常不符合(%)	Mean	SD
情感体验	2	14.0	45.8	20.1	17.3	2.8	3.51	1.02
行为意向	3	27.9	45.3	9.5	6.1	11.2	3.73	1.25
	4	7.8	49.2	11.2	26.8	5.0	3.28	1.09
	*5	2.2	31.3	20.7	20.1	25.7	3.36	1.23
	*6	2.2	4.5	11.2	31.3	50.8	4.24	0.97

人总是有惰性的，在平时的教学中可能也就按部就班地在教，但是如果有人来听课，那不论是教案的书写还是课堂教学活动的设计，都会花一些心思去弄，我觉得这就是一个促进自己进步成长的过程。(F-P-2)

其实我们去听课，只要人坐在那个课堂上，每个人都会有所发现有所思考，最起码你对这一节的知识内容又过了一遍，如果再用点心你可以和自己的教学对比找到差距，吸收学习别人的长处，总之听评课对教学还是有作用的，至于作用大小，那就要看老师怎么对待了。(F-H-2)

教师在情感体验方面的得分要略低一些，仅有59.8%的教师"很喜欢参加听评课活动"（T2），且只有45.8%的教师"愿意参加本校的听评课活动"（T5）。为什么教师在观念层面认同听评课活动的作用、愿意其他教师点评自己的课堂教学，很喜欢参加听评课活动，但在实践中却不愿意参加本校的听评课活动？

我自己愿意去听别人的课，可是老教师并不愿意你随便出入他们的课堂，有时碰几次壁也就不愿意去听了。我也愿意别人听完我的课能给我提出好的意见和建议，但是就我们学校来说，很多老师都不会说真话的。(F-Z-2)

有些人评课能评到点子上，你一听就明白是什么问题，怎么去解决。像上次师大的**老师来我们学校指导田家炳项目的推进，同课异构以后开始评课,人家就站得高看得透,说的一些问题都是我们平时看不到的。这样的评课就能使我们受益匪浅,我们也喜欢。而有些人评课根本评不到点子上,说一些不痛不痒的谁都能说上的话,还不如不评,浪费大家的时间。(F-L-3)

另外,在行为意向方面,有73.2%的教师"愿意进入别人的课堂听课"(T3),但仅有57.0%的教师"愿意别人进入自己的课堂听课"(T4)。那为什么教师大都愿意去听别人的课而不愿意别人听自己的课呢?这个问题会在问题反思中详细论述。

总体来看,从以上的调查数据和访谈内容可以反映出目前普通高中化学教师听评课的态度在认知评价方面是正向的,都比较认同听评课活动对于教学的促进作用。在情感体验方面也是相对积极的,比较喜欢参加听评课活动。但是在行为意向方面,更加愿意参与校外的听评课活动而不愿意参加本校的听评课活动,愿意进入别人的课堂听课而不愿意别人进入自己的课堂听课,愿意被高水平的人评价并指导自己的课堂教学而不愿意被同事随意点评。

(三) 维度三:听评课的内容

教师听评课的内容其实也反映了教师听评课的目的与态度,教师有什么样的听评课目的与态度在听评课过程中就会关注什么样的内容。前期调研发现,以完成任务为目的去听评课的教师态度也相对比较消极,而且听评课的过程比较盲目随意,对于听评课的内容没有明确的目标与对象,不知道进入课堂之后应该关注什么、记录什么,评课时应该重点说什么。以评价教师或课堂教学为目的去听评课的教师大都愿意运用课堂教学评价表,关注评价表中的各项指标并给授课教师打分。而以借鉴模仿好课为目的去听评课,主要是汲取授课教师技术层面的优点,比如PPT制作得如何、演示实验成功与否、重难点如何突破等。而专业的听评课要求教师在听课之前有明确的目标和对象,听课过程中有针对性地观察记录相关内容,评课过程中能够依据课堂观察得到的证据有理有据地阐述课堂教学问题,并讨论问题解决方案。因此,对教师听评课的内容展开调查主要是从宏观方面了解教师是盲目地全方位观察课堂,还是有明确的目标基于一定的指标、主题、问题或观察点进行课堂研究?评课过程是随意主观还是基于证据有所指向？另外了解教师对这些问题的基本看法。

由表 5—3 可以看出，教师在听评课的内容维度得分偏低。有 88.2% 的教师"听课时会尽力对课堂教学进行全面的观察"（T14），且有 67.0% 的教师"评课时想到什么说什么认为评价得越全面越好"（T19）。从标准差的数值方面看，"听课时会尽力对课堂教学进行全面的观察"这道题的标准差也相对较小，为 0.79，表明教师在听评课的内容方面应该全方位关注课堂差异最小。由此可见，普通高中化学教师在听课时大都没有明确的观察目标和内容，凭借自己的主观感觉全方位关注。这也可以从访谈中略见一斑。

> 听课嘛那就是老师讲啥就听啥呗，评课也就是听完课后大家在一起说一说，议一议。总之我们学校的评课没什么实质性内容……（F-Z-2）

> 听课听什么，这只能是到课堂才能知道啊！课前我们只知道要讲哪一节内容，有时候时间匆忙连内容都不知道，到了课堂开始听课才知道要讲什么。听的时候就是全面地听或看啊，不过我更加注重教师的教学思路与方法。内容其实就是那些内容，每个老师都一样，但是不同的人讲的思路不一样，这才是重点要听的。（F-S-2）

> 评课的时候应该是想到什么如实地说什么。但是，老教师可以随便说年轻教师的问题，年轻教师是不会随便说老教师的不是的。因此，我们年轻教师很多时候还是尽量多说些好的方面，这样也不会造成不必要的麻烦。（F-C-2）

表 5—3　　教师听评课的内容频数分布、平均值与标准差

指标	题项	非常符合(%)	比较符合(%)	说不清楚(%)	比较不符合(%)	非常不符合(%)	Mean	SD
全方位	*14	37.4	50.8	6.7	4.5	0.6	1.79	0.79
	*19	26.8	40.2	10.6	21.2	1.1	2.29	1.11

续表

指标	题项	非常符合(%)	比较符合(%)	说不清楚(%)	比较不符合(%)	非常不符合(%)	Mean	SD
基于指标	*17	2.2	46.9	20.1	25.1	5.6	2.85	1.01
	*40	12.3	49.7	17.3	15.1	5.6	2.52	1.07
基于主题	12	5.6	22.3	20.1	27.9	24.0	2.58	1.23
	41	7.3	31.8	15.6	29.1	16.2	2.85	1.24
基于问题	11	10.1	36.3	15.1	16.8	21.8	2.96	1.35
	15	6.7	53.6	12.3	18.4	8.9	3.31	1.12
	18	9.5	53.1	12.8	23.5	1.1	3.46	0.99
基于观察点	13	5.0	39.7	16.2	16.8	22.3	2.88	1.29
	16	8.9	36.9	9.5	43.0	1.7	3.08	1.11
	20	10.1	41.3	10.1	36.9	1.7	3.21	1.10

由表5—3可以看出，有62.0%的教师反映"本校有专门的听评课评价表和指标体系"（T40），而且有49.1%的教师认为"听评课时若有评价表我只关注其中列出的内容"（T17）。

> 我们学校有课堂教学评价表，但那是学校领导和教务处制定的，主要是领导评价我们的，和我们没多大关系，我们听课时打分上交了就可以了。（F-L-2）
>
> 学校发的听课记录本上面有听课内容，大概有个十项左右，但是我们听课哪能关注这么多。也就是听完课根据整体印象打个分完成任务就行了。（F-G-2）

这一方面说明学校层面还是将听评课活动作为评价教师教学的手段，另一方面也说明教师对于听评课活动缺乏正确的认识，不明确自己应该关注什么内容或研究什么问题，只能关注评价表所列的内容。因此，依据指标进行评价依然是听评课的主要内容。

由表5—3可以看出，仅有27.9%的教师"听课前和同事一般会商定听评课的主题"（T12），且只有39.1%的学校评课是"围绕一定的主题针对特定的课例展开的"(T41)。由此说明很多教师在听评课前缺乏一定的准备，学校和教研组在组织听评课活动时也没有提前商讨相关主题。另外，只有46.4%的教师"听课是带着日常教学中的问题进入课堂的"（T11），有60.3%的教师"听课时主要关注课堂教学中存在的问题"（T15），62.6%的老师"评课时主要关注课堂教学问题是如何解决的"（T18）。这说明教师具有一定的问题意识，知道关注课堂问题以及解决。但是很多教师在进入课堂听课前没有问题准备，这样必然会导致听评课的内容缺乏针对性。44.7%的教师"听课前确定了明确的观察点和对象"（T13），45.8%的教师"听课时主要观察特定的内容与对象"（T16），51.4%的教师"评课时会针对特定的内容或对象进行深入具体的分析"（T20）。这些都说明大部分教师在观察点与观察对象的选择方面比较盲目和随意。

> 带着主题去听课肯定更有针对性，听课时知道应该关注哪些方面，听课后也能有针对性地发言。但是没有实践过，也不知道能不能行得通。(F‑SP‑2)
>
> 其实我听课时就是带着一定的问题去听的。因为我们年轻教师缺乏经验，教学中本来就有很多问题，比如很多知识点其实自己理解得也并不非常透彻，因此听课时我就是看这个知识点老师是如何讲清楚的，或者老师是如何调动学生学习的。(F‑C‑2)
>
> 课堂观察量表我知道，我上研究生的时候也上过课堂观察这门课。但是我发现在实践中并不实用。一个是自己不会开发量表，用别人的量表总是不顺手，另外课堂记录也成问题，顾了这头就顾不了那头。而且课后也没那么多时间针对量表好好进行分析。(F‑Y‑2)

由此可见，教师在观念方面还是比较认同基于主题或基于问题的听评课，但是由于缺乏理论和实践的专业引领，教师在听评课的内容方面，对于主题和问题以及观察指标等还不能深入认识并有效运用。

总体来看，普通高中化学教师听评课的内容主要是基于主观认识的全方位诊断或依据课堂评价表中的指标进行评价，听课前没有明确的观察目标和具体的观察对象，缺乏有针对性的研讨问题或主题，内容比较随意、宽泛。

（四）维度四：听评课的方式

考察听评课活动，一方面要在价值层面了解教师听评课的目的与态度，另一方面要在内容层面了解听评课的关注点，即听什么和评什么的问题。在此基础上更要在技术层面了解教师是如何听和如何评的？即听评课的方式方法问题。方式是比方法更为上位的概念，具有概括性和抽象性的特征，而方法则是具体操作层面的，比较具体琐碎。方式之下其实包含着具体的方法。在前期调研以及文献研究中发现，教师听评课的方式主要有以下五种：随意漫谈式、分数评定式、主题讨论式、问题研讨式以及量表分析式。一般来讲，传统听评课主要是运用随意漫谈式和分数评定式，而专业听评课应该运用主题讨论式、问题研讨式以及量表分析式。因此，对普通高中化学教师听评课方式的调查围绕这五个指标进行。

由表5—4可见，教师在听评课的方式这一维度的得分中等偏低。特别是在随意漫谈式和量表分析式这两个指标下的题目，均值都小于中间值3。从标准差的数值来看，随意漫谈式的标准差最小，只有0.96，因此说明教师对"本校的听评课就是对整个课堂教学做全面的评议"认识差异最小。具体来看，有76.6%的教师认为"本校的听评课就是对整个课堂教学做全面的评议"（T22），43.0%的教师认为"本校听评课主要是对课堂评价表划√或打分"（T23），50.3%的教师认为"本校的听评课是围绕预定主题开展课堂观察与课后讨论"（T24），只有39.7%的教师认为"本校的听评课是针对老师日常困惑的问题研讨解决方案"（T25），只有32.9%的教师认为"本校的听评课是设计并运用个性化的观察量表分析课堂"（T26）。由此可见，大部分教师的听评课方式是随意漫谈式，虽然有近一半的教师认为本校的听评课是主题讨论式，但在访谈中发现其实施效果并不理想，只有少部分教师采用问题研讨式或量表分析式这种专业的听评课方式。

表 5—4　　教师听评课的方式频数分布、平均值与标准差

指标	题项	非常符合(%)	比较符合(%)	说不清楚(%)	比较不符合(%)	非常不符合(%)	Mean	SD
随意漫谈式	*22	34.1	42.5	14.0	8.4	1.1	2.00	0.96
分数评价式	*23	4.5	38.5	11.7	34.1	11.2	3.09	1.16
主题讨论式	24	7.8	42.5	13.4	34.6	1.7	3.20	1.06
问题研讨式	25	10.6	29.1	14.0	43.0	3.4	3.00	1.13
量表分析式	26	11.7	21.2	20.7	21.2	25.1	2.73	1.35

我们的听评课活动没有什么特殊的方式，谁想怎么听都行，只要你人到了就行。你自己想怎么听就怎么听。(F-YP-2)

听课的时候很随意，就是在课堂评价表上打打分简要写几句评语就行，但是评课的时候并不是说课堂评价表上的东西，每个人都说自己感兴趣的方面，"你说你的，我说我的"，关注的东西都不一致，让人感觉课上的好像既完美无缺，又好像哪哪都是毛病，弄的上课老师也不知究竟听谁的。(F-YL-2)

其实现在的听评课活动千篇一律，就是一个模式，更多的时候也就是个形式，没什么实质意义。(F-H-2)

总体来说，普通高中化学教师听评课的方式大都采用随意漫谈式，而对于主题讨论式、问题研讨式以及量表分析式的听评课方式采用较少。

（五）维度五：听评课的制度

事物的发展会受到来自内外部因素的影响，听评课活动也不例外。普通高中化学教师的听评课活动，从内部来看，受到教师听评课目的、态度、内容和方式等因素的影响；从外部来看，主要是受到学校听评课制度、文化以及组织实施的影响。其中，听评课制度作为学校建立正常的教学秩序而制定的维系公约，发挥着规范听评课的组织和实施，对教师的相应行为发挥着约束、指导作用，引导着听评课活动的发展方向，

并直接影响着听评课的效果。① 因此，考察普通高中听评课活动现状，有必要对教师所在学校的听评课制度作以了解。传统听评课制度主要是对教师进行监督管理，而专业听评课需要通过制度对教师的专业成长与发展进行保障和引领。因此，调查听评课制度主要是从监督管理和保障引领这两个指标进行，了解目前的听评课制度侧重于哪个方面，是否对普通高中化学教师通过听评课活动开展课堂教学研究提供了保障与引领。

由表5—5可见，教师眼中的学校听评课制度得分都比较低，没有一道题目的平均值超过中间值3。具体来看，有79.3%的学校"会定期检查听评课活动的开展情况"（T27），有72.6%的学校"会通过听评课检查教师的上课情况"（T28），有93.9%的学校"会在学期末检查听评课笔记"（T29）。特别是检查听评课笔记这道题的标准差只有0.62，说明各个学校在这方面差异非常小。另外，只有30.1%的学校"会经常派教师出去参加校外的听评课活动"（T30），只有25.1%的学校"会经常邀请专业人员来指导听评课活动"（T31），27.4%的学校"会定期开展听评课的相关讲座或理论学习"（T32），34.1%的学校"会对积极参与听评课的老师给予物质或精神的奖励"（T33）。由此可见，很多学校的听评课制度还是停留在规定每位教师每学期的听评课数量和听课笔记的检查，以及通过听评课活动检查教师的上课情况，而对教师通过听评课活动开展课堂教学研究的保障引领方面还是较为薄弱。

表5—5　　学校听评课的制度频数分布、平均值与标准差

指标	题项	非常符合（%）	比较符合（%）	说不清楚（%）	比较不符合（%）	非常不符合（%）	Mean	SD
监督管理	*27	29.6	49.7	5.6	12.8	2.2	2.08	1.03
	*28	28.5	44.1	7.8	18.4	1.1	2.19	1.08
	*29	52.0	41.9	5.6	0.6	0.0	1.55	0.62

---

① 滕荣娟：《初中听评课制度研究——基于YA中学的调查研究》，硕士学位论文，华东师范大学，2009年，第6—7页。

续表

指标	题项	非常符合(%)	比较符合(%)	说不清楚(%)	比较不符合(%)	非常不符合(%)	Mean	SD
保障引领	30	7.8	22.3	17.3	32.4	20.1	2.65	1.25
	31	3.9	21.2	15.6	39.7	19.6	2.50	1.14
	32	6.7	20.7	16.2	23.5	33.0	2.45	1.32
	33	7.3	26.8	12.3	21.2	32.4	2.55	1.37

听评课的相关制度就是要求每学期要听够一定的课时数，再就是同课异构活动大家都要参加。其实领导规定是这么规定的，但是在真正落实的时候领导也不是多么重视。像我今年带高三，高一高二的同课异构活动我就几乎没有去参加，领导也没怎么管。（F-H-2）

我个人认为这种规定性的听课还是少搞些好，浪费大家的时间，而且搞多了也影响正常的教学工作。（F-L-2）

同课异构的制度初衷很好，但是我们也就是为了完成学校的任务，因为中心教研室要检查，所以每个人上上课也就完了，最后的评课反思环节几乎没有，也就是上完课大家在办公室说说，所以意义不大。（F-S-2）

总体来看，目前听评课制度还停留在监督管理层面，主要是检查量的指标或形式的考核，制度没有触及听评课的实质环节，在保障引领方面发挥的作用并不显著，一方面没有为教师开展听评课活动提供引领与指导，另一方面没有为教师积极参与听评课活动提供物质保障与精神支持。

（六）维度六：听评课的组织实施

制度是理想层面的，即使学校制定了科学合理的听评课制度，还需要在实践层面组织实施。传统的听评课一般都是学校统一安排组织，教师只是履行职责，积极参与就可以了。而基于课堂教学研究的专业听评课不仅需要学校的统一安排与组织，更需要教师更新自我观念，针对教学中存在的问题通过同伴互助自主自发地开展听评课活动。因此，听评课活动的组织实施主要是从学校硬性规定、教研组组织、教师自主自发三个层面展开调查,以此了解听评课活动的组织实施情况。

由表5—6可以看出,听评课的组织实施得分普遍偏低,只有一道题目"听评课后我会根据评课建议尽力改进自己的课堂教学"(T21)的平均得分为4.23,高于中间值3,其他题目的平均得分均低于中间值。具体来看,在学校层面,80.4%的学校"会在开学时制定本学期的听评课活动计划"(T34),60.3%的学校"会按照计划开展听评课活动"(T35),而只有42.5%的教师认为"本校的听评课活动是形式多样的"(T36),36.3%的教师认为"本校的听评课活动正在发生着变革"(T37)。学校一方面对听评课活动做了具体的计划与规定,另一方面却没有对听评课活动的形式与内容进行变革,还是按照传统听评课的方式与内容在开展。而在教研组组织实施的听评课活动中,59.8%的教师认为"本校的听评课活动中教研组长只是负责通知和组织人员"(T42),只有46.9%的教师认为"本校的听评课活动中教研组长有很强的专业引领作用"(T38)。在教师自主层面,只有49.7%的教师"经常主动去听同事的课"(T1),19%的教师"经常主动邀请同事来听自己的课"(T7),25.1%的教师"同事之间经常自发地组织开展听评课活动"(T9)。

表5—6　　学校听评课的组织实施频数分布、平均值与标准差

指标	题项	非常符合(%)	比较符合(%)	说不清楚(%)	比较不符合(%)	非常不符合(%)	Mean	SD
学校硬性规定	*34	34.6	45.8	7.3	10.1	2.2	1.99	1.01
	*35	22.9	37.4	7.8	30.2	1.7	2.50	1.19
	36	6.7	35.8	13.4	37.4	6.7	2.98	1.13
	37	2.2	34.1	22.3	17.3	24.0	2.73	1.12
教研组组织	38	14.5	32.4	15.1	14.5	23.5	3.00	1.41
	*42	19.0	40.8	10.1	24.0	6.1	2.57	1.22
教师自主自发	1	13.4	36.3	9.5	16.2	24.6	2.98	1.43
	7	3.4	15.6	12.8	26.8	41.3	2.13	1.21
	9	6.7	18.4	12.8	21.8	40.2	2.29	1.34
	21	34.1	57.5	6.7	0.6	1.1	4.23	0.69

学校统一组织的听评课活动一般都要去听，特别是有领导参加的就更要去听了。其实教研组很多时候组织听评课活动也是为了应付学校。像我们学校统一规定各年级每一个备课组每个学期都必须要搞一次同课异构活动，刚开始还挺新鲜的，到后来也觉得没啥意思，大家就开始应付了，只是每个人讲一节课，讲完也不怎么评课，办公室说一说就完了。至于个人相互自发地去听评课，就我个人来说做得还非常少。关键是没有更多的时间和精力，而且一个学校的老师都比较熟悉了，去听课也没什么意思。（F-Z-2）

从听评课活动的组织来看，有些活动学校认为很有效，比如我们学校每学期都在搞同课异构活动，领导觉得这样全校推进，搞得轰轰烈烈，其实在我们老师们看来未必是有效的。还有比如青年教师的汇报课，可能对上课教师有帮助，但是对于多数听课教师没什么实际意义。其实对于教师来说最有效的教研活动，是那些非正式的活动，关系好的教师相互之间听听课，真实地说说问题所在。平日里在办公室针对一些教学中的问题相互交流讨论。其实这样的活动最切合我们的实际，还不浪费我们的时间。（F-SP-2）

以上数据说明，目前听评课活动的组织与实施还停留在学校硬性规定和教研组统一安排组织的层面，教师自主自发开展的听评课活动非常少。这也可以从关于听评课基本情况的一道选择题中得以印证，如图5—2所示。

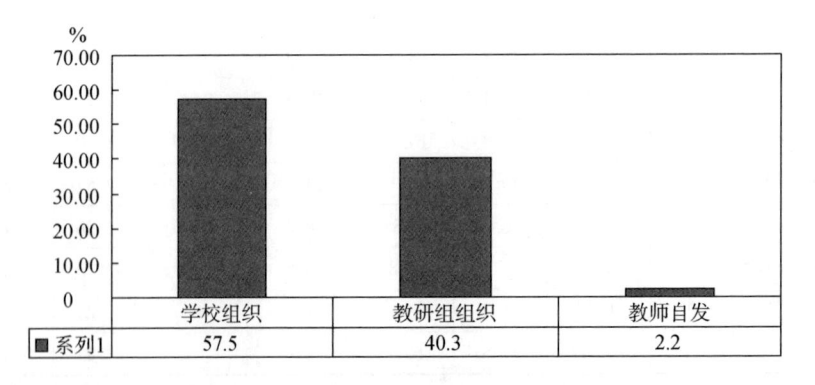

	学校组织	教研组组织	教师自发
系列1	57.5	40.3	2.2

图5—2　学校听评课活动的组织基本情况

由此可见，学校层面的听评课虽然占有很大的比例和分量，但是很多教师却不愿意参与，抱着完成任务的心态在应付。而教师个人层面的听评课虽然很少，但却是教师喜欢的切合实际的听评课组织形式。

总体来看，在学校管理中，管理者习惯于一呼百应、步调一致，忽视教师的个体差异和实际需求。而一些教师由于受传统文化以及长期生活在制度化的学校管理之中也习惯于屈从行政管理的力量，跟着上面的步调走，没有自己的职业规划和发展方向。因此，听评课活动的组织实施以学校硬性规定、教研组统一安排为主，缺乏教师自主自发的听评课活动。

（七）维度七：听评课的文化

文化是一个非常宽泛的概念。学校文化是学校全体或部分成员习得且共同具有的深入内心的思想观念和习惯性的行为方式。[1] 对听评课文化的调查主要依据哈格里夫斯提出的四种教师文化来开展调查。第一是个人主义文化，在这种文化中，教师之间相互隔离，教师的主要精力用于处理自己课堂里的事务。第二是分化的文化，教师工作处于相互分立、有时为争取权利与资源而相互竞争的群组之中。第三是合作的文化，教师之间开放、互信和支持。第四是硬造的合作，教师被要求围绕行政人员的意图与兴趣进行"合作"。从理论上讲，合作的文化对于专业听评课活动的开展最为理想，硬造的合作（或称表面合作）往往是一种虚假的合作，而且还会销蚀真正的合作。[2]

由表5—7可以看出，教师听评课文化得分普遍偏低，四道题的均值只有"我担心把自己最好的课展示给其他老师他们会超过我"（T8）高于中间值3，而其他三道题都低于中间值。具体来看，有64.8%的教师认为"本校的听评课是各听各的然后各自发表意见"（T43），只有9.4%的教师"担心把自己最好的课展示给其他老师他们会超过我"（T8），27.9%的教师认为"本校的听评课活动中同事之间是有分工与合作的"（T44），40.8%的教师"和同事会为了应付领导的检查开展听评课活动"（T10）。说明教师听评课的文化以个人主义的文化和表面合作的文化为主，分化竞争的文化相对较弱，真正合作的文化比较欠缺。

---

[1] 郑金洲：《教育文化学》，人民教育出版社2000年版，第240页。
[2] 教育部师范教育司编：《教师专业化的理论与实践》，人民教育出版社2003年版，第30页。

表 5—7　　学校听评课的文化频数分布、平均值与标准差

指标	题项	非常符合（%）	比较符合（%）	说不清楚（%）	比较不符合（%）	非常不符合（%）	Mean	SD
个人主义	*43	29.6	35.2	13.4	16.2	5.6	2.33	1.22
分化竞争	*8	3.9	5.6	7.8	23.5	59.2	4.28	1.08
表面合作	*10	15.1	25.7	20.1	28.5	10.6	2.94	1.25
真正合作	44	6.1	21.8	14.5	29.6	27.9	2.49	1.27

其实老教师不愿意让我们去听课，一方面是有人来听课总是会对教学有些干扰，另外一个重要的原因其实是老教师不想让我们年轻教师这么容易就学走他们这么多年辛辛苦苦积累下来的经验。特别是如果年轻教师所带的班学生考试考得比老教师带的班上的学生考得好的话，那老教师就更加提防年轻教师了。（F-P-4）

我们现在的教学其实老教师基本靠经验，而年轻教师基本靠自己摸索。你所说的教师合作开展教学研究，好像老师们没那个意识和习惯，也不知道到底怎么合作。听评课时表面上看似老师们在一起合作，但事实上还是各听各的，各说各的观点。（F-W-2）

由此可见，虽然在问卷调查的数据中没有表现出分化竞争的教师文化，但通过访谈发现，分化竞争的文化还是可以略见一斑。总体来看，目前普通高中化学教师的文化主要是以个人主义、表面合作、分化竞争的文化为主，而利于专业听评课有效开展的真正合作的文化却比较欠缺。

三　听评课活动现状的差异检验

教师的性别、年龄、教龄、职务、职称、学历水平等不同，其在听评课活动中就可能有不同的听评课目的、态度、内容与方式。学校的类型和所在地不同，其听评课活动的制度与组织实施也可能不同。因此，有必要对不同情况教师的听评课目的、态度、内容、方式进行差异性检验，以了解他们对听评课活动的观念认识与实践操作是否具有不同的特点。对不同类型学校的听评课制度、组织实施差异检验，了解是否有不同特点。

(一) 不同性别教师听评课现状差异分析

分别以教师听评课的目的、态度、内容、方式、文化五个维度的平均分为因变量，以教师的性别为自变量进行独立样本 T 检验，数据分析结果见表 5—8。

表 5—8　　教师听评课现状的性别差异独立样本 T 检验结果

维度	性别	平均分	标准差	t 值	显著性
听评课目的	男	3.01	0.54	−1.36	0.174
	女	3.12	0.55		
听评课态度	男	3.61	0.63	−1.45	0.149
	女	3.73	0.57		
听评课内容	男	2.84	0.71	0.461	0.646
	女	2.79	0.66		
听评课方式	男	2.89	0.62	1.66	0.098
	女	2.72	0.76		
听评课文化	男	3.08	0.68	1.249	0.213
	女	2.94	0.79		

由表 5—8 可以看出，不同性别教师在听评课的目的、态度、内容、方式与文化五个维度的平均得分均无显著性差异。

(二) 不同年龄教师听评课现状差异分析

分别以教师听评课的目的、态度、内容、方式、文化五个维度的平均分为因变量，以教师的年龄为因子进行单因素方差分析，数据分析结果见表 5—9。

表 5—9　　教师听评课现状的年龄因素方差分析 (ANOVA)

维度	年龄	平方和	自由度	平均平方和	F 检验	显著性
听评课目的	组间	4.100	4	1.025	3.696	0.006**
	组内	48.254	174	0.277		
听评课态度	组间	4.553	4	1.138	3.329	0.012*
	组内	59.493	174	0.342		

续表

维度	年龄	平方和	自由度	平均平方和	F检验	显著性
听评课内容	组间	1.907	4	0.477	1.006	0.406
	组内	82.404	174	0.474		
听评课方式	组间	7.908	4	1.977	4.368	0.002**
	组内	78.766	174	0.453		
听评课文化	组间	6.919	4	1.730	3.321	0.012*
	组内	90.627	174	0.521		

注：* 表示 $P<0.05$，** 表示 $P<0.01$，余同。

由表5—9可见，不同年龄的教师在听评课的目的、态度、方式、文化方面都有显著差异。因此有必要对其进行事后多重比较。

1. 不同年龄教师听评课目的差异事后多重比较

由表5—10可以看出，年龄在20—25岁和50岁以上的教师听评课的目的得分显著高于26—30岁和31—40岁的教师。说明年龄在20—25岁和50岁以上的教师听评课的目的更偏向于课堂教学研究。

表5—10　不同年龄教师的听评课目的差异事后多重比较结果

因变量	(I) 年龄	(J) 年龄	均值差	显著性	结果
听评课目的平均分	20—25岁	26—30岁	0.35674*	0.002**	①大于②且差异显著
		31—40岁	0.39975*	0.000**	①大于③且差异显著
		41—50岁	0.30649	0.070	
		50岁以上	−0.03636	0.925	
	26—30岁	31—40岁	0.04301	0.644	②小于⑤且差异显著
		41—50岁	−0.05025	0.749	
		50岁以上	−0.39310*	0.000**	
	31—40岁	41—50岁	−0.09325	0.545	③小于⑤且差异显著
		50岁以上	−0.43611**	0.000**	
	41—50岁	50岁以上	−0.34286	0.114	

注：①表示20—25岁；②表示26—30岁；③表示31—40岁；④表示41—50岁；⑤表示50岁以上。

一开始我还是满怀信心的，我觉得在大学理论知识的学习过程中我对新课程的一些理念、思想还是很认同，比我们高中那时候好多了，也想着工作后能把它们落实到教学中。所以在听其他老师的课的过程中，我也是带着新课程的理念去分析课堂教学，发现课堂教学中存在的问题。可是，现在课听得多了才慢慢发现，很多老师其实还是满堂灌，特别是教学成绩好的老师灌得更多，为了能追赶大趋势，我也只好慢慢放弃了原来的那种理念。（F-Y-1）

其实在我们的日常教学中，听课就是为了发现问题，评课就是为了解决问题。如果把别人来听课当作表演作秀，或者把评课搞成不敢说实话的形式，那听评课活动就真的失去实际价值与意义了。（F-W-2）

从上述访谈内容可以看出，年轻教师刚刚接受过高等师范教育的培养，思想和理念等都比较开放新颖，对于通过听评课活动开展课堂教学研究的愿望也比较强烈。老教师经过多年的教学，对于教学内容、方法等方面已经熟烂于心，不再是为了完成任务或简单模仿去听课，功利性因素影响也较少，因此更加偏向于通过听评课活动研究课堂教学问题，提升自己对专业知识以及教育教学的认识。

2. 不同年龄教师听评课态度差异事后多重比较

由表5—11可以看出，年龄在20—25岁的教师听评课的态度得分显著高于31—40岁和41—50岁的教师，年龄在50岁以上的教师听评课的态度得分显著高于20—25岁、26—30岁、31—40岁以及41—50岁的教师。说明年龄在20—25岁和50岁以上的教师在听评课的态度方面更为积极。

表 5—11　不同年龄教师的听评课态度差异事后多重比较结果

因变量	（I）年龄	（J）年龄	均值差	显著性	结果
听评课态度平均分	20—25 岁	26—30 岁	0.24974	0.231	①大于③且差异显著 ①大于④且差异显著 ①小于⑤且差异显著
		31—40 岁	0.35838*	0.002**	
		41—50 岁	0.54654*	0.001**	
		50 岁以上	-0.22727*	0.008**	
	26—30 岁	31—40 岁	0.10864	0.987	②小于⑤且差异显著
		41—50 岁	0.29680	0.320	
		50 岁以上	-0.47701*	0.000**	
	31—40 岁	41—50 岁	0.18816	0.788	③小于⑤且差异显著
		50 岁以上	-0.58565**	0.000**	
	41—50 岁	50 岁以上	-0.77381	0.000**	④小于⑤且差异显著

注：①表示 20—25 岁；②表示 26—30 岁；③表示 31—40 岁；④表示 41—50 岁；⑤表示 50 岁以上。

我非常愿意去其他老师的课堂听课学习，学习其他老师的讲课方法和思路，我也非常愿意别的老师到我的课堂来听课，帮我提一些好的意见和建议，这样我可以更快地成长进步。（F-F-1）

我非常喜欢通过听评课活动研讨教学问题，有时候我们一起的老师对某个教学问题各自发表意见或争论后这个问题能够得以解决，我真觉得有一种轻松释放的感觉。（F-H-1）

从上述访谈内容可以看出，刚入职的年轻教师学习的愿望更加强烈，希望通过听评课活动学习其他教师的优点，并得到其他教师的指点，从而尽快实现专业成长，因此听评课态度的得分相对较高。而中年教师经过多年的教学，工作任务较重、职业倦怠倾向较强，因此对待听评课的态度相对比较消极。年长教师经过多年的教学，对待教学大都具有自己的独到认识，思维方面也具有比较强烈的批判性，因此对待听评课的态度也相对比较积极。

3. 不同年龄教师听评课方式差异事后多重比较

由表 5—12 可以看出，年龄在 31—40 岁的教师听评课的方式得分显著高于 20—25 岁和 50 岁以上的教师，年龄在 41—50 岁的教师听评课的方式得分显著高于20—25岁、26—30岁以及50岁以上的教师。说明20—25岁教师和50岁以上教师听评课的方式与31—50岁的教师有显著差异。

表5—12　　不同年龄教师的听评课方式差异事后多重比较结果

因变量	(I)年龄	(J)年龄	均值差	显著性	结果
听评课方式平均分	20—25岁	26—30岁	-0.34462	0.300	①小于③且差异显著 ①小于④且差异显著
		31—40岁	-0.44596*	0.036*	
		41—50岁	-0.82294*	0.000**	
		50岁以上	-0.15152	0.937	
	26—30岁	31—40岁	-0.10134	0.995	②小于④且差异显著
		41—50岁	-0.47833*	0.022*	
		50岁以上	0.19310	0.419	
	31—40岁	41—50岁	0.37698	0.075	③大于⑤且差异显著
		50岁以上	0.29444*	0.002**	
	41—50岁	50岁以上	0.67143*	0.000**	④大于⑤且差异显著

注：①表示20—25岁；②表示26—30岁；③表示31—40岁；④表示41—50岁；⑤表示50岁以上。

评课是我们年轻教师最发愁的事，听人家老教师评我们的课还好，如果让我们对老教师的课做评价，真的是比较难说。就怕说不到点子上别人笑话，或者让人家老教师对我们有意见。(F-SP-3)

评课嘛，就是想到什么说什么啊。哪还有什么固定套路？每次听课讲课的人不一样，讲的内容也不一样，你说评课哪有固定的方式和套路啊？要说固定的那就是说一堂课肯定是有优点与缺点的，我们评价的时候可以从这两个方面去说。(F-S-3)

我们去参与教师培训的时候老师讲过课堂观察，其实这是一种更加科学的听评课方法。老师也带领我们尝试过主题式听评课和问题式听评课。听评课之前我们先研讨，然后带着问题听课，评课的时候再围绕问题发表意见观点，提出新的问题。我认为这样的听评课很有效。(F-C-4)

从上述访谈内容可以看出，年轻教师由于自身缺乏对教学内容的深刻认识以及听评课方式方法的专业指导，因此在听评课方式的认识与操作方面还相对比较薄弱。中年教师由于经常参与教师培训，获得教研方面的专业指导相对较多，因此对于听评课方式的认识与操作相对比较成熟。而老教师虽然教学经验丰富、对待听评课的目的明确、态度积极，但是接受的新理念新方法较少，因此在听评课的方式方法方面比较传统。

4. 不同年龄教师听评课文化差异事后多重比较

由表5—13可以看出，年龄在50岁以上的教师听评课的文化得分显著高于20—25岁的教师和31—40岁的教师，而其他年龄段的教师在听评课的文化这一维度并无显著差异。说明年龄在50岁以上的教师在听评课方面的个人文化更多表现为真诚与合作。

表5—13　不同年龄教师的听评课文化差异事后多重比较结果

因变量	(I) 年龄	(J) 年龄	均值差	显著性	结果
听评课文化平均分	20—25岁	26—30岁	-0.40661	0.204	①小于⑤且差异显著
		31—40岁	-0.35764	0.187	
		41—50岁	-0.77976	0.080	
		50岁以上	-0.58333*	0.001**	
	26—30岁	31—40岁	-0.04897	1.000	
		41—50岁	-0.37315	0.836	
		50岁以上	-0.17672	0.724	
	31—40岁	41—50岁	-0.42212	0.655	③小于⑤且差异显著
		50岁以上	-0.22569*	0.006**	
	41—50岁	50岁以上	-0.19643	0.995	

注：①表示20—25岁；②表示26—30岁；③表示31—40岁；④表示41—50岁；⑤表示50岁以上。

我个人认为老教师是有私心的，他们在评课的时候不愿意给我们提出诚恳的意见，都是说一些大家都能说出来的话，没有针对性。而且他们更不愿意把他们多年积累的教学经验随便传授给我们。(F-Z-3)

听评课活动开展得如何，其实关键还是看老教师。只要老教师能够敞开胸怀,给我们指出我们的问题,那么我们肯定是愿意虚心接受的。现在关键的问题是老教师不愿意给我们说我们的问题。(F-F-4)

现在的年轻人可能是工作中的事情比较多,我总感觉不是太积极。像我们刚工作的时候,老教师的课堂堂都要去听,听完了自己再上讲台讲,讲课如果有老师听课,那么讲完后还要一一找着去问他们的意见。现在刚参加工作的年轻娃娃们,根本没这个积极性。(F-W-2)

上述访谈内容说明,年轻教师和年长教师之间缺乏深入沟通,因此在听评课活动中没有深度的交流和研讨。老教师等待观望年轻教师主动来问,而年轻教师认为年长的教师不能敞开胸怀帮助他们成长进步。因此听评课活动中,普遍表现出教师轻视评课活动或者即使开展评课活动也没有浓厚的氛围。

(三) 不同教龄教师听评课现状差异分析

分别以教师听评课的目的、态度、内容、方式、文化五个维度的平均分为因变量,以教师的教龄为因子进行单因素方差分析,数据分析结果见表5—14。

表5—14 教师听评课现状的教龄因素方差分析(ANOVA)

维度	教龄	平方和	自由度	平均平方和	F检验	显著性
听评课目的	组间	7.556	3	2.519	9.838	0.000**
	组内	44.798	175	0.256		
听评课态度	组间	7.281	3	2.427	7.482	0.000**
	组内	56.765	175	0.324		
听评课内容	组间	4.194	3	1.398	3.054	0.030*
	组内	80.117	175	0.458		
听评课方式	组间	3.710	3	1.237	2.609	0.053
	组内	82.964	175	0.474		

续表

维度	教龄	平方和	自由度	平均平方和	F检验	显著性
听评课文化	组间	9.596	3	3.199	6.365	0.00**
	组内	87.949	175	0.503		

由表5—14可见，不同教龄的教师在听评课的目的、态度、内容、文化方面都有显著差异。因此有必要对其进行事后多重比较。

1. 不同教龄教师听评课目的差异事后多重比较

由表5—15可见，20年以上教龄的教师听评课的目的得分最高，而且显著高于4—10年和11—20年教龄的教师。而0—3年教龄的教师听评课的目的得分显著高于11—20年教龄的教师。其实这个比较结果与不同年龄教师的听评课目的差异事后多重比较结果基本一致，因此原因也大致相同，在此不再赘述。

表5—15　不同教龄教师的听评课目的差异事后多重比较结果

因变量	(I) 教龄	(J) 教龄	均值差	显著性	结果
听评课目的平均分	0—3年	4—10年	0.23054	0.077	①大于③且差异显著
		11—20年	0.46831	0.000**	
		20年以上	-28207	0.414	
	4—10年	11—20年	0.23777	0.095	②小于④且差异显著
		20年以上	-0.51261	0.043*	
	11—20年	20年以上	-0.75038	0.004**	③小于④且差异显著

注：①表示0—3年；②表示4—10年；③表示11—20年；④表示20年以上。

2. 不同教龄教师听评课态度差异事后多重比较

由表5—16可见，0—3年教龄教师的听评课态度平均得分显著高于11—20年教龄的教师。

表 5—16　　　不同教龄教师的听评课态度差异事后多重比较结果

因变量	(I) 教龄	(J) 教龄	均值差	显著性	结果
听评课态度平均分	0—3 年	4—10 年	0.24906	0.138	①大于③且差异显著
		11—20 年	0.50156*	0.000**	
		20 年以上	-0.07447	1.000	
	4—10 年	11—20 年	0.25249	0.091	
		20 年以上	-0.32353	0.752	
	11—20 年	20 年以上	-0.57602	0.221	

注：①表示 0—3 年；②表示 4—10 年；③表示 11—20 年；④表示 20 年以上。

3. 不同教龄教师听评课内容差异事后多重比较

由表 5—17 可见，20 年以上教龄教师的听评课内容平均得分显著高于 11—20 年教龄的教师。教龄越长对教学问题的认识更为深入独到，因此在听评课的过程中能够针对教学问题进行有目的地观察与分析。

表 5—17　　　不同教龄教师的听评课内容差异事后多重比较结果

因变量	(I) 教龄	(J) 教龄	均值差	显著性	结果
听评课内容平均分	0—3 年	4—10 年	-0.12422	0.900	
		11—20 年	0.18486	0.732	
		20 年以上	-0.41413	0.062	
	4—10 年	11—20 年	0.30908	0.092	
		20 年以上	-0.28992	0.240	
	11—20 年	20 年以上	-0.59900	0.004**	④大于③且差异显著

注：①表示 0—3 年；②表示 4—10 年；③表示 11—20 年；④表示 20 年以上。

4. 不同教龄教师听评课文化差异事后多重比较

由表 5—18 可见，20 年以上教龄教师的听评课文化平均得分最高，而且显著高于 0—3 年、4—10 年和 11—20 年教龄的教师。其实这个比较结果与不同年龄教师的听评课文化差异事后多重比较结果基本一致，因此原因也与其大致相同，在此不再赘述。

表5—18　不同教龄教师的听评课文化差异事后多重比较结果

因变量	（I）教龄	（J）教龄	均值差	显著性	结果
听评课文化平均分	0—3 年	4—10 年	-0.26338	0.409	④大于①且差异显著
		11—20 年	-0.15108	0.873	
		20 年以上	-1.22188*	0.003**	
	4—10 年	11—20 年	0.11229	0.915	④大于②且差异显著
		20 年以上	-0.95851*	0.024*	
	11—20 年	20 年以上	-1.07080*	0.011*	④大于③且差异显著

注：①表示0—3年；②表示4—10年；③表示11—20年；④表示20年以上。

（四）不同职务教师听评课现状差异分析

分别以教师听评课的目的、态度、内容、方式、文化五个维度的平均分为因变量，以教师的职务为因子进行单因素方差分析，数据分析结果见表5—19。

表5—19　教师听评课现状的职务因素方差分析（ANOVA）

维度	教龄	平方和	自由度	平均平方和	F检验	显著性
听评课目的	组间	2.023	2	1.011	3.536	0.031*
	组内	50.331	176	0.286		
听评课态度	组间	1.380	2	0.690	1.937	0.147
	组内	62.666	176	0.356		
听评课内容	组间	1.253	2	0.627	1.328	0.268
	组内	83.058	176	0.472		
听评课方式	组间	0.476	2	0.238	0.486	0.616
	组内	86.198	176	0.490		
听评课文化	组间	5.439	2	2.720	5.197	0.006**
	组内	92.106	176	0.523		

由表5—19可见，担任不同职务的教师在听评课的目的与文化方面都有显著差异。因此有必要对其进行事后多重比较。

1. 不同职务教师听评课目的差异事后多重比较

由表5—20可见，担任学校领导职务教师听评课目的的平均得分最高，而且显著高于担任教研组长的教师和其他普通教师。担任教研组长的教师听评课目的得分显著高于普通教师。由此说明，担任学校领导职务与教研组长的教师在听评课的目的方面相对明确，偏向于通过听评课活动开展课堂教学研究。

表5—20　担任不同职务教师的听评课目的差异事后多重比较结果

因变量	（I）职务	（J）职务	均值差	显著性	结果
听评课目的平均分	普通教师	教研组长	－0.25260	0.029*	②大于①且差异显著
	普通教师	学校其他领导	－0.95260	0.000**	③大于①且差异显著
	教研组长	学校其他领导	－0.70000	0.004**	③大于②且差异显著

注：①表示普通教师；②表示教研组长；③表示学校其他领导。

学校主要是想通过这样的活动来促进教师相互之间形成一种合作、学习、共享的氛围，从而提高课堂教学的质量，也关注自身专业发展。如果说让我们也像管理学生那样去管理监督教师，那是不可能的。毕竟大家都是成年人了，而且每个人都有自己的思想观点，有时候我们来硬性的反而起到的是反作用。（F-SJ-2）

2. 不同职务教师听评课文化差异事后多重比较

由表5—21可见，担任学校领导职务的教师听评课文化的平均得分最高，而且显著高于担任教研组长的教师和其他普通教师。担任教研组长的教师听评课文化得分显著高于普通教师。由此说明，担任学校领导职务的教师与教研组长在听评课文化方面相对开放，更加偏向于在听评课活动中开展合作与交流。

表5—21　担任不同职务教师的听评课文化差异事后多重比较结果

因变量	（I）职务	（J）职务	均值差	显著性	结果
听评课文化平均分	普通教师	教研组长	－0.77168	0.036*	②大于①且差异显著
	普通教师	学校其他领导	－1.27168	0.014*	③大于①且差异显著
	教研组长	学校其他领导	－0.50000	0.426	

注：①表示普通教师；②表示教研组长；③表示学校其他领导。

(五) 不同职称教师听评课现状差异分析

分别以教师听评课的目的、态度、内容、方式、文化五个维度的平均分为因变量,以教师的职称为因子进行单因素方差分析,数据分析结果见表5—22。

表5—22　　教师听评课现状的职称因素方差分析(ANOVA)

维度	教龄	平方和	自由度	平均平方和	F检验	显著性
听评课目的	组间	2.295	3	0.765	2.675	0.049*
	组内	50.059	175	0.286		
听评课态度	组间	2.252	3	0.751	2.126	0.099
	组内	61.793	175	0.353		
听评课内容	组间	2.550	3	0.850	1.819	0.145
	组内	81.761	175	0.467		
听评课方式	组间	7.345	3	2.448	5.401	0.001**
	组内	79.330	175	0.453		
听评课文化	组间	9.142	3	3.047	6.033	0.001**
	组内	88.403	175	0.505		

由表5—22可见,不同职称的教师在听评课的目的、方式、文化方面都有显著差异。因此有必要对其进行事后多重比较。

1. 不同职称教师听评课目的差异事后多重比较

由表5—23可见,未评职称教师的听评课目的的平均得分最高,且显著高于初级和中级职称的教师。其实这个比较结果与不同年龄、教龄教师听评课目的的差异事后多重比较结果基本一致,因此原因也大致相同,在此不再赘述。

表5—23　　不同职称教师的听评课目的差异事后多重比较结果

因变量	（I）职称	（J）职称	均值差	显著性	结果
听评课目的平均分	初级	中级	0.10207	0.266	④大于①且差异显著
		高级	−0.16955	0.326	
		其他	−0.44833	0.049*	
	中级	高级	−0.27162	0.116	④大于②且差异显著
		其他	−0.55041	0.016*	
	高级	其他	−0.27879	0.306	

注：①表示初级；②表示中级；③表示高级；④表示其他。

2. 不同职称教师听评课方式差异事后多重比较

由表5—24可见，初级职称的教师听评课方式的平均得分最低，而且显著低于未评职称、中级以及高级职称的教师。说明职称是影响听评课方式的重要因素之一，职称越高，听评课的方式越趋向于研究课堂。

表5—24　　不同职称教师的听评课方式差异事后多重比较结果

因变量	（I）职称	（J）职称	均值差	显著性	结果
听评课方式平均分	初级	中级	−0.33177	0.017*	②大于①且差异显著
		高级	−0.65705	0.000**	③大于①且差异显著
		其他	−0.46917	0.033*	④大于①且差异显著
	中级	高级	−0.32528	0.121	
		其他	−0.13740	0.907	
	高级	其他	0.18788	0.819	

注：①表示初级；②表示中级；③表示高级；④表示其他。

3. 不同职称教师听评课文化差异事后多重比较

由表5—25可见，初级职称的教师听评课文化的平均得分最低，而且显著低于未评职称和高级职称的教师。

表 5—25　不同职称教师的听评课文化差异事后多重比较结果

因变量	（I）职称	（J）职称	均值差	显著性	结果
听评课文化平均分	初级	中级	-0.36204	0.008**	②大于①且差异显著 ④大于①且差异显著
		高级	-0.76420	0.149	
		其他	-0.46875	0.034*	
	中级	高级	-0.40216	0.746	
		其他	-0.10671	0.969	
	高级	其他	0.29545	0.931	

注：①表示初级；②表示中级；③表示高级；④表示其他。

以上关于不同职称教师听评课现状差异分析的过程中出现了一个值得深入反思的问题，刚入职未评职称的教师在听评课的目的、方式、文化方面反而比初级职称和中级职称的教师得分都高。为了深入洞察其背后的原因，笔者专门针对几位刚入职未评职称的年轻教师进行了访谈。

其实现在学校里的听评课活动已经非常落后了，根本无法满足教师自身的专业发展要求。我在研究生阶段专门学习过听评课的相关理论，而且也跟着我的导师做过一些听评课活动，其中很多形式都是你刚才所说的问题研讨式和主题讨论式，这样的听评课活动才能真正解决教师根本的问题。像我们学校现在的听评课活动，只能让教师反感，而不会有其他真正的效果。（F-Y-3）

我参加过几次田家炳项目，一般学校派老师的时候都是派我们年轻老师去参加，老教师人家都不愿意去参加。在参加这个项目的过程中，专家讲的一些东西我自认为很有用，特别是怎么进行课堂观察、怎么围绕问题与主题进行评课，这些在我们平时的教研活动中根本没人给我们讲，听了这些以后我觉得听评课活动确实很有意义。学校如果以后也能按照这个方向开展听评课活动，那没有老师不愿意参加。（F-F-4）

由此可见，未评职称的教师在听评课的目的、方式、文化方面的得分高是因为他们在职前或职后接受了比其他教师更多关于听评课的新理念和方法。因此，对教师进行相关的职前和职后培训以及促进教师主动进行相关学习是至关重要的。

(六) 不同学历教师听评课现状差异分析

由问卷调查样本的基本信息分析可以发现，所有被调查对象学历只有两个类别，即本科或研究生。因此，分别以教师听评课的目的、态度、内容、方式、文化五个维度的平均分为因变量，以教师的学历为自变量进行独立样本T检验，数据分析结果见表5—26。

表5—26　　教师听评课现状的学历差异独立样本T检验结果

维度	学历	平均分	标准差	t值	显著性
听评课目的	研究生	3.4296	0.18977	3.959	0.000**
	本科	2.9987	0.55885		
听评课态度	研究生	4.2099	0.43754	6.554	0.000**
	本科	3.5789	0.57510		
听评课内容	研究生	2.4660	0.65301	-2.933	0.004**
	本科	2.8788	0.67754		
听评课方式	研究生	2.3926	0.71786	-3.437	0.001**
	本科	2.8789	0.67034		
听评课文化	研究生	2.5000	0.75000	-3.868	0.000**
	本科	3.1003	0.70315		

由表5—26可以看出，不同学历的教师在听评课的目的、态度、内容、方式、文化五个维度的平均得分有显著性差异。其中，在听评课的目的与态度方面，具有研究生学历的教师平均得分显著高于本科学历的教师。而在听评课的内容、方式、文化方面，具有研究生学历的教师平均得分反而显著低于本科学历的教师。为什么学历越高反而在听评课的内容、方式、文化方面的得分越低呢？为了洞察其背后的原因，笔者专门访谈了几位具有研究生学历的教师。

我们在职上研究生其实也就是混个文凭，哪能学到什么真正有用东西啊？老师讲的东西离我们太远了，很多其实都是理念的观念

的，真正有用的东西还需要在实践中自己摸索自己总结经验。(F-SP-4)

我认为上研对我最大的帮助就是理念和观念的提升。刚毕业时也是信心百倍，想在自己的课堂中运用一些新的理念等。但是很多新的东西听起来是好，可是到实际工作中来根本行不通。就像听评课也是一样，专家讲的时候觉得很好，但是到我们自己的工作中，好像就不是那么一回事了。(F-YP-3)

由此可见，学历的提升对教师听评课的影响大都处在形而上的观念层面，而在形而下的实际操作层面尚未发挥切合实际的价值性作用。

(七) 不同任教年级教师听评课现状差异分析

分别以教师听评课的目的、态度、内容、方式、文化五个维度的平均分为因变量，以教师的任教年级为因子进行单因素方差分析，数据分析结果见表5—27。

表5—27　教师听评课现状的任教年级因素方差分析（ANOVA）

维度	任教年级	平方和	自由度	平均平方和	F检验	显著性
听评课目的	组间	0.988	2	0.494	1.693	0.187
	组内	51.366	176	0.292		
听评课态度	组间	3.843	2	1.922	5.618	0.004**
	组内	60.203	176	0.342		
听评课内容	组间	1.423	2	0.711	1.511	0.224
	组内	82.888	176	0.471		
听评课方式	组间	5.471	2	2.735	5.929	0.003**
	组内	81.204	176	0.461		
听评课文化	组间	8.453	2	4.226	8.349	0.000**
	组内	89.092	176	0.506		

由表5—27可见，不同任教年级的教师在听评课的态度、方式、文化

方面都有显著差异。因此有必要对其进行事后多重比较。

1. 不同任教年级教师听评课态度差异事后多重比较

由表5—28可见，任教高三年级教师的听评课态度的平均得分显著高于任教高一和高二年级的教师。

表5—28　任教不同年级教师的听评课态度差异事后多重比较结果

因变量	(I)任教年级	(J)任教年级	均值差	显著性	结果
听评课态度平均分	高一	高二	0.07873	0.775	③大于①且差异显著
	高一	高三	−0.40924	0.010**	
	高二	高三	−0.48797	0.002**	③大于②且差异显著

注：①表示任教高一；②表示任教高二；③表示任教高三。

2. 不同任教年级教师听评课方式差异事后多重比较

由表5—29可见，任教高三年级教师的听评课方式平均得分显著高于任教高一和高二年级的教师。

表5—29　任教不同年级教师的听评课方式差异事后多重比较结果

因变量	(I)任教年级	(J)任教年级	均值差	显著性	结果
听评课方式平均分	高一	高二	−0.10412	0.723	③大于①且差异显著
	高一	高三	−0.56454*	0.000**	
	高二	高三	−0.46042*	0.001**	③大于②且差异显著

注：①表示任教高一；②表示任教高二；③表示任教高三。

3. 不同任教年级教师听评课文化差异事后多重比较

由表5—30可见，任教高一年级教师的听评课文化平均得分显著低于任教高三和高二年级的教师。

表5—30　任教不同年级教师的听评课文化差异事后多重比较结果

因变量	(I) 任教年级	(J) 任教年级	均值差	显著性	结果
听评课文化 平均分	高一	高二	-0.38290*	0.003**	③大于①且差异显著
		高三	-0.54863*	0.000**	②大于①且差异显著
	高二	高三	-0.16574	0.400	

注：①表示任教高一；②表示任教高二；③表示任教高三。

为什么在开放式访谈的过程中教师反映出学生的成绩高于一切，而在问卷调查中却得出任教高三年级的教师听评课态度、方式、文化的得分却高于任教高一和高二年级的教师呢？为此，笔者专门访谈了几位任教高三年级的教师。

　　我教了三届高三了，每次教高三，都会参加区里、市里或者外省的高考研讨会。在这个高考研讨会上，其实除预测今年的考点和重难点之外，还会有专家带领大家研讨高三复习的教学方法、模式、策略等，然后还会有名师上课示范，我觉得这个太有用了。因此，在教高三时只要学校通知我参加这样的会议，我就非常愿意，因为参加了这样的会，明显感觉自己不论在知识体系与深度方面还是教学方式方法方面，都会有一定的提升。(F-S-3)
　　学校不要求我们高三教师参加学校的常规教研活动，但是我们高三的三位老师每周都会自己搞一次集体备课。主要是研讨一些专题的复习难度把握，有些题目的有效解题思路与方法等，我觉得这样的集体备课反而比我们教高一高二时的同课异构活动更有用。大家也没有什么心理负担，有什么问题尽管可以说出来，大家共同解决。(F-H-3)

由此可见，任教高三年级的教师虽然有应试教育高考的压力，但是教师在教研活动中却更具有问题导向、主题意识，不论是听评课活动还是集体备课活动，都是重点针对教学问题来开展，因此教师对待教研活动的态度相对比较积极。而任教高一和高二年级的教师，参与听评课活动更多的是表现自己的优势或模仿借鉴学习别人的优势,因此问题意识、研究意识不够,态度也不够积极主动。

(八)任教不同类型学校的教师听评课现状差异分析

分别以听评课目的、态度、内容、方式、文化、制度、组织实施七个维度平均分为因变量,以学校类型为因子进行单因素方差分析,数据分析结果见表5—31。

表5—31 教师听评课现状的学校类型因素的方差分析(ANOVA)

维度	学校类型	平方和	自由度	平均平方和	F检验	显著性
听评课目的	组间	6.913	2	3.457	13.388	0.000**
	组内	45.441	176	0.258		
听评课态度	组间	10.053	2	5.027	16.386	0.000**
	组内	53.992	176	0.307		
听评课内容	组间	14.115	2	7.058	17.696	0.000**
	组内	70.195	176	0.399		
听评课方式	组间	19.131	2	9.565	24.925	0.000**
	组内	67.544	176	0.384		
听评课文化	组间	10.883	2	5.442	11.051	0.000**
	组内	86.662	176	0.492		
听评课制度	组间	8.500	2	4.250	9.583	0.000**
	组内	78.050	176	0.443		
听评课组织实施	组间	10.979	2	5.489	17.913	0.000**
	组内	53.937	176	0.306		

由表5—31可见,任教不同类型学校的教师在听评课的目的、态度、内容、方式、文化方面都有显著差异。而且不同类型学校在听评课的制度与组织实施方面也有显著差异。因此有必要对其进行事后多重比较。

1. 任教不同类型学校的教师听评课目的差异事后多重比较

由表5—32可见，任教省级示范性高中的教师听评课目的的平均得分显著高于任教市级示范性高中和一般高中的教师。

表5—32　任教不同类型学校的教师听评课目的差异事后多重比较结果

因变量	（I）学校类型	（J）学校类型	均值差	显著性	结果
听评课目的平均分	省级示范性高中	市级示范性高中	0.42622	0.000**	①大于②且差异显著 ①大于③且差异显著
		一般高中	0.30448	0.032*	
	市级示范性高中	一般高中	-0.12174	0.644	

注：①表示省级示范性高中；②表示市级示范性高中；③表示一般高中。

2. 任教不同类型学校的教师听评课态度差异事后多重比较

由表5—33可见，任教省级示范性高中和一般高中的教师听评课态度的平均得分显著高于任教市级示范性高中的教师。

表5—33　任教不同类型学校的教师听评课态度差异事后多重比较结果

因变量	（I）学校类型	（J）学校类型	均值差	显著性	结果
听评课态度平均分	省级示范性高中	市级示范性高中	0.51483*	0.000**	①大于②且差异显著
		一般高中	0.25396	0.061	
	市级示范性高中	一般高中	-0.26087*	0.045*	②小于③且差异显著

注：①表示省级示范性高中；②表示市级示范性高中；③表示一般高中。

3. 任教不同类型学校的教师听评课内容差异事后多重比较

由表5—34可见，任教省级示范性高中的教师听评课内容的平均得分显著高于任教市级示范性高中和一般高中的教师。

表5—34　任教不同类型学校的教师听评课内容差异事后多重比较结果

因变量	(I)学校类型	(J)学校类型	均值差	显著性	结果
听评课内容平均分	省级示范性高中	市级示范性高中	0.61073	0.000**	①大于②且差异显著 ①大于③且差异显著
		一般高中	0.40331	0.009**	
	市级示范性高中	一般高中	-0.20743	0.442	

注：①表示省级示范性高中；②表示市级示范性高中；③表示一般高中。

4. 任教不同类型学校的教师听评课方式差异事后多重比较

由表5—35可见，任教省级示范性高中的教师听评课方式的平均得分显著高于任教市级示范性高中和一般高中的教师。

表5—35　任教不同类型学校的教师听评课方式差异事后多重比较结果

因变量	(I)学校类型	(J)学校类型	均值差	显著性	结果
听评课方式平均分	省级示范性高中	市级示范性高中	0.67853	0.000**	①大于②且差异显著 ①大于③且差异显著
		一般高中	0.69592	0.000**	
	市级示范性高中	一般高中	0.01739	0.999	

注：①表示省级示范性高中；②表示市级示范性高中；③表示一般高中。

5. 任教不同类型学校的教师听评课文化差异事后多重比较

由表5—36可见，任教省级示范性高中的教师听评课文化的平均得分显著高于任教市级示范性高中和一般高中的教师。

表5—36　任教不同类型学校的教师听评课文化差异事后多重比较结果

因变量	(I) 学校类型	(J) 学校类型	均值差	显著性	结果
听评课文化 平均分	省级示范性 高中	市级示范性 高中	0.52191	0.000 **	①大于②且差异显著 ①大于③且差异显著
		一般高中	0.48115	0.005 **	
	市级示范性 高中	一般高中	0.04076	0.804	

6. 不同类型学校听评课制度差异事后多重比较

由表5—37可见，省级示范性高中在听评课制度方面的平均得分显著高于市级示范性高中和一般高中。

表5—37　不同类型学校听评课制度差异事后多重比较结果

因变量	(I) 学校类型	(J) 学校类型	均值差	显著性	结果
听评课制度 平均分	省级示范性 高中	市级示范性 高中	0.43701 *	0.000 **	①大于②且差异显著 ①大于③且差异显著
		一般高中	0.51555 *	0.000 **	
	市级示范性 高中	一般高中	0.07453	0.889	

注：①表示省级示范性高中；②表示市级示范性高中；③表示一般高中。

7. 不同类型学校听评课组织实施差异事后多重比较

由表5—38可见，省级示范性高中在听评课组织实施方面的平均得分显著高于市级示范性高中和一般高中。

表 5—38　　　不同类型学校听评课组织实施差异事后多重比较结果

因变量	(I)学校类型	(J)学校类型	均值差	显著性	结果
听评课组织平均分	省级示范性高中	市级示范性高中	0.53057	0.000**	①大于②且差异显著 ①大于③且差异显著
		一般高中	0.44579	0.000**	
	市级示范性高中	一般高中	-0.08478	0.835	

注：①表示省级示范性高中；②表示市级示范性高中；③表示一般高中。

（九）不同所在地的学校听评课现状差异分析

分别以听评课的目的、态度、内容、方式、文化、制度、组织实施七个维度的平均分为因变量，以学校所在地为自变量进行独立样本 T 检验，数据分析结果见表 5—39。

表 5—39　　　教师听评课现状的学校所在地差异独立样本 T 检验结果

维度	所在地	平均分	标准差	t 值	显著性
听评课目的	市区	3.04	0.57	-0.719	0.473
	县城	3.09	0.50		
听评课态度	市区	3.74	0.64	1.704	0.090
	县城	3.59	0.54		
听评课内容	市区	2.71	0.67	-2.134	0.034*
	县城	2.93	0.69		
听评课方式	市区	2.74	0.72	-1.464	0.145
	县城	2.89	0.66		
听评课文化	市区	2.99	0.79	-0.296	0.767
	县城	3.02	0.68		
听评课制度	市区	2.14	0.66	-3.080	0.002**
	县城	2.45	0.70		
听评课的组织实施	市区	2.66	0.62	-1.955	0.052
	县城	2.84	0.58		

由表 5—39 可见，不同学校所在地的教师在听评课的内容方面存在显著差异，从均值可以看出，县城高中教师的得分显著高于市区高中教师。不同学校所在地在听评课制度方面也存在显著差异，从均值可以看出，县城高中显著高于市区高中。

四　总体结果

通过对上述听评课活动现状的差异描述和差异检验，总体来说目前普通高中化学听评课活动现状不容乐观。具体如下：

(一) 听评课活动现状差异描述的总体结果

第一，教师听评课的目的以任务、模仿取向为主，学习、研究取向为辅。

第二，教师听评课的态度缺乏良好的情感体验和积极的行为意向。

第三，教师听评课的内容主要基于主观经验或评价表，缺乏有深度的研究问题或主题。

第四，教师听评课的方式以随意漫谈式为主，缺乏系统的规划和科学的方法。

第五，学校听评课的制度以监督管理为主、保障引领为辅。

第六，学校听评课的组织实施以学校和教研组为主导、教师自主为辅。

第七，听评课的文化以个人主义和表面合作占主流，缺乏真正合作的教研文化。

(二) 听评课活动现状差异检验的总体结果

第一，不同性别的教师在听评课现状方面无显著差异。

第二，不同年龄的教师在听评课的目的、态度、内容、文化方面具有显著差异，年龄在 20—25 岁以及 50 岁以上教师更倾向于通过听评课活动开展课堂教学研究。

第三，不同教龄的教师在听评课的目的、态度、方式、文化方面具有显著差异，0—3 年和 20 年以上教龄的教师更倾向于通过听评课活动开展课堂教学研究，这与不同年龄的教师在听评课现状的差异检验方面呈现出基本一致的结果。

第四，不同职务的教师在听评课目的、文化方面具有显著差异，学校领导与教研组长较普通教师更具研究意识，行为方面更加倾向于通过听评课开展课堂教学研究。

第五，不同职称的教师在听评课的目的、方式、文化方面具有显著差异，未评职称的教师和具有高级职称的教师在听评课的目的与文化方面更倾向于课堂教学研究，而且具有高级职称的教师在听评课的方式方面更加科学。

第六，不同学历的教师在听评课的目的、态度、内容、方式、文化方面具有显著差异，研究生学历的教师在听评课的目的与态度方面平均得分显著高于本科学历的教师，而在听评课的内容、方式、文化方面具有研究生学历的教师的平均得分却显著低于本科学历的教师。

第七，不同任教年级的教师在听评课的态度、方式、文化方面具有显著差异，任教高三年级的教师在听评课态度、方式、文化方面的得分显著高于任教高一和高二年级的教师。

第八，不同类型学校的教师在听评课的目的、态度、内容、方式方面均具有显著性差异，省级示范性高中的教师在听评课的目的、态度、内容、方式、文化方面的得分均显著高于市级示范性高中的教师以及一般高中的教师，省级示范性高中在听评课的制度、文化以及组织实施方面得分也显著高于市级示范性高中和一般高中。

第九，不同学校所在地的教师在听评课的内容方面具有显著差异，县城学校的教师得分显著高于市区学校的教师，而且县城学校在听评课的制度方面也显著优于市区学校。

第二节 教师通过听评课开展课堂教学研究的问题反思

对兰州市普通高中化学教师听评课活动现状进行整体描述与分析的基础上，进一步归纳总结目前普通高中化学教师听评课活动中存在的突出问题，并探寻问题背后的根本原因具有很强的必要性。总体来说，通过调查发现当前普通高中化学教师听评课现状不容乐观，突出表现在以下两个方面。

一 教师因素

(一) 教师在观念层面没有真正意识到听评课对于课堂教学研究的意义与价值

"观念是行动的先导",普通高中化学教师对听评课活动所持有的观念会在一定程度上影响他们在听评课活动中的基本行为。然而,调研发现,教师在观念层面虽有所转变,基本不再将听评课作为评价教师及教学的手段,但教师仍然没有真正意识到听评课对于课堂教学研究的意义与价值。具体表现在:教师听评课的目的以任务、模仿取向为主,学习、研究取向为辅;听评课的态度方面缺乏良好的情感体验和积极的行为意向。接下来具体分析问题的成因。

听评课的目的体现在教师通过听评课活动合作开展课堂教学研究,以此发现课堂教学问题并分析解决问题,从而提升课堂教学质量,促进自身专业发展。但是,从问卷中对听评课的目的这个维度的调查结果来看,教师对于通过听评课活动开展课堂教学研究这一目的的取向相对比较薄弱。

由图5—3可见,在四种类型的听评课活动中,64.8%的教师更喜欢观摩型听评课活动,只有21.9%的教师喜欢研讨型听评课活动。为什么普通高中化学教师更喜欢观摩型听评课而不喜欢研讨型听评课?为什么其听评课的目的以任务、模仿取向为主,学习、研究取向为辅?究其原因,主要有以下三个方面:

第一,教师自身对于听评课活动的认识不足,导致听评课活动的目的和功能异化。调研发现,教师大都对听评课活动的认识较为肤浅,且存在偏差,如过分强调通过听评课赛课,过分推崇听课观摩,客观上反映出教师对于听评课的认识仍然停留在机械模仿、照搬所谓"先进经验"的层面上。而事实表明,这样的听评课活动对改进教师的实际教学作用微乎其微。

> 我更喜欢听优质课,这样的课水平更高,可学习的方面多,值得花费时间去听。一般性的课我觉得都没什么听的必要。(F-L-1)
> 我在日常的教学中还是不愿意别人来听课,因为总是觉得很紧

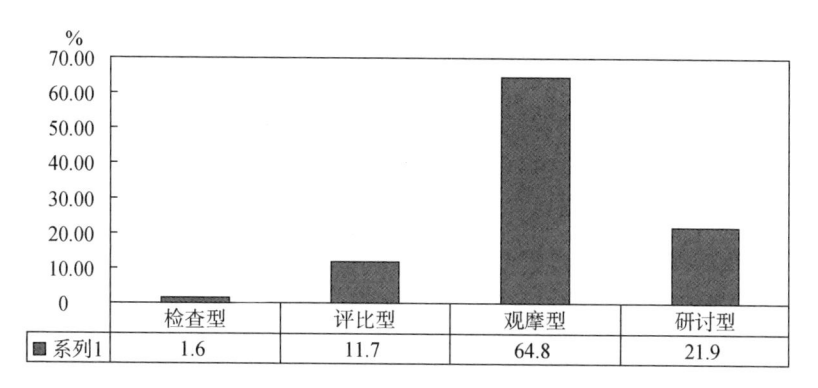

	检查型	评比型	观摩型	研讨型
系列1	1.6	11.7	64.8	21.9

图5—3 教师实际喜欢的听评课类型

张放不开。但是遇到教学比赛或者观摩,提前让别的老师听听课还是有好处的,他们能提出一些自己发现不了的问题。我2010年被学校推荐参加全市的优质课比赛,课前我们组的所有老师总共听了三次我的那堂课,从一开始的教学内容选择、教学思路设计一直到后面每一句话每一个提问都精细地抠过了,所以我到最后上比赛课的时候也比较有信心,果然得了个第一名。当时我也很高兴,也很感谢我们组的老师给我提出的好的建议和意见。(F-Z-1)

本校的课我不太愿意去听。因为大家都太熟悉了,谁的课讲得怎么样心里都有底了,没什么意义。听课要听有意义的课,对我自身来说有用的课我很愿意去听。我1999年刚调入S中学,学校派我去大连参加了一次全国高中化学优质课的观摩,到底是全国的,那时候他们的设计、理念就特别新,就是探究这方面的。我记得有一个老师讲的加碘盐中碘的测定,就是引导学生探究的,就是拿到现在来看这节课也还是不过时的,教案我现在还保存着呢。(F-H-3)

由此可见,普通高中化学教师普遍存在一种把理论转化为技术的倾向。因此在听评课的过程中,教师都愿意听"好课",关注"好课"技术层面的优势以及教师之间技术层面的互补。而对于普通的家常课或同校教师的课,他们认为缺乏相应的技术优势与价值,因此很多教师抱着完成任务的目的去听课。诚然，听评课活动中汲取别人的优势与经验固然重要，特别是年轻教师，一开始从教就是一个不断追求技术熟练的过程。但是，随着教师技术的熟练和经验的积累，在听评课活动中如果只是一味追求技术层面的借鉴模仿或学习取经，而对自身教育价值观念、教育理念缺乏深层反思、批判与重构，对于课堂教学中的实质性问题不能得以有效解决，那么课堂教学的质量和教师的专业发展都难以从根本上得到提升。而且，如果没有与技术更新相匹配的观念转变，将最终造成观念更新与技术掌握之间的割裂。

第二，普通高中化学教师的日常教学任务过于沉重是其将听评课作为一项任务来完成的重要原因。

> 学校让我们听评课的初衷是好的，目的也是让我们相互之间学习、提高。但是我们的工作任务太重了，像我带四个班，两个理科班两个文科班，一周上课都头疼死了，还要批改作业，还有班主任工作，因此有时候学校的听评课活动也就真是为了完成任务。毕竟一个人的精力是有限的，这方面投入多了，那方面肯定就会少。(F-L-2)

> 现在当老师太辛苦了，特别是我们高中老师，感觉每天有批不完的作业，处理不完的工作。遇到单元测试或月考或期中考试，就是埋头改试卷，有时候还要带回家改。你说哪里有时间和心思静下心来去听课，能完成基本任务，不让领导在大会上点名批评就是好的了。(F-S-2)

在笔者进行田野研究的过程中也确实感受到了教师们所说的问题，时间和精力不足的确是教师开展课堂教学研究最大的制约因素。普通高中化学教师工作任务重、头绪多、压力大、时间紧已成为不争的事实。笔者简要记录了教师们一天的常规工作安排，包括备课、上课、批阅作业、自习时间辅导学生、处理学生纪律问题及突发事件、接待学生家长等，有时还要参与一些与自己专业相关性不大的学习、培训、填写各类表格等，可以毫不夸张地说教师在校时间被安排得满满当当。因此，教师们对于集体备课、听评课这样的校本教研只能应付了事。

第三，学校对听评课活动的组织实施不合理也是导致教师将听课活动任务化的另一原因。

由图 5—4 可以看出，有 84.4% 的教师反映学校规定每位教师每学期的听课节数 10 节以上，甚至 15 节以上。但是由图 5—5 可以看出，只有 5.4% 的教师反映学校每学期开展集体评课的次数为 10 次以上，甚至有近 10% 的教师反映学校从不开展评课，说明学校在听评课活动的组织实施方面只关注听课环节，而忽视了评课环节。听课是评课的基础，评课才是真正对课堂教学开展研究的过程。学校层面不重视评课环节的实施与效果，致使听评课对于教学的研究价值无从体现，教师也就不会将听评课作为开展课堂教学研究的一种途径，只是作为一项任务而已。

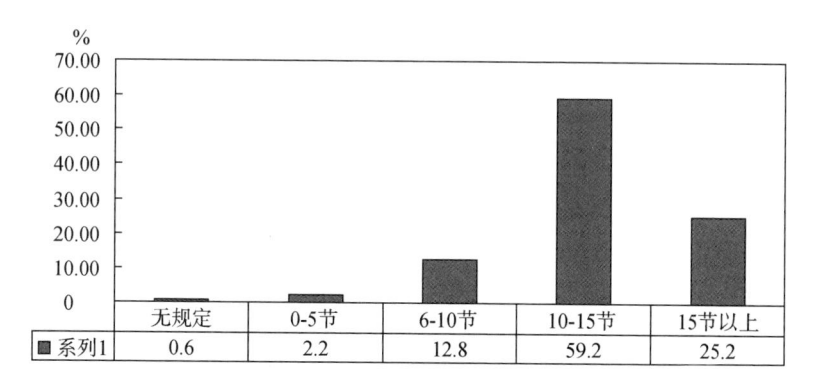

	无规定	0-5节	6-10节	10-15节	15节以上
系列1	0.6	2.2	12.8	59.2	25.2

图 5—4　学校规定每学期的听课节数

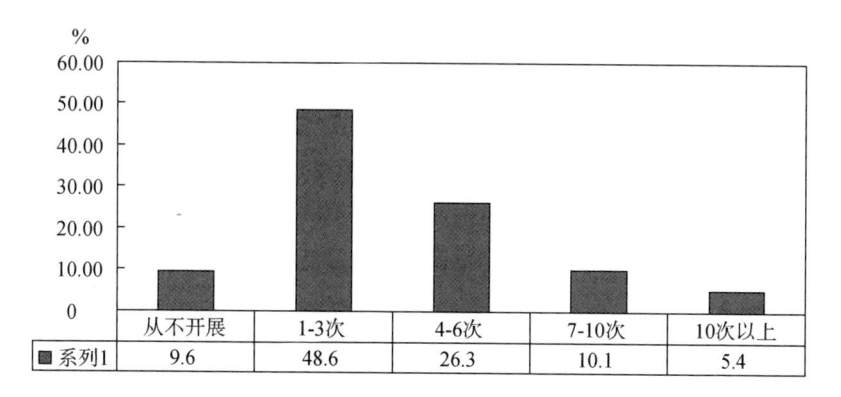

	从不开展	1-3次	4-6次	7-10次	10次以上
系列1	9.6	48.6	26.3	10.1	5.4

图 5—5　学校每学期实际开展集体评课的次数

学校只在期末检查听课笔记，对于具体过程基本不过问，只要教研组长上报我们开展过同课异构就可以了。因此，不管怎么样听课笔记是一定要写的。(F-F-3)

有时候学校领导也会来听课，但是几乎不参加评课活动。因此，听课后我们一般就是在办公室小范围地说一说、议一议。(F-Z-3)

其实这种光听课不评课的教研活动没多大意义。听了就要讲问题嘛，光听不讲问题，不但听课老师学不到什么有用的东西，就是上课老师也没有什么进步和提高。因此，现在安排谁上公开课谁就头疼，纯粹是应付学校。(F-H-2)

由此可见，学校关注更多的是教师听了多少节课，却并不重视听课后评课环节的效果，导致教师只在乎听了多少节课是否完成基本任务，而不反思听课到底有什么意义和价值。教师体会不到通过听评课活动研讨课堂教学问题并解决问题对改进教学的作用。

另外，从听评课态度维度调查结果看，普通高中化学教师对听评课活动的认知评价是正向的，很多教师都认为参与听评课活动有助于提升自己的教学水平，但教师对于听评课活动缺乏良好的情感体验和积极的行为意向。特别突出的一个问题是，很多教师都不愿意参加本校的听评课活动，不愿意别人进入自己的课堂听课。究其原因，主要有以下两个方面：

第一，教师目标取向的影响。目标取向不单是组织或引导人的行为，更给人一种信念架构去诠释和应对所遇到的事物和经验。根据凯恩和德韦克等的研究，学习目标取向可分为"以学习为本"和"以表现为本"两类。"以学习为本"的教师注重增强知识和技能，而不计较别人对自己的评价，所以不介意在学习过程中把自己的不足暴露给别人，这类教师对听评课活动较少抵触。而"以表现为本"的教师，重视他人对自己的评价，害怕暴露缺点与不足，这类教师抵触听评课活动。调研发现，普通高中化学教师在听评课活动中大都以"展示"和"表演"为目标取向，总想把自己最高的教学水平和最好的课展现给他人，而且出于功利或某种需要，往往事先刻意准备，因而所呈现的课堂教学是非常态的，有时还具有表演性质。对于某些具有挑战性和研究意义的课题，教师也不愿意主动尝试。

> 别人听我的课我不太愿意。因为我们平时上课也比较随意，没有那么多的条条框框，怎么样能把这个知识点讲清楚，怎么能让学生掌握就怎么来，主要还是应试教育，别人来听，你还得注意方方面面，所以平时还是不太愿意让别人来听。(F-H-2)

> 别人来听课总要准备准备，就像家里来客人，即使不大鱼大肉地招待，也要有几个拿手菜，所以别人来听课还是比较费时间精力，甚至会影响正常教学。(F-L-3)

> 我们的教学工作主要是家常课和公开课，平时我们会按照自己的思路上课，有领导或其他老师来听课时，我们就要刻意准备，否则领导会说你教学不认真，没有创新，没有体现新课程理念。包括我们写教案，应付领导检查的是一份，自己上课用的是一份，因此，现在觉得教学越教越累。(F-C-2)

> 其实公开课就是表演给别人看，实效性值得怀疑，我们一般上完公开课怕学生没有真正消化吸收还要再按照家常课的上法上一遍。(F-G-2)

由此可见，教师不愿意别人进入自己的课堂听课主要是认为别人来听课就要展示自己最好的一面，真实的家常课是"拿不出手"的，不能让别人随意来听的。并且访谈中教师普遍认为别人来听课自己要刻意准备，否则不能展示自己的教学优势。而刻意准备公开课必然要花费大量的时间和精力，因此教师们不愿意被听课。如果要参加教学比赛，教师还是愿意别的教师为其精心打造。总之，教师的功利主义和作秀倾向比较严重，由此也影响了其听评课的态度。

第二，听评课活动本身的实效性问题。调研发现，教师大都认同听评课活动本身的积极作用，认为参与听评课活动能够提升自己的教学水平，但却不愿意参与本校的听评课活动，认为本校的听评课活动没有"意义"，不能学到"有用"的东西。其实，所谓的"意义"和"有用"，一方面是上述提到的技术层面的优势，另一方面则是学科教学问题的解决。由于本校的听评课缺乏实效性，教师体验不到听评课对教学以及自身专业发展带来的效益，因此教师从态度层面不愿意参加本校的听评课，也不愿意让别人进入自己的课堂听课。

> 我愿意去听校外的公开课，人家都是经过精心准备的，我们听了之后也能从中获益。我们学校每个化学教师的课其实大家都已经心中有数了，现在还让每个人每学期都上公开课，我觉得就是浪费时间，没什么听头。（F-L-2）
>
> 其实学校的听课活动我还是愿意参加，毕竟我是年轻教师，听其他老师的课可以从中学到很多有用的东西，在我自己的课堂上也能用。但是评课活动我就不愿意参加，每个人都不说自己的真实看法，都是在相互吹捧或说一些面子话，这对我们年轻教师来说没有任何意义，反而觉得别扭。如果老教师们能客观地指出我们课堂教学中问题，那我肯定愿意被评课。（F-F-3）
>
> 我希望评课能真正解决我们教学中存在的问题。比如新课程倡导课程资源的开发，其实我们一线老师都不知道到底如何开发？开发哪些资源？有时候我就在想，专家评课时能不能就一节具体的课说一说到底应该开发哪些课程资源，如何开发课程资源，这样我们心里就有底了。（F-SJ-2）
>
> 现在学校领导都是看学生成绩，每学期期中、期末老师和学生都要根据成绩排名，高考完了又要根据成绩排名，你说通过听评课能提高学生成绩的话，那我们肯定也爱听。关键是听完之后不能提高学生成绩，还得靠自己扎扎实实地做题训练提高成绩，因此很多老师对听课也就无所谓了。特别是高三的老师，学校都不要求参加常规的教研组活动。（F-H-3）

其实不论是在省级示范性高中还是一般高中，不论是有经验的年长教师还是初入职的年轻教师，在日常教学中都存在这样或那样的问题。特别是第八次普通高中新课程改革之后，教师在化学学科体系、学科价值以及具体学科知识的教学策略与方法方面存在的问题都是非常突出的，但这些问题在本校的听评课活动中又不能得到有效解决。因此，很多教师体验不到听评课活动给他们带来教学质量的改善和自身专业的发展与提升，从而导致教师对听评课活动越来越没有积极的行为意向。总之，教师对待听评课活动的态度主要取决于听评课活动的实效性。对于教师来说，有意义的听评课都非常愿意参加，而且也能够提升自己的教学水平。另外，目前听评课活动实效性不强的深层原因是教师对于听评课活动没有成熟的技术路线、没有科学的课堂研究程序与模式。

（二）教师在操作层面不会通过听评课开展课堂教学研究

调研发现，大部分教师在观念层面没有真正意识到听评课对于课堂教学研究的意义与价值，而有些教师虽然在观念层面认识到了，但是在实践操作层面也不会通过听评课开展课堂教学研究，主要表现为：普通高中化学教师听评课的内容主要还是依据教师自身的经验进行主观评价或者采用学校统一制定的课堂教学评价表进行所谓的客观评价，听评课过程缺乏问题导向和深入系统的学科教学问题研究；听评课的方式以随意漫谈式为主，缺乏系统的规划和科学的方法。

从调研的情况来看，教师听课时习惯于关注课堂教学的各个方面，即对一堂课进行"全科式诊断"。因此，评课时提不出值得研讨的问题和相应的客观依据，只能是想到什么说什么，用一些传统的空话和套话进行评课，缺乏对课堂教学本质问题的深入分析。以下是两位教师的评课内容：

> 这堂课总体来说比较成功，王老师教态自然大方，教学语言准确，声音洪亮，教学基本功扎实。教学思路也比较清晰，条理层次清楚。另外，教学目标明确，教学内容方面重点难点突出，课堂习题的难度适中。美中不足的一点是课堂互动太少。（P-S-2）

这样的评课内容不胜枚举。虽然在一定程度上给予授课教师肯定与赞扬，但这只是大而空的表面应付，没有深入到课堂教学问题的实质，难以与教师产生共鸣。其实授课教师辛辛苦苦准备了一堂课，他更想得到的是有针对性的具体课堂教学问题的发现，透过教师的课堂教学行为表现深入分析行为背后深层次的原因，并找到问题解决的方法与策略，也就是说评课过程能够围绕教师在课堂教学中直观暴露出来的问题，促使教师和评课人对课堂教学进行深入思考，从而对问题有更为深刻的认识，找到解决问题的方法。但是上述评课却无法达到这样的效果。

> 化学键这节课是高中化学教学中的一个重点也是一个难点，王老师今天这节课总体来说上得不错，知识体系清晰完整，教学方法和策略也比较得当。但是，我认为有些内容处理得还是不够符合学生的实际情况。如果我上这节课，钠与氯气反应的实验我就不演示了，没那个必要，学生已经对这个实验很熟悉了……另外，我认为电子式也没有必要在这节课去教，这样难度太大，学生根本掌握不了……（P-L-2）

这样的评课貌似深入到了课堂教学以及学科教学问题中，但这只是听课教师自己的主观偏见，缺乏客观证据与分析，体现的完全是听课教师自己的教学观念，而不是对授课教师教学行为及问题的客观诊断与评价。因此，这样的评课内容授课教师在观念上是不会认同的，行为层面就更不会有所改进。其实，听评课活动的实效性怎么样，不在于评课教师评了什么或说了什么，关键在于授课教师认同了什么，接受了什么，在他后续的教学实践中实际做了什么。

从学校课堂教学评估表来看，评估表的内容虽十分全面，但各项评价指标较为笼统，在具体操作上没有明确的要求，缺乏针对性。而且在田野研究中发现，听评课时如果关注的内容过于宽泛，就很有可能拘泥于一些明显的细节问题，而难以聚焦于某一个或某几个评价指标，难以发现深层次的教学问题。如表5—40所示是一所高中的听评课评价表，教师听课后从以下10个方面进行打分，最后得出一个总的评分。

表5—40　　　　　＊＊中学课堂教学评价指标

评价项目	评价要点	得分（每项满分均为10分）
教学目标	符合课程标准和学生实际程度	
教学情感	投入、奉献、关爱、尊重程度	

续表

评价项目	评价要点	得分（每项满分均为10分）
教学过程	完整、严谨、学生主体参与程度	
教学内容	全面、科学、重难点突出、突破程度	
教学手段	恰当、自如、创新程度	
教学能力	解决问题、组织教学、调动学生的能力	
教学氛围	宽松、和谐、融洽程度	
教学设计	学习环境的创设、学习资源的处理	
教学效果	目标的实现程度、师生精神状态	
教学特色	突出的教学效果、教学设计 个性化的教学模式、教学探索	

该校化学教师对课堂评价表的看法：

> 学校要求我们所听的每节课都必须用这个统一的评价表，填完了还要统一上交教务处。其实我们都是应付着呢！只要证明我们听课了就行，谁会客观公正地去评价啊，那样给这个打分高给那个打分低，肯定会得罪人嘛！（F-Z-2）
>
> 现在用这个打分表比以前轻松多了，听课的时候随便打一打交上就行了。以前听完课还要写听课记录，包括听课内容以及评语，要写一整页，要不写少了交上去被领导看见不好。这些其实都是额外的工作量，谁会真正用心去对待啊？关键还是要把学生教出成绩来。（F-S-2）

由此可见，课堂评价表并没有起到实质性作用，很多教师都是抱着应付学校检查的态度去随意画"√"或打分，并没有客观公正地认真评价课堂。而且调研中发现，很多学校制定的评价表指标笼统宽泛，不具有可操作性，即使教师认真评价了一堂课，对于教师自身来说也不会有专业水平的提高或课堂教学质量的提升。

专业听评课追求课堂教学质量的提升、教师专业水平的提高，那么真正制约课堂教学质量和教师专业发展的因素是什么呢？笔者深深感受到在高中化学教师的课堂教学中存在着各种各样的问题，如果这些问题不能从根本上得以有效解决，何谈课堂教学质量的提升和教师专业水平的发展？为什么教师在听评课活动中不能有效地解决课堂教学中存在的问题呢？

究其原因，一方面是教师反思课堂教学问题的意识与能力不足，认识不到制约课堂教学质量提升的学科教学问题。迈克·富兰说："问题是我们的朋友……回避真正的问题是有成效的变革的敌人。因为我们必须面对这些问题并取得成效。"发现问题有利于认识不足并加以改进，暴露问题、认识问题、研究问题能提高教师发现问题、理解问题、应对问题和解决问题的能力。

> 平时感觉自己的教学中存在的问题挺多的，很多内容都不好教，但是让我把问题具体讲出来，我还真不知道怎么说。(B–YP–2)

> 其实我们本校范围内的听课评课，即使大家能说出一些问题也是皮毛的问题，水平都差不多嘛，能看出个什么根本性问题呢？有时候专家来听课，就能说一些比较深入的教学问题。有一次田家炳项目组来了一位专家到我们学校听课评课，我当时讲的是元素化合物中的非金属元素的性质，讲完之后人家就说我是按照老教材的体系照本宣科，完全背离了新课程对元素化合物知识的教学理念和目标，而且说了一些理由和依据，也给我做了一定的指导。当时我觉得人家说得确实也有道理。但是专家走了之后，我在具体操作的时候还是觉得挺难的，说实话还是按照我自己的思路在教。(B–L–2)

> 通过听评课发现并解决课堂教学问题对于我们来说还是有困难。一个是我们去听别人的课，即使你发现了他的问题在评课的时候给他说了，那他愿不愿意接受是一回事。而且有些问题即使发现了也不是那么好解决的，其实有些问题是大家都困惑的问题，我们的听评课活动根本解决不了。还有别人听我的课，发现了我的问题，他不一定给我如实地说，而且即使说了有些问题同样也不是那么好解决的。(F–SP–3)

由此可见，教师在日常教学中缺乏反思课堂教学问题的意识与能力，因此在听评课过程中关注的内容往往是随意盲目的，只能是完成任务走走过场。而有些教师即使具有反思问题的意识，往往也是一种散点式的反思，并非系统深入的问题或专题研究。

另一方面是学校的听评课活动组织不科学不合理，不能有效调动教师反思课堂教学问题的积极性，不能给予教师足够的时间和空间去反思课堂教学。

由图5—6可以看出，学校实际开展的听评课活动大都集中在评比型和观摩型这两类，而研讨型听评课只有27.9%。学校层面不鼓励教师通过听评课开展课堂教学研究，研讨型的听评课活动少之又少，教师层面就更加不会积极主动地通过听评课活动开展课堂教学研究。

很多学校在听课之前只是通知本次听课的内容，哪一章哪一节，几乎没有哪所学校会以研讨专题或主题的形式通知教师，并在听课前引导教师做相关准备，听课时应该重点关注什么内容，评课时重点解决什么问题。

> 听课前没啥可准备的，同学科的课大家一般都比较熟悉，其他学科的课也就是看看老师的教学方法、课堂气氛等等，知识层面的东西不太了解，因此也就关注的少。(F-YP-3)

> 刚开始听课就跟学生一样地在听，其实我也不知道我去了课堂要听什么，就是老师讲什么我就听什么。后来我发现自己提前备课了的话就有准备了，听课的时候我主要看他比我讲的好在什么地方，这个我一定要把它记下来，然后在自己的课堂上运用。总之就是学习他的长处，记录他讲得比较好的方面。(F-H-3)

可想而知，这种没有任何准备的听评课，它的实效性会体现在哪里？教师之间何谈合作？听评课的内容如何具有针对性？课堂教学问题如何被发现？听评课对于课堂教学质量提高与教师专业发展的提升从何而谈？实践表明，这样的听评课活动多了，只会增加教师对于听评课活动的无效感和厌倦感。

教师听评课的方式与内容是具有相关性的，关注什么内容就相应地会运用什么方式，这在七个维度的相关性分析中有所体现。调研发现，

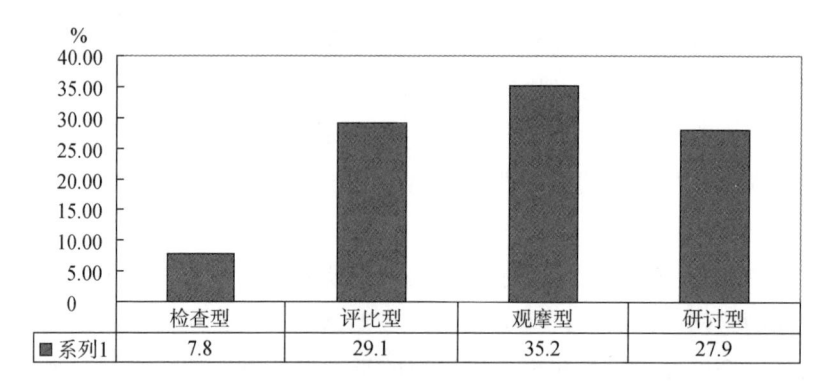

	检查型	评比型	观摩型	研讨型
系列1	7.8	29.1	35.2	27.9

图5—6　学校实际开展听评课的类型

教师听评课的方式以随意漫谈式为主，整个过程缺乏系统的规划和科学的方法。具体来讲教师是带着了解和学习的想法去看别人怎样上课，没有一定的主题和问题或比较具体的目标指向，只是全面记录整个教学过程，评课时给予授课教师一个综合性的笼统评价。究其原因，主要有以下几个方面：

首先，教师多年形成的听评课惯习所致。教师处在社会以及学校场域之中，他的观念和行为方式必然会受到学校制度与文化的影响，而且这种影响有时对教师来说是根深蒂固的，也就是布迪厄所说的惯习，虽有一定的稳定性但却可以置换，然而置换的难度非常大。因为惯习一旦形成再发生改变，需要克服很多的惰性和困难。正如调研中发现，教师已经适应了教学实践工作者这一角色，还不适应教学研究者这一角色，对自己做研究的基础与能力缺乏自信。而且很多教师已经习惯了用已有的模式和不变的套路给学生传授固定的知识和技能，习惯于依据自己多年积累的经验解决教育教学中出现的问题。在教师的观念以及行为方式中，听评课活动就应该是谁听谁的，然后各自发表意见。现在让教师围绕教学中的问题通过听评课活动开展教学研究，他们多少会产生不适感，很多老师也认为不太现实，难度很大。

我当了三十多年的老师了，听评课一直就是大家各自去听课，然后在一起讨论讨论，还能有什么新的花样？（F－YL－3）

我们好像已经习惯了听课时谁听谁的，评课时谁说谁的。像你所说的这些主题也好、问题也罢，这都需要老师在一起搞呢。你说谁有那个闲工夫专门搞这些啊，领导一天关注的就是学生的安全不要出问题，最后高考的时候分配的基本任务和指标能完成，这就够了。(F-SJ-3)

主题式研讨的听评课有一定的科学性和合理性。但是我觉得在我们学校行不通。首先主题确定不下来，你有你的想法，我有我的想法，很难统一。另一个即使围绕大家共同关注的问题确定了主题，没有专业人员的引导还是不能从根子上解决问题，就像萝卜炒萝卜，最后还是萝卜。(F-H-3)

其实我们听评课主要还是你所说的随意漫谈式，主题式的教研活动我们也搞过，但是没啥效果和意义。因为每次活动前首先必须商讨主题，这样就要把组里的所有的老师召集到一起，还要占用大家的时间。有些老师对这个不感兴趣，领导不在他就不参加了，有些老师因为班主任工作或其他事务确实抽不开身，因此每次也就那么几个人。另外课前商讨的主题其实在课后评课时又偏离主题了，大家还是谁说谁的，好像这个主题有跟没有都一样。(F-W-2)

问题研讨式我很喜欢，在参加教师培训的时候专家们采用的就是问题研讨式，我认为在专家的指导与带领下，通过研讨能真正解决我们教学实践中的问题。但是在我们学校的日常教研活动中搞不起来。一是没专家引领，光靠我们自己恐怕研讨不出个啥；二是没有那个气氛，像我们教研组的老师，其实还是各干各的，好像也没有充裕的时间让我们专门研讨。(F-SP-2)

由此可见，教师在观念层面比较认同问题研讨式和主题讨论式这样的专业听评课方式，但是在实际操作层面，由于多年的惯习以及其他一些客观原因，他们觉得这样的听评课方式有难度或行不通。

其次，教师没有学习过专业的听评课理论与课堂研究理论，不会通过听评课活动开展课堂教学研究。其实在听评课活动中，教师作为实践者，不缺乏教育实践的经验与问题，而缺乏提炼归纳优秀经验、发现课堂教学问题和解决问题的方法。美国学者格朗兰德认为评价活动的本质可以简单地用公式表示，即评价＝测量（量的记述）或非测量（质的记述）＋价值判断，也就是说评价是在量或质的记述的基础之上进行价值判断的活动。所以，可靠的评价信息是评价中最重要的要素之一，离开评价信息，描述和判断将成为无本之木、无源之水。而要收集到评价信息，使其符合真实而可靠的标准，评价者必须熟练掌握收集评价信息的工具与方法。但在研究中发现，很多一线教育管理者和教师往往容易产生错觉，认为评课是一种普通而简单的活动，无需特定的技术与方法，这是一个致命的认识误区。由于缺乏多种有效方法的综合运用，缺乏对课堂教学客观、精准的描述，导致中小学评课活动沦为一种无结构的教学观察与评价，削弱了其实效性。另外，在对听评课活动的观察以及与教师的访谈中，笔者发现在具体的评课操作中，大量存在着凭印象和经验的做法，中小学评课活动的技术含量较低，无论是评课工具的开发与运用，还是评课方法的选择与使用，都是低水平的。因此，要想引导普通高中化学教师通过听评课活动开展课堂教学研究，那么就要首先在理论层面引导他们学习反思问题、确定主题、观察课堂、记录信息和寻找证据的方法等。只有先进的、科学的理论和方法作指导，才能保证教师课堂教学研究的深入和有效，否则只能是形式主义或适得其反。

二　学校因素

（一）学校在制度层面缺乏对教师通过听评课开展课堂教学研究的保障引领

听评课活动的制度是影响听评课活动有效开展的保障因素。虽然国家没有明确的听评课制度，但是当前在中小学内部却已形成了较为详细的听评课制度，用以规范和保障听评课活动的顺利实施。专业的听评课活动必须有专业的听评课制度来保障和引领，否则只能成为教师的负担。但目前，普通高中的听评课制度更多的是对教师的管理和监督，而不是保障和引领，这对教师开展课堂教学研究的指导性和支持性不足。以下是一所样本校教研制度中对听评课的相关规定：

> 各备课组在集体备课的基础上积极开展听评课活动。原则上要求集体备课每周一次，活动时间、地点由教务处统一安排，由教务

处工作人员负责考勤,每周有效活动一次,给备课组长计发20元。每位教师每学期必须开展一次公开教学,参加听课活动不少于15次,年终将听课记录纳入考评范围。(D-Z-3)

《S中学关于进一步加强各类公开课、示范课、评优课、说课、听课和评课环节的指导意见(修订稿)》中对听评课的组织与实施有这样的规定:

说课、听课、评课由教研组长负责召集本教研组教师集体进行,各年级和教研组领导列席,应参加教师和领导无故缺席和迟到的,按学校有关规定处罚。说课人是承担各类公开课的教师,说课应该在正式授课前两天进行,评课应该在公开课当天进行,必要时成立由骨干教师、专家和领导组成的评委会进行打分。其他教师参与说课、评课的情况记入本人业务考核范围。(D-Z-3)

由此可见,学校虽然出台了一些听评课的制度,刚性地规定集体备课是一种常规,公开教学每人每学期必须开展一次,参加听评课活动的次数要达到一定的量,但这些制度并没有起到应有的作用,不仅学校不能有效开展教学研究工作,而且教师在低效重复的校本教研活动中失去了信心与兴趣,使校本教研落入俗套。究其原因主要有以下几个方面:

第一,学校层面对听评课活动的认识与定位不准,导致在制定听评课制度时的关注点发生了错位。

其实也没有什么制度,就是领导制定要求、我们争取达到呗!说起来一个学期听15次课也不算多,应该能听够,但是听了也没啥用,听完就听完了。如果说改进的话,我认为还是领导应该加强对评课环节的重视。(F-Z-3)

由此可见,学校制定的听评课制度更为关注教师是否参与了听评课活动,或者听了多少节课?而对于教师是否愿意主动参与听评课活动?听评课后教学是否有所改进?专业能力是否有所提升?却几乎无人问津。

事实上，不管是集体备课，还是公开教学或听评课活动，都是学校开展校本教研的有效途径，问题的关键不在于学校是否开展了这些活动，教师是否参与了活动，而是如何有效地开展这些活动，使教师能够真正受益。

第二，学校对教师的评价导向失范，导致听评课制度形式化。在我国，一直以来学校评价教师基本都是重结果轻过程。校长眼中的优秀教师就是能教出好成绩的教师。因此在对教师进行评价时，依据的指标大都是考试排名、升学率。在这样一种量化评价和终结性评价的导向下，学校从制度层面管理评价听评课活动也就是量的考核，检查听评课笔记，规定听评课次数等，而不注重活动质量的引导与保障。

> 平时学校的公开课要求没课的老师都去听，虽然不会一一点名，但是教务处或中心教研室的人还是会查，如果不到就会在年终考核的时候扣分。（F-YP-3）
>
> 学校从来不会认为哪位老师教学教得好是因为他积极参与听评课活动。学校只会看哪个老师教的学生考得好，上重点线和二本线的人数多，哪个老师就是好老师。（F-F-2）
>
> 按照学校的规定，中心教研室的人检查的时候人在课堂听课就行，每一学期结束的时候能按照要求上交听评课笔记就完成任务了，就不会再扣发奖金。（F-C-3）
>
> 学校会邀请专家来做高考相关的讲座或研讨会，但是从来不会请专家来给我们讲如何听课评课。也很少让我们去发达的城市一流的学校观摩听课，其实这是非常好的学习机会。（F-L-3）

第三，学校对听评课制度的建设不健全，落实不到位。访谈中，教师们认为学校听评课制度最突出的问题就是"布置多、落实少"，表现为一些制度没有得到很好的贯彻执行，导致听评课活动未能按照应然状态开展，未能充分发挥其应有的功能与作用。同时，对听评课制度落实不到位，也间接反映出学校并不真正重视听评课活动，导致教师将其视为任务，以应付检查为主。

由图5—7可以看出，近50%的教师反映学校基本不开展评课，只有

30%多的教师反映学校会在听课后马上进行评课，或在听课当天的空闲时间评课。由此可见，学校在制度中明确对评课作了相关的规定与要求，但在实际执行中却并不真正重视，这样也会使教师产生应付了事、完成任务的心理。

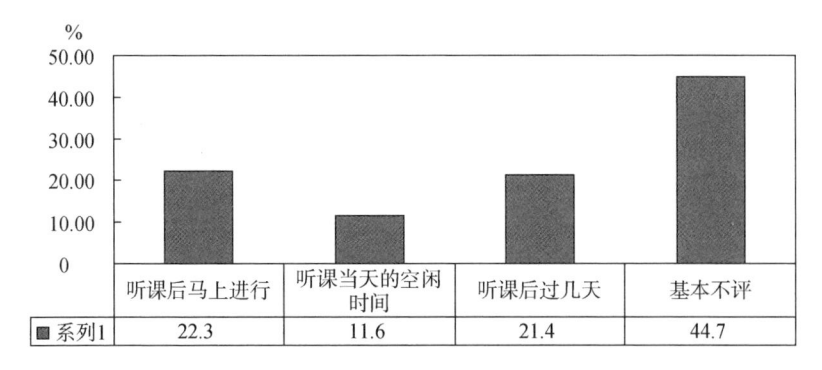

	听课后马上进行	听课当天的空闲时间	听课后过几天	基本不评
系列1	22.3	11.6	21.4	44.7

图5—7 学校实际开展评课的情况

（二）学校在组织实施层面忽视教师个人的主观能动性和个体差异性

随着课程改革的深入推进，人们越来越清楚地认识到，教师专业发展必须逐步由外控走向自主，从制度保障走向主体自为。听评课活动作为促进教师专业发展的有效途径，也应该从外在制度或标准的规定走向教师内在知识与能力的需求。但目前普通高中化学教师听评课活动的组织与实施还停留在学校和教研组硬性规定和统一组织的层面，教师自主自发组织实施的听评课活动非常有限。究其原因，主要有以下两个方面：

一方面教师所处的外在环境。任何事物的发展都离不开两个关键因素：自身及周围环境。虽然在一般意义上，教师的专业成长主要是个体行为，但是教师要真正超越自我，就离不开教师间的协作、学校的支持。在现行的教育体系中，教师合作组织主要有教研组、学校、继续教育机构和非政府的协会等形式。教研组是我国学校集教学、科研、管理于一体的教师基层组织,是教师间进行协作和提升教师智慧的非行政性团体。[①] 教研组帮助教师提高业务水平的过程就是教师专业发展的历程,其活动形式主要有听课、评课、研讨、讲座等。然而,在调研中发现,教研组却并没有真正起到应有的作用。教研组长的地位比较尴尬,虽然这个角色还存在,但其在听评课活动中发挥的作用主要就是负责通知和组织人员,上传下达,忠实地执行学校的相关规定,缺乏应有的专业引领。平时的教研活动几乎没有真正开展,即使学校规定的必须开展的教研活动,也是临时上轿,做做样子,只要时间一到,仓促收场。久而久之,教研组长缺乏威信和应有的向心力,号召力不强,学校的教研氛围也日趋淡化。而学校层面,大都只是在开学初制定相关的教研计划,对听评课活动作一些总体性的布置和安排,很少考虑如何变革听评课活动的内容与形式,更没有在物质层面提供保障、精神层面提供支持,使教师乐于参与听评课活动。因此,在这样一种大环境下,教师的专业自主性就很难实现。

> 学校会针对如何提升高考质量和成绩专门召开研讨会,而且所有的学校领导和教研组长都会出席。但是老师教学中的个人的问题那就只有老师你个人去解决了,学校没有那个闲工夫和时间去管你。(F-Y-3)

> 教师之间自发开展听评课关键是要能提高教学效率呢!光是你听我的我听你的这么随便听一听是没什么意义的。现在学校领导都是看学生成绩,每学期期中、期末老师和学生都要根据成绩排名,高考完了又要根据成绩排名,你说通过听评课能提高学生成绩的话,那我们肯定也爱听。关键是听完之后不能提高学生成绩,还得靠自己扎扎实实地做题训练提高成绩,因此很多老师对听课也就无所谓了。特别是高三的老师,学校都不要求参加常规的教研组活动。(F-H-3)

[①] 牟映雪:《教研组协作文化构建与教师专业发展》,《课程·教材·教法》2006年第9期。

由此可见，学校层面更为关注的还是学生的成绩，特别是升学率，这是影响学校声誉和校长政绩的关键。但是对于教师个人的专业发展，学校却没有从根本上重视，有些学校的管理者可能还没有意识到教师的专业素质是影响教育质量的根本原因。因此，抓成绩提质量，首要的是抓教师的专业素质提升。

另一方面是教师的内在需求。辩证唯物主义认为，事物的内因是决定事物发展方向的决定性因素。教师个体的主观能动性在教师的专业成长中起着决定性作用。听评课作为一种教师集体的自主实践学习和研究活动，教师的主动意识、合作意识、问题意识、对话意识等在这个过程中起着非常重要的作用。但调研发现，普通高中化学教师普遍缺乏这样的意识。长期以来，教师只是被动接受上级领导或教育理论的指导，成为上级领导指示或教育理论知识的实施者，并按照上级领导的要求或运用所学的理论来改变自己的教育教学实践。

> 我们的主要工作就是上好课，尽量完成领导规定的任务和指标，该拿的工资拿上就行了。（F-L-3）
> 教学的事情还是按照领导规定的思路走比较好，这样不担风险，出了问题也有校长或年级组长在前面扛着呢。学校也让教师自己探索适合自己的课堂教学模式，但是谁敢拿学生的命运开玩笑啊？万一尝试不成功，学生成绩受影响，这个责任谁也担不起。（F-S-3）

由此可见，教师的自我主体意识淡薄，即使一些教师具有主体意识，也是表现为他律性的主体意识，而不是自主、自觉的主体性。因此，没有教师的主动参与和自主发展，就不会有教师真正的专业提升。苏霍姆林斯基说过，教师从事研究"能从根本上改变教师对自己工作的看法。学校生活中一些不良现象之所以在一些地方蔓延滋生，就是因为那里的教师没有看出教育现象的生机蓬勃的生命力，没有感到自己是教育现象的创造者"。因此，在听评课活动开展过程中，教师的主体意识非常重要，只有教师自觉承担起信息收集、实践比照、反思提高、探索创新的责任，积极主动地参与到听评课活动中来，主动与同事交流、切磋、研讨,这样才能最终达成对研究问题的共识,并产生积极的行为反应。

(三)个人主义和表面合作的文化不利于教师通过听评课开展课堂教学研究

佐藤学在《静悄悄的革命》一书中指出,(学校改革)最为重要并且是中心的课题,是围绕创造性教学和教研制度形成作为专家的教师们之间互相培养的"合作性同事"之间的关系。这种关系一日不形成,学校的改革就一日不能成功。其实,个体对于某种文化来说永远是后来者,只能适应且慢慢被同化,处于某种教研文化中的教师亦然。研究意义上的听评课活动需要建立一个专业的合作组织。这种合作组织所开展的工作不仅是一种科学意义和专业层面的观察研究,也是一种社会学意义上的人与人之间的合作、交往与对话。因此,对于专业的听评课活动来说,培育真正合作的优秀教研文化,不仅是为了满足其科学属性,也是其社会属性的必然要求。① 在调研中发现,普通高中化学教师在听评课活动中仍然以个人主义、表面合作的文化为主,缺乏真正合作的文化。究其原因,主要有以下几个方面:

首先,传统听评课的目的取向阻碍了教师之间的合作。传统意义上的听评课,听课教师与授课教师之间是"评价"与"被评价"、"考核"与"被考核"的主客体关系,这种地位的严重不平等直接导致教师之间拒绝合作或合而不作的现象,主要表现在:在听评课之前,听课教师与授课教师之间缺乏有效沟通,只凭自己主观的一套评价标准来听评课,听评课的目的在于单向考核而非合作研究;在听评课过程中,听课教师主要关注授课教师单方的行为,而对学生的有效学习、课堂文化的生成等方面关注较少,评课时缺乏有证据的观点,致使评课结果往往只是一个无法解释的分数,提出的意见也大多不被授课教师所接受,甚至会引起授课教师对听评课活动的抵触和排斥,更不用说起到改善教学现状、促进教师专业发展的作用。②

---

① 张爱军:《课堂观察之于教师研究:价值、困境与对策》,《教育理论与实践》2011年第29期。

② 付黎黎:《听评课:指向合作的课堂观察》,《教育科学研究》2010年第2期。

其次，教师的陈腐观念影响真正合作文化的形成。受传统文化的影响，教师长于内省，习惯于在实践中独自摸索。在这种思维方式的影响下，教师普遍缺乏公开自我、聆听和借鉴他人意见的习惯和能力。他们不愿意参与教研活动，更不愿意将所得所失"公之于众"，即使被迫参与教研，也是一种缺乏内驱力的被动反思。另外，由于人情和面子等传统文化心理的巨大影响，常常导致评课中"媚俗"现象突出，即分析评价环节的盲从与虚假。而且，一旦过于讲人情、顾面子，评价就会失去科学性和正直性，使"反思"走向孤独，"互动"沦为盲从。教师评课就是需要打破那些"不想在同事面前暴露自己的弱点，又不愿意自己的工作方式被别人指手画脚；我不会对别人的事说长道短，也不希望别人来干涉我的工作"这种传统的封闭心理状态，它致力于让所有教师都开放教室、观摩教学、直面问题、坦诚批评、共同商议、谋求创新，从而实现共同成长。

再次，教师的专业能力和研究方法制约教师之间开展真正的合作。教师对于听评课和课堂教学研究的理论只是掌握一些皮毛，对其实质性内容理解不深、把握不透，知其然而不知其所以然。虽然同事同伴在听评课时也有合作与交流，但往往自说自话，无法形成一种深度交往对话的态势。具体表现在：听课前没有目标，没有分工，评课时根据各自发现的问题，仁者见仁、智者见智，你提重难点的把握问题，我提教学结构问题，他提板书问题、教学语言问题、知识的科学性和准确性问题、教学环节问题、教学方式问题、作业设计问题……观点倒是很多，看似讨论热烈，但实际却停留在极其肤浅的层面，评课一结束，大家四散而去，没有给后续的教学留下太多的思考和借鉴。

最后，教师日常的工作方式不利于教师之间开展合作。一方面前文已有论述，普通高中化学教师的日常工作繁忙杂乱，缺乏合作的时间与空间。另一方面是教师的流动问题，尤其是研究意识与能力较强的骨干教师的流动性很大，不利于在学校内部形成骨干引领的合作研究。

总体来看，目前普通高中化学教师听评课的现状不容乐观，普遍存在的问题主要涉及两个方面：一是学校在制度层面对教师通过听评课开展课堂教学研究的引领与支持不够，导致教师听评课的目的以任务、模仿取向为主，而以学习、研究取向为辅，在组织实施层面没有充分调动教师的主观能动性，顾及教师的个体差异性；二是教师在实践操作层面不会通过听评课开展课堂教学研究，以至于教师自身体验不到听评课对课堂教学改进以及自身专业发展提升带来的实质性效益，因而在观念层面也认识不到听评课对于课堂教学研究的意义与价值。因此，在实践研究中，有必要从这两个层面的问题入手转变现状，探索教师通过听评课开展课堂教学研究的路径与模式。但是，本研究不负有直接改变学校现实的研究使命，而仅仅是教师层面的微观行动研究。因此，在征得学校同意与支持的基础上，主要是从教师层面入手开展实践探索。

第 六 章

教师通过听评课开展课堂教学研究的实践探索

特里·穆尔认为理论的思考产生于实践。理论与实践是双向建构的，理论只有主动地走进和思考实践，才能充实、解释和引领实践；实践只有主动地走进和思考理论，才能改善和促进理论的发展。理论研究者到中小学开展研究，或是用自己的理论解释与建构教育的现实，或是用理论指导或改造实践，这种做法已经成为理论研究者重要的研究方式，同时也成为一种重要的理论生成方式。[1] 与此相对应，理论研究者到中小学从事研究主要有两种范式：其一是基于应然的教育，研究者带着自己对教育的不同理解和秉持的教育理念，试图对教育实践作出积极的干预和指导，或是检验自己的研究假设，并使之向着理想的方向发展。这类研究带有明确的价值预设和价值判断，强调对现实的积极干预。其二是基于实然的教育，研究者就自己关注的某一现实问题，深入中小学教学一线，从事客观的观察和记录，以期对现实做出自己的理解与解释，即通常意义上的实地调查研究。这类研究主要是基于教育现实的研究，研究者虽也有自己的价值预设，但不强调对现实的干预。前者为教育学的研究范式，后者为社会学的研究范式。[2] 本书主要采用教育学的研究范式，同时也融合了社会学的研究范式，可以说是二者的结合。在第五章有关

---

[1] 王艳霞：《教师成为研究者——基于一所中学的个案研究》，北京师范大学出版社2011年版，第142页。

[2] 齐学红：《走在回家的路上——学校生活中的个人知识》，北京师范大学出版社2005年版，第77页。

现实考察的结果中，论述了教师在通过听评课开展课堂教学研究的过程中存在的问题，同时也分析了问题背后的原因。本章将针对这些问题及原因，参考借鉴已有理论，对教师通过听评课开展课堂教学研究的实践探索过程进行论述，为下一章建构教师通过听评课开展课堂教学研究的实质性理论提供丰富的素材与有益的借鉴。

研究者的行动研究不仅把属于实践者的行动和属于专业人员的研究结合在一起，更重要的是它在研究的实施者、研究的过程等方面切实地形成了理论与实践、行动与研究的结合。并且，研究本身具有系统探究和建构知识两方面的含义，行动研究使理论与实践相结合，不仅是理论研究者为实践者带来了理论，而且包含着实践者再建构理论的意义，进而提升自己的经验。本书中的行动研究是指在教师层面引领教师通过听评课发现课堂教学中的微观问题并分析解决问题，进而探索出一条教师自身通过听评课开展课堂教学研究的有效路径与模式，并且能够为教师所在的学校提供一定的帮助，力所能及地回应或解决他们在实践中遇到的问题，使他们体验到课堂教学研究带来的效益，认识到听评课对于课堂教学研究的意义与价值，同时，在操作层面能掌握通过听评课开展课堂教学研究的理论与方法。因此，我们不负有直接改变学校现实的研究使命，而仅仅是从教师层面开展微观的行动研究。在行动研究的具体内容与开展过程方面，借鉴"勒温模式"中发现问题、制定方案、执行计划、材料整理、行动反思的基本程序实施研究。鉴于两所个案学校的文化背景不同，教师所面临的问题也不尽相同，因此笔者首先选择了办学历史较长、教学水平较高以及科研成果较为丰富的 Y 中学开展行动研究，而后进入 S 中学开展行动研究。限于篇幅，本部分没有呈现整个行动研究过程，而是在 Y 中学与 S 中学的行动研究中各选一个案例进行分析。在行文方面，从背景与问题、准备与计划、实施与行动、反思与评价四个方面展开论述。同时，为了体现探索性，突出对行动过程的呈现与反思。在具体的研究方法方面，主要采用观察法和访谈法收集资料，通过内容分析法处理资料。

第一节 基于 Y 中学的实践案例:《盐类的水解》课堂教学研究

一 背景与问题

进入 Y 中学,笔者感受了具有百年历史的陇原名校的文化底蕴,领略了省级示范性高中教师课堂教学的优势与风采。同时也体会到与高校截然不同的时空观念。高校教师可以就某个理论问题沉思或讨论一节课甚至更久,有相当多的时间是教师自己支配的。然而,在 Y 中学由于高考和其他竞争压力较大,教师的时间大多不属于自己,从他们进入校门起,每一个时间单位都被各种各样的具体工作占据。如果高校教师的时间是用天计算的,那么高中教师的时间就是用分、秒计算的。或者说高中教师的时间是被一节节课程、一个个教学事件和一次次的活动占据着的,教师湮没在琐碎的事务性工作中。正如布迪厄所说,场域是客观关系的系统,也是社会制度的产物,同时又体现在事物中,或体现在具有类似于物理对象那样的现实性机制中。[①] 因此,在学校场域中,想要在普遍关注考试成绩和升学率的应试教育大背景下,带领高中教师开展课堂教学研究实属不易。以下是笔者刚进入 Y 中学一周所写的研究日志:

> 在 Y 中学我觉得自己就像一个"多余人",化学教研组的各位老师都是那么的忙,从进入办公室开始,不是匆匆去上课,就是埋头批阅作业,不是去班级看学生,就是去参加学校或市里的一些活动或会议。我虽然可以自由地进出每间教室听每位老师的课(他们大都不排斥我进入他们的课堂),但是我却不能就他们的课堂教学与他们进行深入的交流,不能为他们带来有益的帮助。今天 P 老师上完《化学平衡》第一课时,我很想就自己想到的一些问题与她沟通交流,但是学校又派她去参加市教科所组织的新课改研讨会。哎,看来我只能见缝插针了!

[①] [法]皮埃尔·布迪厄、[美]华康德:《实践与反思——反思社会学导引》,李猛、李康译,中央编译出版社1998年版,第171页。

在学校场域中，作为实践者的教师，其实践活动并非随心所欲的，而是受制于学校场域所形成的惯习。在布迪厄看来，惯习是一种社会化了的主观性，它与场域之间是一种双向模糊的关系，是一种先于个人而存在并赋予个人以某种社会身份的文化系统和心理习惯。通过近一个月的观察，笔者发现，虽然Y中学的师资力量极为雄厚，教师大都是省级学科骨干或是从市县级其他中学选拔来的优秀教师，个人的专业素养非常过硬，课堂教学也别具特色，但是他们更喜欢自主发展，集体研讨的氛围比较平淡。平时在办公室里，笔者很少看到他们共同探讨学科教学问题。这或许是由于Y中学的教师日常工作较为繁杂，缺乏共同研讨的时间和机会。然而参加了两次Y中学的听评课教研活动后，笔者发现，在教研组活动中很多教师同样不愿意主动发言，更不用说开展深入的研讨与交流，而且有的教师甚至表现出急不可待地希望教研活动能尽快结束去干自己的事情。同时笔者也了解到，Y中学的一些年轻教师，特别是刚刚参加工作的新手教师，在课堂教学中存在很多问题，然而，他们在面对这些问题时却无能为力。加之教研组缺乏集体研讨的氛围，公开的听评课活动中熟手教师又不能从根本上帮助他们解决这些问题。基于此，新手教师和年轻教师不得不接受这样一种规约，在这种场域惯习的影响下逐渐适应现状，自己摸索、自己提升。

二 准备与计划

在前期大样本调研的基础上，笔者征得J校长的同意和支持后，和Y中学化学教研组的大部分教师进行了一对一、面对面的访谈。笔者发现，Y中学的教师在观念意识层面其实并不排斥听评课活动，也不畏惧教学研究。他们期望能够通过听评课研究并解决他们日常教学中存在的问题与困惑，帮助他们提升自己的专业能力与水平，使他们能够越教越轻松，学生越学越优秀。然而，目前学校组织的听评课活动，在他们看来只是"图形式、走过场"。

"每个备课组每学期固定的是两次公开课，年轻教师的汇报课和老教师的示范课。开展这样的活动一定程度上也是有意义的，能够促进年轻教师的成长,也能促进老教师的进一步提高。但是对于上课的人来说就是一个负担,要花大量的精力和时间去准备,而且跟表演一样讲完就不了了之了,很少有很正式的评课,只是在办公室里随便说一说就完了。而且对听课的人来说也没有什么实质性的意义,跟看表演一样,有时间了去看看,没时间了也就不去了。"(F-YL-1)

"我们现在的教学其实老教师基本靠经验,而年轻教师基本靠自己摸索。你所说的教师合作开展课堂教学研究,好像老师们没那个意识和习惯,也不知道到底怎么合作怎么研究。听评课时看似是老师们在一起合作,但事实上还是谁听谁的,谁说谁的。"(F-W-2)

鉴于以上情况,笔者决定首先向教师们征集意见,了解他们对有效开展听评课活动的真实想法和建议。

(一) 征集教师意见——理想中的听评课活动

问:"您认为学校的听评课活动应该如何开展?"

答:"每学期不要硬性规定谁必须搞公开课,谁必须要去听,我认为采取自愿比较好,谁愿意上就让谁上,谁愿意听就去听,关键是听完之后能够深入地评课,学校也应该鼓励或奖励自愿上课或听课的老师,使听评课这个活动有个良性循环。否则,就成了应付了事。"(F-YL-1)

答:"有明确的目标和针对性,不要走过场,能够有效地提高我们的教学水平和质量。"(F-C-1)

答:"对课不对人,以具体的课为例探讨改进教学的方式方法。"(F-W-1)

答:"经验丰富的教师能够针对我的课堂教学问题客观公正地给我提出改进方法和策略。"(F-YP-1)

答:"不要流于形式,听一次就扎实评一次,而且能评出一定的道理,使讲课教师和听课教师都能从中获益,真正促进课堂教学。"(F-D-1)

问:"您认为中学老师开展课堂教学研究可行吗?"

答:"理论上来说是可行的,而且也是应该的,通过研究自己的课堂教学,能够使教学越来越好。现在的校本教研制度不就是让我们研究自己的教学嘛!但是我们的时间精力非常有限,我们和你们大学老师不一样,我们的课时量你也是知道的,除了上课还要批改作业、备课、找学生谈话,还有一些学校安排的各类学习活动和会议等等,因此没有多少时间能静下心来研究教学。"(F-YL-1)

答:"可行不可行就看研究的内容是什么了。比如我们学校以老师发表了几篇论文或申请了几个课题来衡量教研工作量,这样的教研我认为就是不可行的。我们中学老师忙得很,谁有那个闲精力和功夫去搞课题写论文?而且现在发表论文要掏版面费呢,申请课题没有过硬的人际关系也通不过,搞这些的毕竟是少数人的特长。但是如果像你说的研究的是自己的课堂教学,大家在一起相互研讨改进课堂教学,我认为这样的研究就是可行的,也是值得提倡和鼓励的。但是可能实际中做起来也很难。"(F-D-1)

在与教师的交谈中笔者发现,他们的话语中有一个共同的焦点,即改进课堂教学。那么如何才能改进课堂教学?笔者认为,教师之所以关注课堂教学的改进,恰恰说明他们对自己的课堂教学不满意,存在一定的问题。其实,这不失为一个非常好的兆头,表明教师对自己的课堂教学有改进的动机和意向,这对于后续进一步开展研究是一个很好的契机。而且,在调研中笔者发现,虽然Y中学的师资力量非常雄厚,但没有一位教师会自信地认为自己的教学就是最好的或最完美的。相反,每一位教师都认为自己的教学中或多或少存在这样那样的问题。因而,要切实改进他们的教学,就必须切实解决这些问题,只有问题得以解决,教学才会真正地改进,否则只能是日复一日年复一年地原地踏步。

那么,课堂教学中到底存在哪些问题呢?教师能否自己发现课堂教学中的问题?什么问题是教师自己能够发现的?什么问题是教师自己不能发现的?发现问题后教师自己能否解决?如果自己不能解决那该怎么办?按照这样的分析思路,笔者发现,教师课堂教学中存在的问题,有些是教师自己已经意识并发现的显性问题,在这些显性问题中,有些是教师通过个人努力就能解决的简单问题,有些则是教师即使自己发现了却凭借一己之力无法有效解决的复杂问题。有些问题在这位教师看来是复杂的,而在其他教师看来却是简单的。同时,在课堂教学中还存在大量教师自己难以意识并发现的隐性问题。基于此,要切实有效地改进课堂教学,一方面要帮助教师解决他们自己已经意识并发现却无法有效解决的复杂问题,另一方面要引导教师发现并解决他们自己难以意识并发现的隐性问题。因此,这就需要专业伙伴介入课堂,引领帮助教师一起改进课堂教学,其实听评课活动的意义与价值也正体现于此。然而,传统听评课活动中,授课教师与听课教师更多关注的是课堂中的生成性问题,而对于听课前的预设性问题关注不够,因此,授课教师缺乏一定的专业自主性与主体性,往往只是充当别人批判的靶子。基于此,专业的听评课活动不能忽视教师的个人反思,换言之,要想通过听评课开展课堂教学研究,必须从教师个人反思到的预设性问题开始,这也是课堂教学研究的基础。

基于以上分析,笔者决定首先鼓励并帮助教师自我反思从而发现课堂教学中的显性问题。在该过程中,笔者发现,虽然很多教师对自己的教学有所不满,甚至抱怨抵触,但让他们清晰地表达自己课堂教学中到底存在什么问题时,很多教师却说不出明确具体的问题。以下是笔者与两位教师的对话内容:

问:"您对自己的课堂教学满意吗?"
答:"应该说是不太满意。"
问:"那您认为目前课堂教学中困扰您的最大的问题是什么?"
答:"可能是新课程理念的东西与高考应试教育之间的矛盾冲突吧!"
问:"能不能说具体一点?"
答:"新课程要求我们培养学生的能力,提升学生的素质,但是高考它不考这个东西,你说我们是按照新课程的要求去教还是按照高考的要求去教呢?"

(F-D-2)

问:"您对自己的课堂教学满意吗?"
答:"其实我自己是尽力了,但是满意还是谈不上。"

问:"您认为目前课堂教学中困扰您的最大问题是什么?"

答:"现在的学生不好教啊,骂不得打不得,管严了学生负担重,放松了成绩上不去,你就不知道到底怎么管。特别是我们当班主任的,其实大部分精力都放在学生的安全、心理教育上了,无论怎样不能出问题,出了问题谁都负不起责啊!"

问:"那在具体的某一堂课的教学中您有什么问题呢?"

答:"我觉得现在教学的关键不是教师怎么去教的问题,关键是学生怎么去学的问题。最大的问题就是好多学生的学习兴趣不浓厚,学习习惯也不好,学习方法不得窍,对学习没有劲头,老师敲打一下学一下,不敲打就不学了。"

(F‐YL‐2)

类似这样的对话举不胜举。从中不仅反映出大样本调查所呈现出来的普遍问题,即很多教师缺乏问题意识与反思意识,在日常教学中很少自觉深入地反思课堂教学,因此对自己课堂教学中存在的微观问题认识不到位,而且也反映出教师在课堂教学中的确面临着各种各样的问题。然而,由于教师缺乏一定的反思能力,因此不能具体清晰地表达自己对于问题的认识,更不用说通过课堂教学研究解决这些问题。基于这样的现状,有必要为教师提供基本的理论支持,帮助他们反思自己的课堂教学,从而发现课堂教学问题,以此作为教师课堂教学研究的起点。

(二)培训教师——如何发现课堂教学问题

基于教师缺乏反思意识与能力的现状,笔者与J校长沟通协商后,由J校长利用教研组活动时间在化学教研组开展一次《如何发现课堂教学问题》的校本专题培训。培训过程中,J校长首先从课堂的内涵入手分析了什么是课堂教学和课堂教学研究。课堂教学研究既可以是对课堂的整体研究,也可以是局部研究。由于整体研究对教师来说针对性和操作性不强,不利于发现并深入分析解决课堂中的具体问题,因此,J校长带领教师共同剖析了课堂教学的构成要素和过程环节,使教师掌握了局部分析课堂教学的两条路径:一是横向分析课堂教学中的各个要素;二是纵向分析课堂教学中的各个环节。并以《金属与氧气的反应》教学为例,引导教师解构课堂,分析课堂中存在的问题,掌握反思发现问题的方法。

最后，教师依据这两条路径反思自己日常的课堂教学，发现其中存在的问题，并按照要求上交反思结果。以下是J校长给教师呈现的反思框架，如表6—1所示。

表6—1　　　　　　　　　　教师课堂教学反思框架

	教学目标	知识线索	情景素材	教学活动	教学环境	教学评价
引入环节						
展开环节						
结束环节						

笔者发现，在该反思框架和思路的指导下，教师对自己的课堂教学有了初步认识，同时也发现了一些值得研究的问题。笔者对教师初步反思的问题作了归纳总结，如表6—2和表6—3所示。

表6—2　　　　　　　教师反思课堂教学要素方面的问题

要　素	问　题
教学目标	·每节课的三维目标有没有必要都写出来 ·是不是每堂课中都需要三维目标 ·过程与方法、情感态度价值观这两个维度的目标如何达成 ·如何判断一堂课的教学目标达成了 ·高考对过程与方法、情感态度价值观维度的目标考查很活，如何把握
教学内容（包括知识体系、情景素材、教学活动）	·新课改后元素化合物知识体系混乱，到底该如何把握 ·新教材选修中很多内容和必修重复，教学尺度该如何把握 ·新课程要求内容螺旋上升，但是教学发现效果并不好，是应该一次到位还是螺旋上升 ·很多实验课堂演示效果不好，该如何改进 ·教学中联系社会生活实际的相关素材如何收集、选择 ·教学情境的创设要花费一定的时间，到底有没有必要创设 ·新课程的教材体系很乱，如何用教材教而不是教教材 ·如何分析教学内容的学科价值与教学价值

续表

要　素	问　题
教学方法	·如何选择与教学内容适应的教学方法 ·复习课怎么上更加有效 ·新课程倡导的自主、合作、探究如何在课堂上实现 ·实验应该让学生动手做、教师演示，还是播放视频 ·传统的教学方法与新课程倡导的方法到底哪个更好 ·多媒体和传统板书，到底以哪个为主 ·如何以问题驱动教学
学生	·课堂上如何兼顾不同类型的学生，满足不同学生的需求 ·如何关注、转化学困生 ·如何指导学生进行有效的课前预习，为课堂教学做好相关准备 ·课堂上如何调动学生的学习积极性，激发学生的学习兴趣 ·如何组织学生活动有序而有效地开展 ·如何有效分析学情 ·如何对学生进行学习方法的指导
教师	·如何克服职业倦怠 ·如何处理课堂上的突发事件 ·如何增强教师的个人魅力 ·如何提高教师的教学能力
环境	·如何构建民主和谐的课堂氛围 ·如何组织保持宽严适度的课堂纪律 ·如何在课堂上建立良好的师生关系
评价	·如何判断自己的教学是有效的 ·如何科学地布置作业 ·考试题如何出 ·如何从三维目标考察学生的学习效果 ·新课程倡导的评价方式在实践中到底如何实施

表6—3　　　　　　　　教师反思课堂教学环节方面的问题

环节	问题
引入	・课堂引入的方法有几种，如何引入更有利于整堂课的开展 ・课堂引入应该用多长时间 ・有没有必要每堂课都创设情境
展开	・讲授过程中应该关注知识的系统性还是学生的接受能力 ・如何突破重点，突出难点 ・如何处理预设与生成的关系
结束	・每节课都需要总结吗 ・一节课结束时应该让老师总结还是学生总结

从表6—2、表6—3教师初步反思的问题中，笔者发现，教师在日常教学中面临着不同层次、不同角度的问题，然而由于教师平时缺乏反思课堂教学的意识与能力，因此对其认识不到、发现不了，或者即使发现了也不会深入分析与解决。笔者将这些问题整理后反馈给教师，大部分教师非常认同，而且很多教师反映，有些问题他们之前的确没有想到，但是在他们的教学中却是真实存在并困扰着他们的教学。然而从教师反思的内容来看，大都还是一些大而空的问题，没有落到具体某一节课或某个内容的教学中。因此，在后续的研究中，有必要就某一节课或某一内容的教学引导教师深入反思其中存在的具体问题，并引领他们通过听评课活动研究解决这些问题。

（三）寻找志愿者——建立课堂研究共同体

进入Y中学，虽然有J校长的鼎力支持，但开展研究还是举步维艰、困难重重。Y中学的很多教师专业自主性非常强，他们不愿意被别人打扰他们的日常工作。因此，当笔者表达想与他们合作开展课堂教学研究的想法时，他们大都持观望态度。虽然个别教师表示愿意参与，但不愿主动以自己的问题和课堂教学作为研讨对象。然而，在课堂教学研究中，主体意愿是非常重要的因素。在传统听评课中，教师处于学校行政压力之下或受其他功利性因素影响，即使他们之间有合作，也是流于形式、浮于表面的，那样的课堂教学研究必然是低效的。基于此，与J校长商议后，并没有硬性要求所有教师都参与研究，而是从寻找志愿者开始，进行小范围尝试。P老师和C老师是笔者在Y中学开展研究过程中表现比较积极的两位教师，也是笔者在Y中学第一次行动研究中的志愿者。

P老师，2007年毕业于西北师范大学，2007年9月参加工作后在一所一般高中工作，带了两年高一和一年高二，2010年9月甘肃省进入普通高中新课改时她调入Y中学，至今在Y中学已工作3年。这三年中也是两年带高一，一年带高二。2010年，她考取了西北师范大学化学教育方向在职教育硕士，笔者作为任课教师给她讲授过相关课程。

在和P老师的接触中，笔者了解到，P老师非常有上进心，平时经常自主学习理论充实自我，在实践中想方设法改进课堂教学。因此，P老师非常愿意作为志愿者参与此次研究。2012年9月，笔者深入Y中学开展研究时，P老师正在任教高二年级的化学课，她带两个理科班和一个文科班。这也是甘肃省新课改后P老师第一次教授高二化学选修内容，虽然她调入Y中学后学校给她安排了一位非常有经验的优秀教师作为她的师傅指导她，但她始终感觉选修部分的教学还是非常棘手，用她自己的话说"什么都拿不准，边学边教，现学现卖"。

C老师，2008年本科毕业于华中师范大学化学教育专业，2008年9月参加工作后一直在Y中学任教。虽然参加工作已有四个年头，但C老师还是觉得教学工作力不从心。特别是在Y中学这样一所社会关注度非常高的学校，她自身的压力也比较大。作为P老师工作中的伙伴，生活中的朋友，她也非常愿意参与此次研究。

当时，C老师正在任教高一年级的化学课，新课改以前她教过两年高一，这也是甘肃省新课改以后C老师第二次教高一化学。按照Y中学的教研计划安排，这两位年轻教师都要在本学期进行青年教师的公开课汇报。因此，初步确定由P老师和C老师以及他们两位的师傅，还有J校长和笔者六人组成研究共同体开展第一次课堂教学研究。

(四)制定初步计划——针对教师的个性化问题改进一堂课

合作伙伴确定后,接下来的问题是课堂教学研究到底研究什么?如何开展?虽然之前向教师们征集了关于如何有效开展听评课活动的意见,并引导教师初步掌握了反思课堂教学的方法,但研究究竟如何开展?P老师和C老师提议,就借助学校本学期要开展的青年教师汇报课活动。那如何将这次教研活动区别于传统的听评课活动?如何将研究过程与教师日常的教学工作有效地对接起来?使其能够切实解决年轻教师课堂教学中存在的真实问题,而不仅仅只是他们的汇报展示。

> P老师:"以前的汇报课纯粹就是展示甚至是表演,总想尽力表现自己最好的一面,搞得自己也很紧张,就怕表现不好领导找谈话。而且汇报之后其他老师也不会给你提非常有价值的意见,只是自己的师傅说一说需要改进的方面。这次能不能不要把课的性质定位成汇报课,就是一节有问题的常态课,你们好好给我指导指导,帮助解决我的问题。"
>
> C老师:"以前的听评课活动,在听课前都不会提前准备,其实很多时候我们去听课也很盲目,这次能不能提前对相关问题先议一议,让我们有准备地去听课。"

听了两位教师的建议,笔者结合课堂教学研究的基本过程(发现问题、分析问题、设计方案、实施方案、评价方案)和几位教师共同商议并制定了如表6—4所示的研究计划。该研究计划试图在体现研究基本要素的基础上,将研究过程与教师日常工作的基本环节对接起来,使教师能够转变对课堂教学研究的认识——它不是脱离日常教学的,而是基于日常教学并为了改进日常教学而开展的。

表6—4　　　　　　　基于Y中学第一次行动研究的计划

研究过程	主要工作	具体事项
发现问题	教师个人初步备课 反思课堂教学问题	授课教师基于某一节课的备课与以往的课堂教学情况,反思自己存在的问题与困惑

续表

研究过程	主要工作	具体事项
分析问题	教师集体备课	授课教师陈述问题，其他教师就授课教师的困惑与问题分析原因，初步提出解决问题的方法与策略
设计方案	教师自主备课	授课教师运用集体备课的成果设计教学方案
实施方案	开展公开教学	教师授课，其他教师听课，主要是看困惑授课教师的预设性问题是否解决，效果如何？并发现新的生成性课堂教学问题
评价方案	授课教师说课 听课教师评课	授课教师说课，自我反思问题解决的情况 听课教师依据听课内容反馈问题解决的情况，并陈述新的课堂教学问题，商议改进的策略与方法

三　实施与行动

（一）个人反思——发现课堂教学问题

个人反思发现课堂教学问题是课堂教学研究的起点。在传统听评课活动中，授课教师与听课教师只关注课堂教学过程中的生成性问题，而忽视了课堂教学前的预设性问题。其实，预设性问题在课堂教学研究中具有极为重要的作用，它既可以体现授课教师在课堂教学研究中的主体地位，又可以帮助听课教师明确听评课的目标与内容。然而，在传统听评课活动中，授课教师仅仅是展示自己的课堂教学，充当别人批判的对象，缺乏研究的自主意识与能力。另外，对预设性问题的反思与分析，还可以使参与听评课的教师有非常明确的目标指向，并且熟悉所要研究的内容，这样既可以增强研究的针对性又可以凸显其实效性。然而传统的听评课中，参与听评课的教师往往只知道授课教师是谁，但对于教学内容以及设计意图却并不知晓，因此在听课时不免带有主观随意性，评课时也不能抓住关键问题进行深入分析。基于以上考虑，笔者鼓励 P 老师自主选择自认为难度较大的一节课，并反思自己已经意识并发现的问题，以此作为本次教研活动的切入点。

通过与 P 老师沟通，笔者了解到，她目前的教学进度是选修 4《化学反应原理》（人教版）第三章第一节《弱电解质的电离》，在进行单元备课时，她认为本章第三节《盐类的水解》是自己最难把握的。新教材中这部分内容相比于旧教材而言，无论是知识体系还是内容深广度都有较大的变化。因此，她觉得这节课非常难教。基于这种情况，笔者建议她先进行个人备课，反思存在的问题，并如实记录下来，随后另选时间一起进行研讨。之后，P老师将她在个人备课中发现的问题给笔者做了反馈，主要有以下三个方面：

第一，如何跳出教材体系对教学内容重新进行合理化整合，而不是照本宣科？

第二，本节课的重点是让学生掌握记忆盐类水解的实质与规律还是建立多相平衡体系的分析思路与方法？如果是后者，应采取什么样的策略？

第三，如何把握本节课的难度？选择教材中的教学素材还是另选其他？

从以上P老师课前反思的问题可以看出，作为从来没有教过该内容的新手教师，她在选择教学内容以及确定教学思路与方法方面还是很难驾驭。或许这也是年轻教师在日常教学中普遍存在的问题。解决这些问题，一方面要基于对课程标准、教材以及学情的全面系统分析，另一方面要借鉴其他教师的优秀教学经验。因此，接下来在P老师个人备课的基础上开展集体备课，共同分析问题并探讨解决问题的策略就显得非常必要。

(二) 集体备课——分析问题寻找对策

集体备课作为校本教研的一种重要形式，强调充分利用集体智慧和力量研究解决教育教学中的问题。尤其是随着普通高中课程改革的全面推进，教学尚无现成经验可循，仅凭教师个人单兵作战很难触及改革的实质。P老师在个人反思中发现的课堂教学问题，正是她基于自己的经验与能力无法解决的，因此，通过集体备课，以期其他教师能够发挥智慧群策群力共同解决她的问题。与教研组长协商沟通后，选择周五下午第三节课进行集体备课。据笔者了解，Y中学目前也有集体备课制度，主要是任教同一年级的教师聚在一起讨论各自的教学进度或分析考试难度等，也就是说集体备课与听评课活动是脱节的，几乎没有关联性，因此教师普遍不重视集体备课活动。本次集体备课，虽然教研组长在教研组QQ群发了通知，但参与研讨的人员除研究共同体中的六位教师外，只有任教高一的两位年轻教师参与。另外，这个时间是学生的课外活动时间，教师们一般都没有课，学校也没有其他事务性安排。由此可见，教师们对集体备课活动还是缺乏积极性与主动性。表6—5中是参与此次集体备课教师的基本信息。

表6—5　　基于Y中学第一次行动研究集体备课教师基本信息

	教龄	职称	学历	任教年级	职务
J校长	32年	中教高级	本科		主管教研副校长
W老师	28年	中教高级	本科	高一	教研组长
L老师	21年	中教一级	本科	高二	高二年级备课组长
P老师	5年	中教二级	本科	高二	无
C老师	4年	中教二级	本科	高一	无
Y老师	2年	中教二级	研究生	高一	无
L老师	1年	中教二级	研究生	高一	无

首先由教研组长简要说明本次集体备课研讨活动的程序与意义，然后由P老师就自己备课中的问题与想法进行说课，接下来其他教师围绕P老师的问题发表意见与建议，最后P老师针对其他教师的意见与建议总结自己的收获。以下为集体研讨的实录与分析。

P老师：我现在的教学进度是第三章《水溶液中的离子平衡》第一节《弱电解质的电离》，接下来第二节《水的电离和溶液的酸碱性》，这两节内容都是针对水溶液中的单一平衡体系而言的，我觉得对于学生的学习来说难度不大，我的教学难度也相对较小。但是第三节《盐类的水解》研究的是水溶液中溶质与溶剂的相互作用，涉及水的电离平衡和弱电解质的电离平衡以及两者的相互作用，因此知识综合而又复杂，认识对象从单一平衡转向多个平衡体系，需要学生应用系统思维去考虑多个平衡存在时各种因素间的相互影响和相互作用，这对于学生来说面临思维上的挑战。而且该内容对学生水溶液的学习具有承前启后的作用，前面承接平衡移动原理，水溶液、弱电解质的电离等知识的学习，后面又与难溶电解质的溶解平衡、离子反应紧密相连。因此，我想本节内容对学生来说，更重要的是掌握分析水溶液中多相平衡体系的思路和方法，这样才能为后续的进一步学习打好基础，但是我总觉得自己在这方面没有一个好的思路。我在进行单元备课的时候，总觉得无法跳出教材的编排体例，只能照本宣科，但是这样我想对于学生的学习效果应该不会很理想。请各位老师给予指导与帮助。

从 P 老师的个人说课来看，她的确对本节课的内容作了深入思考。尤其是对本节课的内容特点与难点分析非常到位。同时，作为一名没有教过该内容的年轻教师，她对本节课教学中存在的问题剖析地非常具体，并且确实具有一定的研究价值。

> 教研组长：P 老师的问题提得非常好，《盐类水解》是继弱酸、弱碱及水的电离平衡体系之后的又一个电解质溶液的平衡体系，该内容的学习有利于学生形成完整的电解质溶液的平衡体系认识，是高中化学学习的难点和重点之一。我虽然教了二十多年了，但是在现在新课程的要求下关于这节内容还是有很多值得我们探索的问题。P 老师能不能将你的问题简化后条理化地表达出来？这样其他老师好有针对性地发表自己的想法、意见与建议。

教研组长及时提醒 P 老师归纳提炼自己的问题，以便为后续的研讨提供更为明确的目标。

> P 老师：由于没教过高二，因此不知道学生在学习这节内容的时候存在的认知障碍具体是什么？按照教材的编排体系讲呢还是针对学生的认知障碍对教材内容进行整合？重点应该让学生记住盐类水解的本质与规律还是使学生建立多相平衡体系的分析思路和方法？如何把握本节课的难度，选择教材上的分析材料还是另选其他？

P老师从学情分析、教学思路、教学重点、难点四个方面呈现了自己的预设性问题。

J校长：我先说吧，我认为P老师选择《盐类的水解》这堂课供大家研讨是很有意义和价值的。正如P老师所说，不光该内容本身具有很好的研究价值，而且我在多年的教学实践中，特别是在高中新课改实施的这两年中发现，学生在学习该内容时确实存在一定的认知障碍。比如，虽然学生知道溶液显酸碱性的本质是由溶液中OH^-和H^+物质的量浓度的大小决定的，但由于思维定式，学生在实际学习中却经常忽略这一点。而且学生虽然知道有些盐可以显酸碱性，却不知道显酸碱性的本质原因，不知道溶液中微粒之间是如何相互作用的。学生不明白为什么明明水解结果生成弱酸或弱碱，溶液却显碱性或酸性。学生往往认为有酸或碱的存在才使溶液显酸性或碱性。这些都会成为影响学生学习该内容的认知障碍，P老师在备课的时候一定要注意设计相关的内容来帮助学生克服并解决这些障碍。

J校长针对P老师提出的第一个问题（即学情分析），依据自己多年的教学经验给予了回应。笔者观察到其他教师也频频点头，说明其他教师的教学中可能也面临同样的问题。

L老师（P老师的师傅）：我完全赞同以上两位老师的看法。《盐类的水解》这一节内容由于知识的综合性强、原理微观抽象、分析解决相关问题不仅涉及较多的知识点，而且需要从微观、动态、平衡的视角进行高水平的思维。因此学生在遇到相关问题时往往思路不清晰、错误百出，对问题缺乏实质性的理解。因此，我认为这一节内容的备课重点是如何使学生从微观视角认识盐类水解的原因与实质。在老师引领学生分析几个代表反应后，一定要及时归纳总结分析的思路和方法，使学生建立这样的分析思路和方法。

L老师接着对P老师的第二个问题做了回应。依据该内容的知识价值与特点，为 P 老师提供了一定的教学思路。

J 校长：按照传统的教法，本节课很好上，沿着教材中的思路一步一步走下去就可以了。首先从实验中找规律，这是宏观层面的，学生很容易接受，而且让他们自己动手实验兴趣很浓厚；然后从原因分析中探究本质，这是微观的，学生接受相对有难度；最后从变化中寻求应用。这种从宏观现象到微观本质的设计思路，切入点低，符合学生的认知发展过程，有助于学生轻松接受。但问题是，本节内容的设计初衷到底是什么？学生仅仅记住盐类水解的实质与规律并能简单应用做几道题就可以了吗？我认为教材设计这节内容的目的与价值不仅仅是这样。我们应该帮助学生从微观的视角了解溶液中微粒变化的本质，进一步引导学生建立化学基本观念，也就是微粒观和平衡观，发展学生对于水溶液中物质及其反应的深层理解，为学生提供分析水溶液中微粒及微粒间相互作用的思路和方法，我认为这才是本节课教学的核心所在。

J 校长从传统的教学方法与新课程所倡导的新理念与新方法，对本节课可能的两种教学思路作了对比分析，使教师们对两种教学思路以及各自的特点有了更为深入的认识。其实，这正是集体备课的意义与价值所在。

C 老师：P 老师的问题其实是我们年轻教师的共同问题，我们确实想给学生教更好的思路和方法，但是很多时候真是力不从心。就像 P 老师说的，本节课的教学价值以及教学重点都应该放在学生对多相平衡体系的分析思路与方法的建立上，但是我们抛开传统的教学思路，真不知道还有什么好的思路和方法。

C 老师对 P 老师的问题感同身受，说明这样的问题在年轻教师的教学中确实是共性问题。

教研组长：以上各位老师都针对 P 老师的问题发表了自己的想

法与看法，通过大家的发言，我认为我们在本次研讨课中主要应该解决三个方面的问题：第一，教学内容的选择与设计。到底什么知识对于学生的发展最有用？是化学的具体知识，还是具体知识支撑的富有认识论和方法论的观念性知识？就本节课而言，盐类水解的实质、规律、盐类水解方程式的书写、影响盐类水解的因素等具体知识固然重要，但是比这些知识更上位的知识，如盐溶液中的微粒种类、来源、相互作用，再上位一点，认识水溶液中离子间相互作用的程序与方法，应该更为重要，因为这些具有广泛用途的知识，更具有迁移价值。用王磊老师的话说它们不是死知识，而是功能性的活知识。第二，学生基本化学观念的建构。高中化学新课程标准在课程目标部分明确提出了"形成有关化学科学的基本观念"的培养目标，同时建构了"知识与技能""过程与方法""情感态度与价值观"三位一体的课程目标体系。这是本次化学课程改革在理念上的重大突破，对于引导中学化学课堂教学从注重基础知识、基本技能的传授转向注重情感态度与价值观的教育具有积极的指导作用。但是在教学实践中到底该如何帮助学生形成化学科学的基本观念呢？我们都知道，化学学科的独有特点是在分子、原子水平上研究物质的组成、结构、性质和变化规律。而"盐类的水解"正是用变化的观点来研究电解质在水溶液中存在的微粒形式、这些微粒之间的相互作用以及这种相互作用发生改变时的规律，是微粒观、变化观的良好载体，是建构这两种观念的典型素材。所以，我们应该思考并尝试在本节课的设计中如何帮助学生建构这两种化学基本观念。第三，如何建构化学基本观念。刚才老师们分别谈了自己的看法，需要 P 老师在完善教案时选择性地运用。

教研组长从三个方面对 P 老师提出的问题以及其他教师针对这些问题所发表的意见与看法做了到位且具有专业水准的总结。这为 P 老师后续开展个人备课应该有很好的启发与借鉴，同时也是对本次集体备课成果的总结。

P 老师：首先感谢老师们的指点。我会在接下来的备课中融入老师们所说的这些意见和建议。

P老师到底收获了什么呢？集体备课后，笔者又与P老师作了进一步交流。以下为对话实录：

问："你觉得这样的课前研讨有用吗？"
答："实话实说，我觉得有用是有用，但还是没有我直接去听师傅的课有用。"
问："为什么？能具体说一说吗？"
答："因为师傅的课就是样板，非常具体，我一看就知道教学内容该如何删减整合，教学方法该如何选择运用。而刚才的研讨，大家只是说了一些观念和理念性的东西，没有具体的内容和方法思路，比如学生对于多相平衡体系的分析思路到底如何建立，没有说出一个所以然，我还是不知道如何教。因此，虽然从大方向方面有了一定的认识和把握，但是我认为对于我的备课和教学还是有差距的。"
问："平时你除了听师傅的课和师傅进行这样的研讨吗？"
答："很少研讨。一个是师傅比较忙，他还有学校的其他工作要做，除非我主动找他去问，他会耐心仔细地给我说。另一个我觉得师傅的课就是最好的课，每次去听师傅的课我都有恍然大悟的感觉，原来这一节课可以这么去上……"
问："今天这样的研讨活动你认为如何改进会更加有效？"
答："可能我今天把我的教案带来给大家都发一份会更好吧，这样大家说的时候就可以针对我教案中的问题给我说了，回头哪里需要如何去改我心里也会更加有数。"

由此可见，P老师还是更加注重借鉴操作层面的思路与方法，愿意直接去听"好课"，关注"好课"技术层面的优势以及教师之间技术层面的互补。诚然，在听评课活动中，汲取别人的优势与经验固然重要，特别是年轻教师，从教过程就是一个不断追求技术熟练的过程。然而，随着教师技术的熟练和经验的积累，在听评课活动中如果还只是一味追求技术层面的借鉴模仿或学习取经，而对自身教育价值观念、教育哲学理念缺乏深层次的反思、批判与重构,那么课堂教学的质量和教师的专业发展难以从根本上得到提升。而且,如果没有与技术更新相匹配的观念转变,最终将造成观念更新与技术掌握之间的割裂。

笔者对教研组长以及其他参与集体备课的教师也进行了访谈。

问:"作为教研组长,您觉得这样的集体备课有用吗?"
答:"肯定有用!以往我们的集体备课就是大家说一说教学进度以及教学计划安排,然后谁做谁的工作,互不干扰。这次集体备课首先有了可研讨的内容,不管说得怎么样,大家都有话可说了。"
问:"您觉得对教学的促进作用如何?"
答:"一次两次肯定是没有明显的效果,任何改进发展都有一个过程嘛!这一次我想小P肯定是有收获的。对我来说,我也是有收获的,通过大家的讨论可以促使我从不同角度和方向思考有关教学问题,比如《盐类的水解》这节课,以前我也是注重学生对最后结论的理解和掌握,而忽视了学生分析问题的思路和方法的建立,也就是新课程所说的建构化学基本观念,通过今天这么一讨论,这还确实需要我们好好去研究研究。"

与其他教师的对话:

问:"这样的集体备课对您有帮助吗?您下次还想参加吗?"
答:"有帮助,下次我还会参加。"
问:"能具体谈谈您的收获吗?"
答:"其他老师对P老师的问题分析得很透彻,使我认识到这节课的重点和难点,也使我知道了以后上这节课该从哪些方面改进。"
问:"如果这样的活动继续搞,您有什么意见与建议?"
答:"能不能再具体一些,针对某一个问题,通过研讨把这个问题分析得更加透彻,最好能当场解决了,能形成大家一致赞同的问题解决的方案或办法,这样或许会更有效吧。"

基于教师在集体备课后的感受与认识,笔者对此也进行了反思。虽然参与集体备课的大部分教师认为这样的课前研讨对自己有帮助，但是还存在一定的问题。主要归纳为以下几个方面：

首先，问题不聚焦。P 老师通过个人反思发现并归纳总结了四个问题，其他教师在发表意见与建议时有的说的是对这个问题的看法，有的说的是对那个问题的看法，虽然教研组长最后进行了总结，但针对每一个问题，大家并未得出一致认同的解决方法。因此 P 老师认为这样的研讨活动对她的个人备课和课堂教学帮助微乎其微。

其次，缺少具体的内容与载体。正如 P 老师所说，如果她将自己的教案带来，教师所提的意见与建议会更加有针对性。虽然这次集体备课有研讨内容，也有 P 老师自己反思发现的问题，但是研讨时没有具体的教案，其他教师发表意见时更多是从主观方面谈论对某个问题的认识，却没有针对教案中呈现出来的具体问题提出解决方法和策略。

再次，可操作性不强。由于问题不聚焦，并且没有具体的教案，教师只能从观念和理念层面各抒己见，所以提出的意见和建议对 P 老师来说不具有可操作性，用她的话说还不如直接去听师傅的课来得直接和有效。

最后，P 老师在集体备课中究竟收获了什么？虽然教研组长做了总结，但是 P 老师作为研究的主体，她到底对这些意见与建议理解了多少？吸纳了多少？能不能运用到她接下来的个人备课以及课堂教学中？这些问题还值得进一步验证。

（三）个人备课——设计教学方案

备课作为教师开展教学活动的首要环节，是保证教学质量的根本前提。集体备课是教师备课的一种形式，但它不是常规的备课形式。常规的备课形式是教师个体的独立备课，从时间和空间上说是一种自由的专业活动。教师备课的形式应以教师个体独立的常规备课为主、集体备课为辅。但集体备课作为一种补充形式，可以促进教师个体独立备课的能力发展和水平提升。本次课堂教学研究中，授课教师先进行第一次个人备课以此反思问题，然后在集体备课的基础上，整合运用集体备课的成果进行第二次个人备课，这样既可以针对授课教师的问题与困惑形成一些初步的解决策略，同时也可以使其他教师对本次课堂教学研究有更为明确的目标。以下是 P 老师在集体备课基础上第二次个人备课后形成的教学设计。

P 老师的教学设计

教学目标

知识与技能：

理解盐类水解的概念、实质和规律；

能初步根据盐的组成判断盐溶液的酸碱性；

能够书写盐类水解方程式和离子方程式。

过程与方法：

学会用科学探究的方法来研究盐类水解的问题；

通过对盐类水解本质及书写方程式的学习，师生交流，归纳讨论，提高抽象概括能力和逻辑思维能力。

情感态度与价值观：

通过探究活动体会合作交流的重要性，体验科学探究的乐趣；

学会用"宏观－微观"联系的视角分析问题，透过现象看本质，加深对微粒观的体会和理解。

教学重点：盐类水解的本质

教学难点：盐类水解实质的微观解释，离子方程式的书写

教学环节与内容	教学活动	设计意图
以 Na_2CO_3 为例引出盐的酸碱性问题。	教师创设生活情境：Na_2CO_3 被视为"纯碱"，可以用来清洗油污，却属于盐类，那它到底是显碱性还是酸性呢？	创设问题情境。引发认知冲突。导入新的课题。
认识到不同的盐溶液呈现不同的酸碱性。	学生实验：测试 7 种盐溶液的 pH 值。	学生从宏观层面认识盐溶液的酸碱性。
从生成盐的酸与碱的强弱角度对盐重新进行分类。	教师讲解：以 NaCl 的生成为例回忆酸碱中和反应的过程，得出 NaCl 属于强酸强碱盐。学生活动：依此对上述 7 种盐溶液归类。	学生建立新的分类标准，进一步建构分类观。
引出生成盐的酸和碱与盐本身所表现出来的酸碱性之间的关系。	提问：强酸强碱盐 NaCl 溶液呈中性，那么强酸弱碱盐 NH_4Cl 和强碱弱酸盐 CH_3COONa 呈什么性呢？	为后面的盐类水解的规律总结打下基础。

续表

教学环节与内容	教学活动	设计意图
深入分析盐的水解的微观过程分析，探究不同盐溶液表现不同酸碱性的原因。	回忆溶液呈现酸碱性取决于什么：H^+和OH^-的相对大小。 教师讲解：以NH_4Cl溶液为例分析其中存在哪些离子，以及离子之间的相互作用，得出H^+和OH^-的相对大小。 学生自主思考：分析CH_3COONa溶液的酸碱性和$NaCl$溶液的酸碱性。	突破学习障碍，使学生置身于微观世界，加深微观体验。帮助学生建构微粒观和平衡观。
归纳盐类水解的实质与特点，得出盐类水解的定义，总结盐类水解的规律。	提问：哪些盐能够水解？有没有规律可循？盐类水解的特点是什么？ 学生自主思考总结。 教师板书盐类水解的定义。 学生分析实验中其他4种盐溶液的酸碱性，得出盐类水解的规律。	分析具体事例的基础上归纳总结化学基本原理知识
盐类水解的符号表达（盐类水解方程式的书写）。	提问：盐类水解作为一类化学反应，我们怎么来表示这一类反应呢？也就是盐类水解方程式的书写。 讲解：以CH_3COONa为例。 追问：Na_2CO_3呢？$Al_2(SO_4)_3$呢？强调多元弱酸盐和多元弱碱盐的水解特点，总结归纳盐类水解方程式的书写规范。	学生达到"宏观－微观－符号"三重表征的结合。

通过对P老师教学设计的初步分析，笔者发现，她并没有将集体备课中其他教师提出的观点和建议融入教学设计，仍停留在传统的知识解析教学层面——就知识讲知识。为了不干扰她接下来的教学，笔者没有对此与她进行访谈。但究其原因，一方面或许是集体备课的成果操作性和针对性不强，不能给予P老师实质性的帮助。正如P老师所说，集体备课中教师们提出的观念性、理念性的建议居多，不能有效地指导她的

教学设计与实施。另一方面或许是 P 老师自己的能力所限，以及集体备课和公开教学之间的时间间隔较短，P 老师没有充足的时间去吸纳其他教师的意见与建议。

（四）公开教学——实施方案观察课堂教学

集体备课和公开教学一定要有效地对接起来，因为集体备课的成果必须通过课堂教学来检验，否则集体备课就失去了存在的意义与价值。以往的公开教学侧重展示授课教师的教学优势，参与听评课的教师或模仿、或学习、或批判性地发现问题，授课教师与听课教师不能围绕共同的目标开展课堂教学研究。针对本次公开教学，我们鼓励 P 老师主动暴露问题，作为研究共同体成员，其他教师也要善于发现问题，分析解决问题。在 Y 中学周一的常规教研组活动时间，P 老师通过公开教学实施了她的教学设计。除了参与课前集体备课研讨的教师以外，教研组的其他教师都来听课。由此可见，相比于集体备课，教师对公开课还是较为重视，也更加感兴趣。然而遗憾的是，J 校长由于其他公务未能参与此次公开教学活动。笔者记录了整个课堂的座位分布情况，如图 6—1 所示。

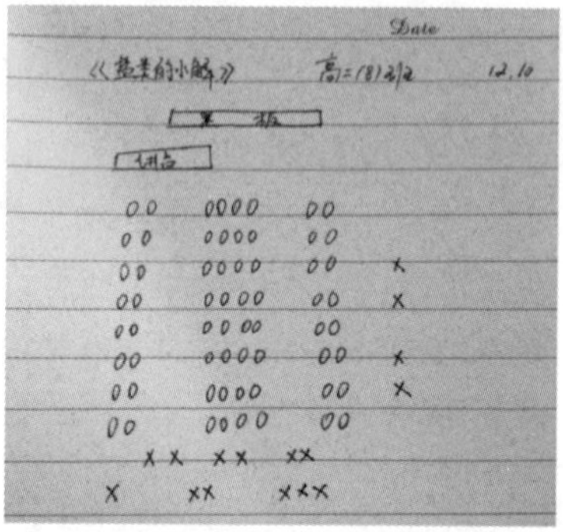

图 6—1 《盐类的水解》课堂教学座位分布图

公开教学结束后，笔者收集了教师们的课堂观察记录，任选两份之前参与过集体备课的教师的记录（如图 6—2 所示），可以发现教师们大都只是记录了 P 老师的板书或课堂教学流程，而对于课前集体备课研讨的问题在课堂教学中的解决情况以及教师发现的课堂生成性问题并没有在课堂观察记录中呈现出来。

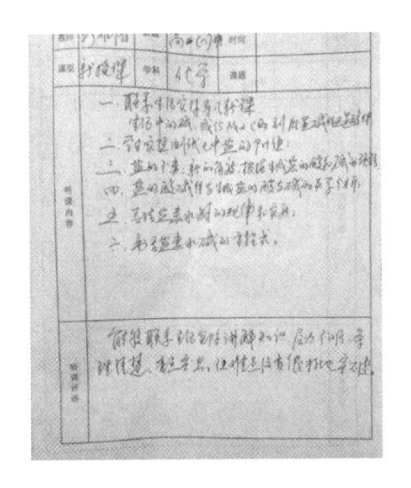

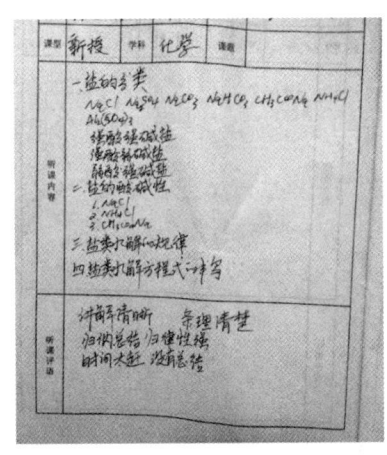

图6—2 《盐类的水解》教师听课记录

笔者对这一环节进行了反思，发现还存在以下问题：

第一，为什么去听课？本次教研活动的目的其实非常明确，就是针对 P 老师的课堂教学发现问题并分析解决问题。然而，这样的观察位置能发现课堂教学中的问题吗？这样的观察记录是针对课堂教学中的问题在记录吗？从教师的观察位置以及他们的观察记录来看，这和传统的听课并无本质性的区别。

第二，听课听什么？是按照传统的听评课带着听课记录本走进教室，想听什么听什么，看到什么是什么，还是应该有明确的目标与内容？本次教研活动中有集体备课环节，并且从活动的出发点来说，集体备课与公开教学应该环环相扣，但从课堂观察的实际情况看，教师听课的内容与集体备课研讨的内容关联性并不大。因此，在接下来的教研活动中，集体备课环节必须商讨明确的听课目标与内容，然后在公开教学环节，重点按照预定的目标与内容观察记录。

第三，怎么听课？有了明确的目标与内容，怎样获取课堂研究的第一手资料？如果在听课过程中没有对课堂教学中的问题做详细的记录，那么依据什么评课？如果仍然沿用这样的记录方式，那听课记录又有什么用呢？因此，有必要对教师进行课堂观察方面的理论培训，引导教师掌握观察与记录课堂教学问题的方法。

（五）说课评课——反思问题解决

传统的评课是在全面综合地分析课堂信息的基础上，指出教学的主要优点和不足。而专业的评课则强调集中问题与主题，超越现象，深入对话，分析本质。Y 中学的教研组活动是周一上午第一节课至第三节课连排，因此，在第一节课公开教学后，大家利用接下来的两节课进行课后研讨。与集体备课不同的是，教研组的 10 多位参与听课的教师都参与了评课。以下是评课实录和分析：

教研组长：上周五由我和其他六位老师对《盐类的水解》这一节内容作了课前分析讨论，刚才我们对 P 老师的这堂课进行了现场观摩，接下来我们先由 P 老师对自己的课堂教学进行说课，然后各位老师针对 P 老师的课前说课、课堂教学以及课后说课，对本节课中的教学问题做一些研讨。下面先请 P 老师发言。

评课之前，首先由授课教师进行说课，一方面可以突出授课教师在该过程中的主体地位，另一方面可以让听课教师站在理解、对话的层面与授课教师展开研讨。

P 老师：课前我已经对本节课的内容特点与学生学习特点做了说明，各位老师刚才也看到了我的教学设计和课堂教学，这里我主要从教学的预设与生成反思教学目标的达成情况，以及我在实际教学中感受到的问题与困惑。首先目标的达成情况不是很理想。因为是第一次上这部分内容，总想着怎么能突破教材的内容呈现方式，以一种学生更容易接受和掌握的方式来上课，可能还是由于自己能力与经验的限制吧，虽然做了一定的努力，但还是没有从根本上突破，照本宣科的意味非常浓厚，学生的学情把握不到位。具体来看，第一，学生对盐类水解的概念、实质和规律掌握较好。但是学生从微观角度分析溶液中离子种类与来源的思想与意识还不够。比如我提问"分析溶液的酸碱性，我们归根结底要分析什么离子？"时，当时课堂冷场了，我只能自问自答，使课堂能进一步继续下去。说明学生此时根本没有建立分析溶液酸碱性的思路与方法。正如课前研讨时其他老师所说，学生很多时候掌握了具体的化学知识，但却没有建立化学学科的基本观念，不会对相关的问题从化学科学的视角作分析。第二，学生对盐类水解方程式和离子方程式的书写掌握不好。课前备课的时候我就再三犹豫这部分内容到底是这节课上还是留到下节课上，最后我是参考了教师用书中的教学建议，就把这部分内容放在了本节课。但是上课过程中发现时间确实太赶了，开始这部分内容的时候离下课只有几分钟时间了，本来我是针对每一类盐都设计了练习的，但是因为时间紧张，我就只有自己讲，没有让学生练习，而且学生光是听我讲例子并总结规律，自己没有实战，真正该如何写还没底，所以我上完课才发现这部分内容就不应该加进来，特别是多元弱酸根和多元弱碱阳离子的水解方程式应该果断地放弃不讲，不能为了追求一节课内容的完整性而不考虑其实效性。接下来我说一说我在备课以及上课过程中感受到的问题与困惑，希望得到各位老师的帮助。第一，课前研讨时，各位老师就提出本节课的重点是帮助学生建立多相平衡体系的分析思路与方法，我在备课和上课时也尽力跳出传统教法中归纳总结具体知识的模式，想着尽力让学生运用之前在高一已经学习的分类法，进一步建构学生分类观。另外，在分析盐类水解的实质与原因时，我尽力让学生体会分析多相平衡体系的思路与方法，我先以 NH_4Cl 溶液为例分析其中存在哪些离子，以及离子之间的相互作用，得出 H^+ 和 OH^- 的相对大小，然后让学生整理领会这种分析思路与方法，接着运用这种思路与方法分析 CH_3COONa 溶液的酸碱性和 $NaCl$ 溶液的酸碱性。我认为这样对学生微粒观和平衡观的建立相对比较有效，但是课堂效果我发现也不是很理想，想请各位老师对此作出指导和点评。第二，盐类的水解是在学生已经具备弱电解质的电离平衡和化学平衡的理论知识的基础上提出的，当某些盐进入水中，盐电离产生的弱酸根离子或弱碱阳离子能够与 H^+ 和 OH^- 结合生成弱电解质，同时，生成的弱电解质也会发生电离，但因离子结合的趋势大于弱电解质的电离的趋势，所以主要表现为离子的水解过程。作为老师，我们都比较清楚这两个过程，但是学生搞不清楚盐类水解平衡与弱电解质的电离平衡之间的这种潜在的联系。比如，我在课堂上问到盐溶液中各种离子的多少时，学生模棱两可，不知道该如何回答。所以我想这可能也是学生学习的一个障碍，并且在很大程度上影响了他们思维的进一步发展。我该怎么突破呢？

P老师主要从预设性问题的解决即教学目标的达成和课堂生成性问题的发现两个层面对自己的课堂教学进行了深入反思。特别是针对预设性问题的解决反思，P老师能够基于自己所提出的问题从学生学的角度给出一定的依据，这说明P老师具有很强的学生意识与证据意识。但是在生成性问题的发现方面，P老师只是谈了自己的主观看法，到底存在这样的问题吗？原因是什么？P老师并没有一定的依据，只是自己的主观认识。因此，在下一轮的研究中，是否有必要给教师留出一定的空间和时间，能够针对课堂教学问题找到相应的客观依据，否则评课时只能是经验层面的就事论事。

教研组长：我首先针对P老师刚才说的两个问题谈一谈我的看法。盐类水解本来就是一个微弱的过程，而弱电解质的电离是一个更加微弱的过程，因此，学生对这两个微观过程认识一定会很模糊，老师在授课过程中如果一带而过或者模糊处理，那势必会造成学生深入认识化学过程本质的障碍。因此，我的处理方法是把这个问题直接呈现出来，不要回避也不要模糊处理，给学生呈现几组盐的水解常数和相关弱酸弱碱的电离常数，让学生自己来比较。虽然盐的水解常数不是中学阶段的内容，但是学生学习了平衡常数后对这些常数已经有所认识了，它是能够反映一个化学反应程度大小的科学依据，这样学生就会从本质上认识到多相平衡体系中的离子来源、种类以及大小。另外，P老师在课堂教学中对盐水解程度小、用可逆符号表示的理解，给学生的解释是"盐类水解的逆过程是酸碱中和，中和反应的程度很大，所以逆过程水解就肯定很小了"。这种解释还不足以说服学生的疑惑，如果拿出具体的一种盐的水解常数，学生才会真正理解掌握，认识到盐类的水解过程的微弱性。因此，如何突破抽象的微观认识障碍，使用具有学科特色的"工具"是最有利的手段。

教研组长能直接从学科知识的本质解开 P 老师的困惑。并且，教研组长能将自己的教学经验与学科理论有机地联系，既能深入问题的本质，又易于被教师接受，具有可操作性。

  L 老师：盐类水解这一节课一直以来也是咱们教学中的一个重点，高考中所占的比例也比较大，很多题目都需要盐类水解的知识。我觉得 P 老师这节课作为盐类水解的第一课时引入得非常好，学生的实验也比较到位，对整个课时的分析与处理都比较好，比如说一开始对分类法的设计（新教材对分类法要求比较高），对盐的交叉分类作了一个解释，使学生从水解的角度重新认识对盐类的分类方式。认识了这种分类方式，学生对盐溶液的酸碱性的判断也就更方便了。第二是讲述盐的水解的实质是什么，在这个过程中化学语言的表达都比较到位，我感觉学生对这一节内容掌握的应该很好。唯一欠缺的是感觉学生的活动太少，我们留给学生充分思考的时间有点少，总体来看这节内容有点多，P 老师也是有点赶，没有充分地把学生的主观性调动起来。如果老师能够更从容一些，让学生通过充分的思考，并互相探讨，自己得出有些内容的话，这堂课会更好。

L 老师由于没有参与之前的集体备课，因此他的发言针对性不强，只是从评课的一般层面泛泛而谈，比如课堂引入、教师的语言、学生的参与等方面做了一些蜻蜓点水式的评论。

  C 老师：我认为一开始的学生实验组织得非常好。咱们的学生基础好，因此 P 老师在最后对离子方程式的书写这块我觉得还是比较快。如果换到普通学校的话，可能关于离子方程式的书写这一知识点这样的处理还是值得商榷。这也是刚才 P 老师自己已经认识到的。总之，离子方程式的书写是难点，这节课中这一块还是有点薄弱。

学生的练习应该强化一些。另外，从醋酸钠的水解到碳酸钠的水解 P 老师的引导还是欠缺了一些。绝大多数程度好的学生可能比较容易理解，自己看书也就理解了，但是还有一小部分基础薄弱的学生理解还是有困难。多元弱酸的分步水解我认为在这里已经有难度了，我们是不是考虑分解难度，分几节课把它突破，或者直接把它安排在下一节课来学习，这个我觉得还需要再思考。还有些地方的语言表达还不够科学和准确。尤其是有关基本概念和理论的知识，表达不准确会给学生以后的学习造成不必要的麻烦，所以关键词上一定要运用准确。

C 老师从教学内容量的方面对该课做了评价。虽然参加了之前的集体备课，但由于她没有教过该内容，而且自身的经验也相对欠缺，因此她的评课基本停留在主观层面的泛泛而谈。

W 老师：前面老师们已经说了很多了，我这里再补充一点。P 老师在这节课中应该把强电解质和弱电解质的电离方程式的书写强调一下，强电解质全部电离，水是部分电离。这个一定要强调到，因为学生回答问题的时候只是说某一种物质能电离出什么离子，没有提到是全部电离还是部分电离。另外促进水的电离，一定是要给学生分析哪一个离子的浓度变小了，为什么变小了，然后平衡向右移动，引导学生一定要把这个过程理解清楚。另外一个就是最后水解的离子方程式的书写，讲完醋酸钠的离子方程式的书写应该给几个简单的关于离子方程式的书写的练习，碳酸根的那些复杂的应该安排到下一节课来学习。否则你一下子总结太多，学生光听了规律了，实际写的时候问题还是很多。

W 老师虽然没有参加之前的集体备课，但是 W 老师是 Y 中学教学成果非常丰硕、教学经验非常丰富的专家型教师。因此，他在评课中提出的两点建议非常具有可操作性。

L 老师（P 老师的师傅）：从我的教学经验来看，学生其实对一些盐溶液的酸碱性已经具有宏观的认识了，也就是有些盐呈酸性，有些盐呈碱性，学生都是知道的，但是不知道的是从微观角度分析盐溶液呈酸碱性的本质原因。P老师的这节课，一开始便安排学生实验，测试7种溶液的酸碱性，而且用两种方法——pH试纸和pH计来测，我做了一个统计，从实验开始到实验结束再到学生汇报实验结果总共用了将近20分钟时间。45分钟的课堂，如果不把大部分的时间用在教学难点的突破和重点的凸显方面，那么整个课堂结构是不是就会有问题。像前面老师们所说的以及P老师刚才说课时反思到的，课堂问题与活动设计很赶，没有引导学生很好地建立分析盐类水解的思路与方法，我认为根本原因还是时间的安排不合理，前面的学生活动实验建立宏观认识就没有必要花这么长的时间，7种溶液可以精简为三种具有代表性的，两种测试方法也可以精选一种，这样后面的微观实质分析就会有非常充裕的时间，也好引导学生自主建构知识和方法。

L老师非常具有研究意识与证据意识，针对前面几位教师提出的表象问题，直接指出了问题背后的根本性原因——教师课堂教学活动的时间安排不合理。而且对于该问题还呈现一定的客观依据，并进行了理性的分析。

  教研组长：盐类水解是化学理论中有特色的一节课。这节课中有两点特别突出：一个是利用了分类的思想，分类思想在新课程化学学习中是非常重要的。第二点是，虽然这一节是理论学习课，但是P老师在教学中是让学生先从感性感受盐溶液的酸碱性，在感受中再慢慢建立理性的认识，盐溶液也有酸性或碱性，建立分析盐溶液酸碱性的思路。这样的设计思路我认为很好。但存在的问题是：老师的设问或发问，思维的深度还不够，所问的问题好像只剩下让学生回答两个字，没有让学生从问题的根本上进行思考，另外一个学生活动好像都是问答式的，板演啊，讨论啊，练习啊，好像也不是灵活多样的。所以建议P老师本节课的问题与活动设计首先要聚焦关键性内容，本节课的教学中以宏观事实为引发学生思考的出发点，引导学生从水溶液中微粒及微粒间相互作用的角度进行分析，在微观分析中将学生的理解引向问题的本质——溶质对溶剂水的电离产生了影响。其中微观本质分析是关键性内容，它涉及认识的内容与方法两个方面，既有本节课的核心知识——盐类水解的微观实质，也有认识盐类水解微观实质的分析思路和方法。这两方面是一个整体，是学生实现认识和理解的关键，同时也是学生学习感觉困难的地方。为此，教学上应该突出设计两个环节，一是形成分析思路，把盐类水解概念的学习作为载体，重在引导学生在对盐类水解问题的认识与分析中形成相应的分析思路；二是应用分析思路，重在引导学生应用分析思路预测和解释相关问题，提高对盐类水解的理解，将分析思路内化，使之成为解决其他相关问题的分析工具。在这一堂课中，问题与活动设置没有很好地引导学生建构这种分析思路。其次，问题与活动设计要有一定的思维容量和开放度，不仅要激发对宏观事实的思考，而且还要渗透微观过程的分析，触及问题的本质，关注知识间的联系，P老师在这堂课中的问题很多都局限于学生回答一个问题的最后两三个字，其实学生并不是在较高认知水平上进行思考。最后是问题与活动设计要考虑给学生创造发展深层思维的学习经历，让学生参与知识的形成过程，通过过程体验总结得到一般的分析思路，运用所学知识和思路进行推理判断，基于实验验证寻求证据，注重知识的应用、总结与内化，使学生在较高认知水平上实现对知识的理解。

教研组长基于几个核心问题谈了自己的独到见解。总体来看，以上评课过程虽然有五位教师针对P老师的课发表了自己的观点，并且有些教师提出的问题确实有启发性和借鉴意义，但是整个过程其实还是一个单向的信息传递与经验分享，缺乏双向的互动交流。P老师说课结束后，只是默默地倾听或记录其他教师的观点，并没有就有关问题与其他教师展开深度研讨。作为一项研究活动，理应有更深层次的对话与互动。因此，从严格意义上说，这并没有达到课堂教学研究的应然效果。

评课后，笔者访谈了P老师：

问:"评课环节对你影响如何?"

答:"非常有用,这次老师们提的建议非常有用,我知道怎么去进一步改进我的教案了。而且我也知道了我的课堂中还存在一些我自己平时没有发现的问题,以后我一定要去改进。"

问:"你现在还想不想就该内容再上一次?"

答:"非常想,我今天下午就有另外一个班的课,我现在下去就抓紧修改教案,把老师们提的意见与建议融进去。看看下午的效果。"

问:"如果下午老师们还来听课,你愿意吗?"

答:"呵呵,可以吧!"

与其他教师的对话:

问:"今天的评课你觉得对于你来说有用吗?"

答:"有啊"

问:"能不能具体谈一谈呢?"

答:"首先是对盐类水解这一节课认识更加深刻了,通过参与课前的研讨、P老师的课堂教学以及课后的评课,使我之前对这节课存在的几个困惑与问题基本都解决了。其次是喜欢这样的评课。大家都能针对具体的问题谈自己的看法,为了让P老师的课上得更好从多方面提出改进的办法,我听了也很受启发。"

由此可见,有了具体的课例,教师们的话语明显增多。评课时教师们既有对P老师课前预设性问题的分析,还有针对P老师课堂生成问题的描述。相比集体备课的效果,评课对P老师的触动与启发更加显著。但是,明显的不足是在评课过程中仍缺乏授课教师与听评课教师就课堂教学问题开展的深度交流与对话。

四 评价与反思

此次行动研究是笔者深入Y中学所开展的第一次行动研究,从研究的准备、计划、实施到最后的评价与反思历时近一个月。虽然这次行动研究中出现了很多笔者难以驾驭和协调的问题，但是作为该行动研究中的理论指导者和实践引领者，笔者在前期大样本调研的基础上，基于Y中学的现状不断地反思，总结了本次行动研究中存在的主要问题以及今后改进的方向：

第一，在个人反思发现问题环节，应该让教师形成第一次备课的文本教案。并且在该教案中需体现教师个人反思的预设性问题，以便为后续进行的集体备课提供可研讨的目标与抓手，否则集体备课环节的研讨囿于理念层面，不能深入课堂教学实践层面探讨具体问题，并提出可操作性策略。

第二，集体备课问题不聚焦。在集体备课环节中，授课教师呈现了通过个人反思发现的问题后，其他教师有的针对这个问题发表观点，有的又针对那个问题高谈阔论，最终却没有对问题达成共识。因此，在集体备课环节，主持人要引领教师针对授课教师的个人问题依次展开研讨，使每一个问题都能达成基本的共识，并能够为授课教师所理解和接受。真正有效的教研不在于教师说了什么，关键在于授课教师认同了什么、接受了什么，在他后续的教学实践中实际做了什么。

第三，公开教学与集体备课相脱节。一方面表现在授课教师对集体备课的成果缺乏深入理解，不能有效地运用到个人备课中；另一方面表现在听课教师在课堂观察环节不能有目标、有针对性地观察集体备课中研讨过的预设性问题，仍然在盲目随意地观察课堂教学。因此，有必要对教师进行课堂观察的相关培训，使教师掌握并能够运用科学的课堂观察方法。

第四，课后说课与评课缺乏依据。研究是讲求客观依据的。在课后说课与评课环节中，教师仍然停留在传统听评课依据自身经验主观判断的层面，缺乏对课堂教学进行分析的客观依据。因此，在后续研究中，有必要寻找一种较为客观地评价课堂教学问题的解决效果的方法。

第五，评课环节缺乏教师之间的深度交流与对话。虽然在教师们看来本次活动中评课环节确实比以往更为深入扎实，但从实质来看教师们并没有围绕课堂教学问题展开深入的对话与交流，授课教师说课结束后，只有其他教师发表意见贡献经验，并没有授课教师的回应。因此后续研究中应该充分发挥授课教师的研究主体作用，而不能仅仅是默默倾听全盘接受其他教师的经验或意见。

第六，缺乏对教师优秀经验的整合与提升。本次行动研究主要基于教师的经验发现课堂教学问题并分析解决问题。但在评课环节，缺乏对教师优秀经验的归纳总结和提升。因此，有必要将经过实践检验的优秀经验进行概括和提升，升华为自觉的专业知识，并对相关素材进行整合形成研究的案例与策略。

在本次行动研究的基础上，笔者与Y中学的教师合作开展了第二次行动研究（高一必修《金属的化学性质》新授课课堂教学问题研究）和第三次行动研究（《氧化还原反应》习题课课堂教学问题研究）。《金属的化学性质》属于元素化合物知识，而元素化合物知识在本次高中新课程改革中的变化最为突出。它不仅打破原有按照知识逻辑编排的体系，而且教学重心也发生了根本性转移。因此，教师在教这部分内容时问题与困惑较多，并且之前有关这部分知识的教学经验也不再适用，集体备课时发现很多问题都是教师普遍存在的共性问题。基于此，笔者结合第一次行动研究中积累的经验，引领教师开展了一次基于元素化合物知识教学问题的主题式听评课活动。而《氧化还原反应》作为高中阶段非常重要的基本概念，很多教师在教学过程中也是困惑重重。由于篇幅所限，后两次的行动研究过程在此不作详述。但是关于主题式听评课活动，笔者会在S中学的行动研究中详细深入探讨。

第二节 基于S中学的实践案例：《化学键》课堂教学研究

一 背景与问题

3月初，春光明媚，正好是S中学开学伊始，笔者正式进入S中学开展研究。基于之前在Y中学积累的研究经验，并且获得了田家炳项目的支持，笔者对接下来的研究充满信心。主管教学的副校长带领笔者走进化学教研组，向教师们介绍了笔者的基本情况和深入S中学的目的，期望能够相互促进、共同成长。化学教研组的教师得知情况后对笔者并没有表现出反感。特别是和笔者年龄相仿的几位年轻教师，期望能够在笔者所在大学攻读在职教育硕士，因而对笔者表现出格外的友好与热情。

而另外几位年长教师，由于在其科研课题申报中得到了笔者的帮助，也与笔者建立了友好的关系。因此，在 S 中学开展行动研究，笔者整体感觉要比 Y 中学轻松顺畅。

初到 S 中学，笔者主要是听课、熟悉环境，并与教师交谈了解 S 中学的教学和教研情况。相比于 Y 中学，S 中学的整体节奏要缓慢得多。虽然教师的周课时量和 Y 中学差不多，但是很多教师在课间或学生活动时间还能结伴在体育馆打球或在操场散步。这也为笔者深入教师日常教学生活开展研究创造了良好的机会。在近一个月的听课过程中，笔者发现，S 中学的教师（尤其是年轻教师）都愿意主动地去听其他教师的课，而且笔者深入教师的课堂听课以后，他们也愿意主动询问笔者的意见并与笔者积极交流。同时，在笔者深入 S 中学近一个月的观察与访谈中切实感受到，S 中学因学校转型面临师资水平亟待提升的困境。2009 年以前，S 中学是完全中学，不论是招生人数还是教学特色与质量都以初中教育为主。现有教师队伍中，有近一半是直接从初中部跨入高中部的，还有少部分是刚入职的新手教师。因此，在这样一个师资队伍水平参差不齐的学校，引领教师开展课堂教学研究，虽不能说雪中送炭，但也恰逢其时。

笔者进入 S 中学的第二周，正好赶上高一年级周一早晨第一、二节课的常规集体备课活动。据笔者了解，高一年级共有四位化学教师，而且都是女教师，其中一位（F 老师）是刚从师范院校毕业的新手教师，两位（Z 老师和 P 老师）是刚从初中跨入高中任教的新手教师，只有一位（L 老师）是有着多年高中教学经验的熟手教师。她们普遍反映，新教材太难教了，体系乱、难度不好把握。特别是这周要新开的《化学键》，理论性强且比较抽象。三位年轻教师都打算先去听 L 老师的课，然后再自己上。笔者与三位教师稍作交流后也一同去听了 L 老师的课。由于各位教师接下来都有课，因此听课后没有进行集体评课。不过据笔者后来了解，S 中学平时很少集体评课，只有在学校每学期统一安排的公开同课异构活动后才会安排集体评课，而且在评课时，教师们也只是说些不痛不痒的溢美之词，很少针对课堂教学问题开展深入研讨。因此，笔者与她们进行了多次沟通，以进一步了解情况。

笔者：听了L老师的课对你自己上课有什么启发和帮助？你对这节课的教学有把握了吗？

P老师：L老师不愧是老教师啊，我上课就会按部就班地按教材上，人家上课经常是把课本的内容又给重整了一番，这样就更加有系统性和条理性了，学生容易记忆。新教材的内容呈现方式我上的过程中还是觉得比较凌乱分散，学生不好记忆。

Z老师：不知道L老师在其他班怎么上，今天在实验班上的这节课我觉得容量比较大，难度也有些高。我准备在第一课时我只讲化学键，电子式我不打算设计，我觉得光讲化学键学生都不一定能掌握。不过听课总归是听人家的思路，自己的课还是得自己备，还是不知道如何上啊！

F老师：我的整体感受是通过这节课的学习，学生对这部分内容能够形成比较系统完整的知识体系。不过我总觉得L老师的这堂课和我们上中学时老师的那种满堂灌没有什么区别，整堂课学生一直在记笔记或听老师讲，老师偶尔有问题让学生回答，学生却基本都没答上来，比如$AlCl_3$和NH_4Cl中的化学键，学生回答的都不是正确答案，而老师却不能对此作出学生所能理解的解释。因此，虽然教师讲的内容系统性很强，构建了很完整的知识体系，但是学生思维的主动性与参与性却没有被有效地调动起来，这样的学习，也许学生经过死记硬背后会掌握一定的知识，考试会考出较好的成绩，但是学生真正能否理解运用概念就不好说了。因此如果要按照新课程要求的理念来上这一节课，我还是不知道如何上。

笔者：那咱们一起探讨一下《化学键》这节课应该怎么上，你愿意吗？

P老师：求之不得啊！我们现在最怕的就是不知道这个新课程的课该怎么上，只要F老师你有时间愿意指导我们，我们肯定愿意参加。

Z老师：愿意！什么时候探讨？我打算这周五就要开新课，最好能快一点啊。

F老师：太好了！正好我有好多问题要请教其他老师呢！

通过与三位年轻教师沟通，笔者发现，虽然她们都去听了 L 老师的课，但是她们的收获只是 L 老师对这节课知识内容体系的归纳概括，到底这节课该如何上，特别是如何按照新课程的理念和要求去上，在教法和学法方面三位年轻教师还是比较迷茫。当笔者表达了想和她们共同探讨的意愿后，她们不约而同地表示出期待与愿意。因此，笔者打算就从《化学键》的教学入手，和高一化学备课组的四位教师共同开展在 S 中学的第一次课堂教学研究。

二 准备与计划

（一）制定方案——基于教师共性问题开展主题研究

S 中学为了提高新任高一年级教学任务的原初中教师的教学技能，强化了高一年级的集体备课活动，主要采用同课异构形式，通过同年级新老教师集体备课——同天上课——课后说课评课——写出反思报告的模式，新老教师在观念上相互碰撞，方法上相互借鉴，达到共同提高的目的。并且，学校规定本学期每个备课组必须要公开搞一次同课异构活动，邀请学校领导和其他学科教师参与，中心教研室监督执行情况。鉴于此，笔者和四位教师商议，就结合学校的教研计划制定本次课堂教学研究的具体实施方案。但是方案的具体内容该如何设计？在 Y 中学，教师大都是熟手型教师或专家型教师，只有少部分是年轻新任教师。因此，在开展课堂教学研究的过程中新教师学习借鉴老教师的经验是一条非常重要的途径。但在 S 中学，教师队伍普遍年轻化，因此，在课堂教学研究的过程中，她们就不太可能实现相互之间的经验学习与借鉴，而且她们每个人所面临的问题都有一定的共性与普遍性。因此，笔者计划先引领她们开展集体备课，找出共性问题与个性问题，然后针对共性问题查阅资料，学习相关理论，再开展个人备课。另外，通过对 Y 中学行动研究的反思，在 S 中学的研究过程中增加了收集证据的环节，通过评价学生的学习情况来评价课堂教学问题的解决效果。表 6—6 呈现的是共同商讨的研究方案。由于 L 老师的两个班进度比较快，此时她已经上完了这个内容，因此她只参与集体备课和听评课，而不上课。

表 6—6　　　　　　　　基于 S 中学第一次行动研究的计划

研究过程	主要工作	具体操作事项
发现问题	教师个人初步备课	教师在初步备课的基础上反思自己的问题
分析问题	教师集体备课 确定研究主题	教师在初步备课的基础上反思归纳总结自己的问题，明确个性问题与共性问题，针对共性问题讨论确定具体的研究主题
查阅资料	专业引领与自我学习相结合	教师在笔者的引领下查阅相关资料，寻找理论指导和备课依据
设计方案	教师自主备课	教师针对集体备课讨论的问题和理论学习的收获自己设计教学方案
实施方案	开展公开教学	教师依次授课，其他教师听课，主要是看困惑授课教师的问题是否解决、效果如何，并发现新的课堂教学问题
收集证据	课前共同设计题目，课后抽样访谈、测试学生	课前笔者与三位教师统一确定教学目标和重难点，围绕目标以及重难点设计访谈提纲与测试题目，课后抽样访谈并测试学生
评价方案	授课教师说课 听课教师评课	授课教师说课，自我反思问题解决情况；听课教师依据听课与测评结果，反馈问题解决情况，并发现新的课堂教学问题
改进行动	完善方案，提出改进策略	教师根据评课结果充实完善自己的教学设计，形成主题式研讨的成果

（二）培训教师——理念与方法并行

由于之前在 Y 中学积累了一定的经验，这次深入 S 中学开展研究，笔者对教师们在听评课以及反思课堂教学过程中存在的问题等方面有了更为清晰的认识。具体表现在：首先，她们不知道如何反思课堂教学，从哪些方面进行反思；其次，她们缺乏听评课的相关理论和方法，特别是在 Y 中学表现出的一些问题，比如课堂观察没有目标、观察记录没有重点、评课内容与观察记录没有相关性等问题在 S 中学同样存在。因此笔者利用学生体育活动时间在 S 中学开展了两次校本培训。第一次是《如何发现课堂教学问题》，培训内容与 Y 中学基本一致，在此不再赘述。第二次是《如何进行专业的听评课》。培训内容主要有以下几个方面：

一、目前听评课中存在的主要问题
二、专业听评课的概念与意义
三、听课前如何做准备
四、听课时如何观察与记录
五、听课后如何评课
六、专业听评课与课堂教学研究的关系

由于学校要求全校教师都要参加本次培训，因此当笔者进入会议室时，看到会议室中座无虚席。然而，笔者也观察到教师们似乎对这样的培训并不感兴趣，有的在阅卷，有的在聊天，还有的在四处张望准备退场。但在培训过程中，部分教师明显表现出积极态度。特别是讲到目前听评课中存在的问题，教师们深有感触，但是他们又无法自己改变这样的现状。听了笔者对专业听评课活动的解读之后，很多教师都非常认同笔者的观点，并且表示期望笔者能够在实践中结合具体的课堂教学教给他们如何听评课的实际操作方法。

"F 老师，你有时间的话欢迎来我的班上听听我的课，带我们现场感受一下专业听评课的过程。"（F-W-2）

"下一周我们组有同课异构，F 老师可不可以来给我们指导一下，让我们也按照专业听评课的方式进行同课异构。"（F-L-2）

三 实施与行动

（一）集体备课——确定研究主题

笔者发现 S 中学的集体备课与 Y 中学不同，由于很多教师是刚从初中跨入高中任教，因此教学中存在的问题大多是共性问题。比如《化学键》的教学，三位年轻教师普遍存在学情分析不到位、重难点把握不准确、缺乏有效的教学思路与策略等问题，部分之前教过高中的熟手教师由于对新课程缺乏细致深入的研究，因此对于新课程的理念和要求认识也不到位，实践操作方面更是缺乏有效的经验。基于此，针对化学键的个人备课，进一步开展集体备课，反思问题并归纳总结后确定研究主题是非常必要的。以下是集体备课的实录与分析。

P老师：化学键太难教了，教材上的内容就那么一点点，但是我看优化练习（S中学学生的课后练习资料）中的习题难度还是挺大的，而且往年的高考题中这部分内容也挺难的。而且我备课的过程中还是觉得新教材的内容呈现方式比较凌乱分散。

P老师能够基于自己的感性认识提出问题，但是明显缺乏理性的分析。

笔者：P老师能不能具体说一说您在这节课的备课中存在哪些问题？

P老师：这学期的教学内容基本概念和原理较多，总的一个体会和问题就是学生不能准确理解概念及相关知识，往往会有一些模糊甚至是错误的认识。如果直接讲概念，学生虽然能记住或会背出化学键、离子键和共价键等概念的定义，但多数学生却不能理解这些概念的实质，也不会实际运用这些知识答题。而现在高考题中基本都是对知识应用的考查。因此，基本概念到底怎么教，希望您能给予指导与帮助。

P老师对个人反思的问题有了比较明确的表述，主要是在基本概念的教学中如何转变机械记忆概念的现状，从而引导学生深入地理解和运用概念。

笔者：对，传统教学中对概念原理的教学是就概念来讲概念，逐字逐句细抠概念里面的关键字和关键词，这样只能让学生暂时认识和接受一个新概念，而不能建立新概念与已有知识的联系，以及相关未知概念或理论的发展，也就不能解决"为什么要学"和"学了做什么"的问题，只是知道了概念"是什么"。而新课程对概念原理的教学有了新的要求，即强调概念的形成和建立过程，帮助学生认识概念的来龙去脉，形成合理的理论知识结构，发展学生从化学的视角认识物质和反应的思路方法。因此，化学键作为中学阶段非常重要的一个概念，需要我们好好研究它的教学方法与策略。

通过对新课程中化学基本概念教学重点的分析，帮助 P 老师进一步明确概念教学的重点不在于记忆，而在于概念的形成、建立、运用。

Z 老师：我有两个问题想请教各位老师。第一个是教材上关于离子键是通过钠在氯气中燃烧的实验来引出的，L 老师的课上却只字未提这一个实验，我想知道 L 老师是如何取舍的？我们到底应不应该演示或播放这个实验？第二个是关于电子式，教材上只是以资料卡片的形式给出了电子式的定义，再没有过多的讲如何书写电子式，那么我们在教学中到底该如何处理这个知识点？

Z 老师结合 L 老师的课堂教学提出了两个具体且又重要的问题。

L 老师：我个人认为这个实验对于本节课难点的突破和重点的突出没什么直接影响。钠与氯气反应的宏观实验现象，对学生认识和理解化学键到底起什么作用？我想已经处于高一下学期的学生对这个反应的宏观现象已经非常熟悉了，难道只能通过这种直观的手段才能回顾其常见的化学反应？如果说是为了激发学生的兴趣，那么该反应让学生探究是否发生了？生成了什么？这些跟原子之间形成的化学键有什么直接关系？所以我在上课时没有提及这个实验。

L 老师结合自己的教学意图，从学情和教学内容的特点两个方面回应了 Z 老师的第一个问题。

P 老师：我在前面备课的时候选择了这个实验来引入整节课，我是这么考虑的，因为化学键是一个抽象的概念，我们无法直观形象地进行概念教学，而中学生的思维能力正是从形象思维到抽象思维的过渡时期，形象思维多于抽象思维，对抽象概念的学习一般离不开感性材料的支持。所以，我想首先利用钠与氯气反应生成氯化钠的直观实验让学生感知化学键的存在，然后通过由微观粒子的图示模拟变化到符号表示来学习认识化学键的形成过程，理解离子化合物和共价化合物的形成和特点，真正领悟化学键概念的含义和化学反应的实质。

P老师提出有别于L老师的想法。在集体备课中，能够针对同一个问题呈现出不同的想法，是非常具有研讨价值和意义的。

> 笔者：关于钠与氯气反应的实验到底该不该作为我们的教学内容这确实是一个值得商榷的问题，我想关键还是要看我们的学生情况。如果学生对化学键概念有自己一定的理解和认识，多数学生已经知道氯化钠的形成是钠原子失电子变成阳离子，氯原子得电子变成阴离子，然后阴阳离子结合形成氯化钠。那我们就可以大胆削减氯化钠形成过程，即离子键的讨论与分析的时间。而如果学生的思维方式还停留在具体形象思维水平，对化学键还没有一个初步的认识需要感性材料的支持，那么我们就有必要选择这个实验作为我们的教学内容。这个问题我们下来通过调查学生来决定。

笔者针对两位教师的不同想法做了进一步的总结。其实关于这个实验呈现与否的问题，关键还是要看学情。

> L老师：另外关于电子式，虽然新教材中几乎没有在正文中呈现，但是会考高考中却每年都考，让学生判断电子式的正误或者用电子式写化合物的形成过程等，因此我认为电子式是这节内容的一个重点也是难点。

L老师依据高考的要求和自己多年的经验判断重难点。

F老师：L老师的这一节课既讲化学键又讲电子式，在普通班上容量是不是有些大？我们上普通班的课到底该怎么合理安排课时？

　　L老师：关于教学内容的容量与难度问题，我是这么考虑的。因为这个班是重点班，所以根据学校领导的意思是这个班的学生就是要把内容拔高一点儿来讲，而且进度也要比其他普通班快一点，从而能够为高三复习留出更多的时间。因此本节课内容是多了点儿，但是在普通班我这一个课时只讲化学键、离子键和共价键，然后讲化合物的分类，而电子式我是不讲的。不过第二课时上完一节习题课后，从课后的作业完成情况看，学生的掌握程度还可以。

L老师结合学情解答了F老师的疑惑。总体来说，教师们在集体备课的过程中，能把学生放在第一位去考虑相关问题。

　　F老师：还有一个问题，L老师在课堂上是先讲化学键，再讲离子键，最后讲共价键。而教材中是先离子键，再共价键，最后总结化学键。到底给学生先讲哪个概念好啊？

F老师又提出关键内容呈现顺序的问题。

　　L老师：我也认为现在的教材体系太过杂乱，而且有些根本不符合学生的认知顺序。所以我根据知识的逻辑体系对每一节的内容基本都进行了二次整合，我想这样更加符合学生的认知。比如化学键这一节内容，我个人认为先让学生建立化学键这个上位概念，然后学习它的下位概念离子键和共价键，这样更加有逻辑性。不过教材中先学下位的概念，再学上位的概念，这种由分到总的思路也可以吧，就看你怎么选择。

L老师结合自己的教学过程，从概念之间关系的角度解释了打破原有的教材体系重新整合知识顺序的缘由。

　　笔者：看来化学键与离子键、共价键的教学先后顺序各位老师也存在差异，哪一种讲解顺序教学效果更好，这个问题也值得我们研究。

P老师：还有一个问题，就是有关化学键的定义表述，L老师给学生板书的定义与课本上的不同，您是怎么考虑的？

P老师又提出了概念表述的问题。

L老师：这是因为新教材和原来旧教材中的表述就不完全一样，我看了苏教和鲁教的教材，和我们现在用的人教的也不完全一样。我比较之后还是觉得苏教版的化学键概念定义的比较好，所以我给学生板书的是苏教版的教材上的概念。

L老师依据新旧教材以及现行的三套教材的不同，回应了P老师的问题。

笔者：通过之前观摩L老师的课以及三位年轻教师的个人备课与反思，引发了大家对化学键教学问题更为深入的讨论，我也从中发现了有关化学键和化学基本概念教学中的一些值得我们去研究的问题。我想就刚才的讨论和我自己的认识对大家的问题做一个总结归纳。其实从大的方面来说就是关于化学键这个内容我们到底应该教什么和怎么教的问题。因为新课程的概念教学和传统概念教学有很大差异，重点不是让老师把概念讲清楚学生记下来，而是学生如何在老师的指导下学习建构概念，因此如何基于学情帮助学生建构概念就是我们研究的重点。第一，在知识体系和呈现方面，化学键与离子键、共价键的教学先后顺序存在差异，哪一种讲解顺序教学效果更好，这个问题值得研究。另外关于基本概念的定义，到底是照搬教材上的定义还是选择其他，哪种定义表述更有利于学生对知识的理解值得我们进一步思考。第二，在教学内容和素材方面，钠与氯气反应的实验到底应不应该作为我们的素材？电子式的具体教学要求是什么？这些都是我们必须要明确的问题。第三，在教学策略与方法方面，到底应该怎么教化学键这个概念？需要我们进一步去探究。这几个基本问题可以说是大家普遍存在的共性问题，我们就将其作为一个专题进行一次主题式的研究，主题就定为《化学键有效教学的尝试》，不知你们是否赞同？

笔者对教师们的研讨内容做了记录与整理，并从三个方面作了归纳总结。即知识的体系与顺序、教学内容与素材、教学方法与策略。这三个问题其实可以归结为一个主题，即《化学键有效教学的尝试》。

四位教师对于笔者的提议表示一致赞同，同时又对主题式研究产生疑惑，不知该如何去做。从教师们反思的问题来看，化学键的教学确实是整个中学化学教学中的重点和难点。尤其是三位年轻教师，一方面由于她们之前从未教授化学键这节内容，对知识重难点和深广度的把握仍有待提升。另一方面四位教师对新课程中基本概念的教学理解不到位，比如为什么要教这一个概念？概念是怎么来的？学生应该如何去学习？学习这个概念有何意义价值？而且对于这些问题她们凭借自己的教学经验也无法共同解决。因此笔者在教师们研讨的基础上，对这些问题进行了归纳概括，确定了具体的研讨主题，随后建议教师们先查阅相关资料，通过借鉴别人的研究成果从而获得启发。

（二）查阅资料——寻找理论依据

虽然笔者建议四位教师首先查阅相关资料，但是由于教师们在日常工作中已经习惯了凭借自己的经验解决问题，或者直接去其他教师的课堂中"取经"解决问题，因而对于笔者的提议，她们认为可行性不强，并告诉笔者相关缘由：一是工作比较繁忙，根本没有时间查阅资料；二是不知道查阅什么资料，到底什么资料是有用的；三是不会查阅资料，因为平时从来没有查过，所以不知道通过什么途径去查。对此，笔者又专门针对开展研究过程中查阅资料的重要性和必要性，以及查阅资料的方法和途径给教师们做了一次小范围的培训，然后让她们自己尝试查阅。然而，由于她们进入万方或知网等这些常用的中文数据库查阅文献需要付费，而笔者工作的大学可以免费下载这些资料，加之她们初次做课堂教学研究表现出些许的不适应，因此为了研究顺利地往前推进，笔者决定自己查阅相关资料，并筛选一些有代表性和针对性的资料，分享给教师们阅读参考，具体为：杨艳红《化学键单元教学设计的认识过程与思考》、张琦《化学键概念的学生调研及策略》、相佃国《不同版本教材对教学设计的影响——化学键教学引发的思考》、相佃国《到底该怎样进行化学概念课教学——以"化学键"教学为例》、何刚《"化学键"学习方法探析》、何刚《化学键知识的教学对策》、姚淑霞《化学键概念教学的创新尝试》、陈颖《关于化学键的相异构想及其转化途径研究》。这些文章大都是一线教师发表的，理论性相对较弱而操作性较强，对于她们的问题解决极具启发性，因此，她们看完之后很想把这些文章中的思想、方法运用到自己的教学中检验是否有效。接下来就是如何用别人的研究成果指导她们自己的教学设计与实施。

（三）个人备课——运用理论设计方案

通过集体备课分析讨论问题，进而查阅资料借鉴别人的研究成果后，三位教师分别设计了自己的教学方案。在设计方案的过程中，笔者又和三位教师进行了深入交流，并了解到：教师们日常备课大都依据自己的主观判断和推测，凭借教学经验和惯性选择教学内容设计教学素材和活动。这其实是一种经验主义备课，不是带有研究性质的备课。因此，笔者建议三位教师在备课中一定要有依据，也就是要讲哪些内容、怎么讲，都要先问为什么，是因为所教的学生情况还是参考了某一个理论指导决定了这么教，或是还有其他原因？作为备课教师一定要心中有数，否则课后研讨就失去了意义。为了研究的推进，笔者以研究主题所确定的几个研究问题为维度将三位教师的教学设计作了简化和整合。

1. P 老师的教学设计

	知识线索	情景素材	教学活动
引入	为什么要学习化学键？	PPT 呈现元素周期表和美国《化学文摘》杂志目前登录的化合物种数；氯化钠与氯化氢的沸点、熔点数据。	提问：为什么 110 种元素能够形成 8000 多万种物质？而且这 8000 多万种物质的性质不同。你们想知道其中的原因吗？让我们以最熟悉的氯元素和钠元素来探究其中的奥秘吧！ 列举：氯元素和钠元素能形成哪些物质？ 比较：氯化钠与氯化氢的性质差异； 提问：为什么会有这样的差别呢？

续表

	知识线索	情景素材	教学活动
展开	结构决定性质观念的建立； 形成离子键、共价键的概念； 认识电子式； 形成化学键的概念； 离子化合物和共价化合物。	氯原子的原子结构示意图； 原子结构示意图板书氯化钠和氯化氢的形成过程； 树状分类和交叉分类图。	提问：氯原子的结构有什么特点？它怎么才能达到最外层8电子的稳定结构？ 分析：以氯化钠的形成为例分析通过得失电子达到稳定结构，以氯气的形成为例分析通过共用电子对达到稳定结构； 总结：由第一种情况引出离子键，由第二种情况引出共价键； 以氯化钠和氯化氢的微观形成过程为例，由原子结构示意图到电子式，从而引出电子式； 比较离子键和共价键，形成化学键的概念； 回忆高一上学期学习的物质分类方法与标准，引导学生从化学键的角度对物质进行分类，引出离子化合物和共价化合物。
结束	深化发展化学键本质的认识。	离子键和共价键、离子化合物和共价化合物对比列表。	教师总结本节课学习了哪些知识点； 学生完成表格； 学以致用：回到课堂一开始的问题。

2. Z老师的教学设计

	知识线索	情景素材	教学活动
引入	感知化学键。	元素周期表； PPT呈现化学键的概念。	提问：原子是如何形成物质的？ 分析：因为化学键的存在使不同原子能够结合在一起。

续表

	知识线索	情景素材	教学活动
展开	学习离子键和离子化合物以及如何用电子式表示离子化合物的形成过程； 学习共价键和共价化合物以及如何用电子式表示共价化合物的形成过程。	播放钠与氯气反应的视频； 播放用原子结构示意图动画模拟 NaCl 的形成过程； 播放视频：氯气在氢气中燃烧的视频； 播放用原子结构示意图动画模拟 HCl 的形成过程。	提问：请学生描述该反应的现象，写出相应的化学方程式，并根据钠原子和氯原子的原子结构分析，NaCl 是怎样形成的？ 讲解：教师结合动画分析其形成过程； 呈现：教师给出离子键和离子化合物的概念；用电子式表示 NaCl 的形成过程，引出电子式的概念； 提问：你认为，哪些元素可以形成离子化合物？ 练习：用电子式表示 KCl、$MgCl_2$ 的形成过程； 下面我们学习另外一种化学键： 提问：请学生描述该反应的现象，写出相应的化学方程式，并根据氢原子和氯原子的原子结构分析，HCl 是怎样形成的？ 讲解：教师结合动画分析其形成过程； 呈现：教师给出共价键和共价化合物的概念，强调共用电子对，用电子式表示 HCl 的形成过程，强调与 NaCl 的不同； 提问：哪些元素可以形成共价化合物？ 练习：用电子式表示 CO_2 和 Cl_2 的形成过程。
结束	比较离子键共价键。	PPT 呈现概念图和列表。	总结：以概念图总结化学键相关知识点； 比较：离子键和共价键。

3. F 老师的教学设计

	知识线索	情景素材	教学活动
引入	通过物质性质差异分析认识化学键。	钠与氯气、氢气与氯气反应的化学方程式；氯化钠与氯化氢的沸点、熔点数据；PPT呈现化学键的概念。	创设情境：我们已经学习过钠、氢气在一定条件下分别与氯气反应生成氯化钠与氯化氢，但氯化钠与氯化氢通常情况下却不易分解，这是为什么？而且氯化钠与氯化氢的性质有很大差异，如氯化钠在熔融状态下能导电、液态氯化氢却不具有导电性，这又是为什么？引出化学键：物质的性质差异除了与构成物质的微粒种类有关外，还与微粒之间的相互作用有关，这个相互作用就是我们今天要学习的化学键；
展开	以氧化还原知识为基础讨论离子化合物、共价化学物的形成过程，运用电子式对其进行微观表示，从而引出离子键和共价键；从物质分类的角度引出离子化合物和共价化合物。	播放用原子结构示意图动画模拟NaCl的形成过程用电子式板书NaCl的形成过程；播放用原子结构示意图动画模拟HCl的形成过程用电子式板书HCl的形成过程。	提问：依据钠原子和氯原子的原子结构以及氧化还原反应知识分析NaCl是怎样形成的？演示：先看动画演示，老师如何用电子式板演NaCl的形成过程；讲解：钠离子和氯离子之间的相互作用称作离子键；呈现：教师给出离子键的概念；迁移：依据氢原子和氯原子的原子结构以及氧化还原反应知识分析HCl是怎样形成的？将Cl原子直接替换为H原子行不行？为什么？分析：共用电子对；演示：老师用电子式板演HCl的形成过程；讲解：氢离子和氯离子之间通过共用电子对所形成的相互作用称作共价键；呈现：教师给出共价键的概念；

续表

	知识线索	情景素材	教学活动
			讲解：学了离子键和共价键，我们运用该知识对我们以前所学习的物质分类知识进行进一步的扩充和完善，引出离子化合物和共价化合物； 总结：运用所学新知完成下表 |	NaCl	HCl | |---|---|---| | 成键微粒 | | | | 微粒间的相互作用 | | | | 化学键类型 | | | | 化合物类型 | | | | 化合物典型性质 | | | 巩固练习：请指出下列物质 H_2O、CO_2、HF、MgO、$CaCl_2$ 等的构成微粒和化学键的类型，并说明你的理由。
结束	运用化学键知识分析实际问题。	PPT呈现水蒸发的图片和水电解的图片。	总结：口述总结化学键相关知识点； 学以致用：水在加热至100℃时可以变为水蒸气，在通电情况下水能分解为氢气和氧气，这说明了什么？请从微粒间相互作用的角度加以分析。

从三位教师的教学设计可以看出，她们的确参考了前期所查阅的八篇文献。并且在对其教学设计进行分析的过程中，笔者能感受到理论对教师们做教学设计的启发与借鉴。教师们并没有照搬照抄文献中的课堂教学案例，而是能够依据自己的思路合理选择并利用文献中的情景素材与教学活动。而且在交流过程中，笔者也发现教师们对集体备课中提出的三个问题进行了深入思考，针对教学设计中的相关问题，能主动寻找一定的依据去分析解决问题。因此，与她们以往基于主观经验的备课相比，这样的备课体现了研究的过程。

（四）公开教学——实施方案观察课堂教学

本次公开教学，三位年轻教师既作为授课教师和其他教师共同研究自己的课堂教学，又作为听课教师深入其他教师的课堂开展教学研究。因此，在这样的"主位"和"客位"相结合的研究中，三位年轻教师对于《化学键》的教学理应有更为深刻的认识。由于学校在校门口张贴了本次同课异构教研活动的通知，因此听课环节除了高一年级组的四位化学教师，化学教研组的其他教师也都参与了听课。由于之前开展了关于听评课理论的培训，S中学的化学教师在听课过程中有了明显的研究意识与研究方法，体现在：第一，能够提前进教室与学生交流、了解学情；第二，能够坐在学生旁边关注学生的学习情况；第三，能够跳出传统的只记录板书或教学流程的听课模式，重点记录关注对象的行为，比如学生的练习、授课教师的提问或师生对话等具体内容，还包括听课教师自己的所思所想。限于篇幅，笔者在此不再呈现教师的听评课记录和课堂教学情况。

（五）诊断学生——收集证据

本次教研活动的主题是《化学键有效教学的尝试》，那么究竟何为有效教学？笔者和四位教师一致认为，只有学生学得有效才是真正的有效教学。如何证明学生学的有效？那就是课堂上观察学生的学习情况，并在课后访谈测查学生的学习效果。通过之前在Y中学的行动研究发现，评课时很多教师还是依据自己的主观经验，不能针对课堂教学问题说出一定的事实依据。并且，在课后研讨时，对有些待解决的问题仍有疑惑，容易产生分歧。究其原因，关键还是在于评课之前没有关注学情。因此，笔者与教师们商讨后决定通过课后抽样访谈与测评学生的方式来反馈教学的真实效果。

在集体备课和个人备课之后，笔者与三位教师共同确定了本节课的重难点，并围绕重难点设计了相关试题和访谈问题。然而，笔者发现，短期的学习效果只能反映学生对新概念的接受能力，无法反映学生对概念的理解能力。例如，化学键教学课后检测题只能检测学生是否可以区分离子键和共价键、离子化合物和共价化合物，但学生对化学键概念理解深度和运用能力只能在后续学习了化学反应能量与变化、晶体等知识之后才可以反映出来。而且，如果通过传统的纸笔测验考查具体知识，只能说明学生是否记住了相关概念,而无法说明究竟是机械记忆还是理解记忆。因此,采用开放型题目测查并访谈学生基本观念的建立情况,这与新课程对概念教学的要求相一致,主要测查学生能否从化学键的角度看物质及其化学变化,认识角度能否从微粒拓展到微粒间相互作用,并从单一地认识物质结构或化学变化转向综合地认识化学键与物质结构的关系,化学键与物质性质的关系以及化学键与化学反应的关系,由此探讨物质的宏观性质与变化的微观本质原因,与之相应的是,学生在符号表达方面能否从化学式转向电子式。这样的测查既可以检验学生对基础知识的掌握,又可以反映学生能否建立认识知识的基本思路与方法。测查问题及考查意图如表6—7所示。

表6—7　　　　　　　　　　测查问题及测查意图

题目	测查意图
你能用自己的话总结本节课的收获吗	是否建立了基本的知识内容体系
给你一种物质,比如CO_2,你将从哪些方面入手去研究	能否从化学键的角度分析物质及其性质
你认为CO_2的性质可能与哪些因素相关	认识角度是否从微粒拓展到微粒间相互作用
CO_2这种物质是由什么微粒构成的?请写出来	对于离子化合物和共价化合物是否真正理解
你能用自己的方式表示CO_2的形成过程吗?请写出来	在符号表达方面是否从化学式转向电子式

听课后利用课余时间,采用分组随机抽样的方法在三个班各抽取了5名学生进行访谈测查。以上个学期期末成绩为抽样依据,前10名学生中随机抽取1名,10—20名随机抽取1名,依次类推抽取5名学生,并收集了5名学生的口头报告和书面回答,作为评课时的主要依据。

(六) 说课评课——反思课堂教学

三位教师主要从以下三个方面进行说课:第一,备课中是如何分析并解决之前困惑的问题;第二,上课过程中是如何实施教学设计的,课堂生成与预设之间有何差距;第三,整体反思备课和课堂教学中存在的问题及原因。由于在集体备课时,依据三位教师存在的个性问题归纳总结了共性问题,并确定了研究主题,因此,三位教师主要针对五个共性问题进行说课。由于三位教师的说课实录较为冗长,笔者将主要内容进行了归纳和整理,如表6—8、表6—9、表6—10、表6—11、表6—12所示。

1. 有关知识体系的处理

(1) 概念的呈现顺序

表6—8　　　　　有关三个概念的呈现顺序问题

	呈现顺序	依据
Z老师	离子键——共价键——化学键	先行组织者策略、人教版教材
P老师	离子键——共价键——化学键	学生的认识顺序、由易到难
F老师	化学键——离子键——共价键	实验分析的切入点不同;借鉴L老师的思路

(2) 概念的界定

表6—9　　　　　有关化学键概念的界定问题

	概念界定	依据
Z老师	使离子相结合或原子相结合的作用力通称为化学键	人教版教材、由离子键和共价键概念归纳得出、学生的认知水平
P老师	把物质中直接相邻的原子或离子之间存在的强烈的相互作用叫作化学键	苏教版教材、由微粒间存在相互作用的分析引出、学生的认知
F老师	把物质中直接相邻的原子或离子之间存在的强烈的相互作用叫作化学键	苏教版教材、由微粒间存在相互作用的分析引出、L老师的思路

(3) 电子式的处理

表6—10　　　　　有关电子式的处理问题

	处理方式	依据
Z老师	由分析氯化钠的形成引入,分散在离子化合物和共价化合物的学习中,并随堂练习	电子式是难点和重点,应该在课的开始引入并贯穿在整堂课的学习中

续表

	处理方式	依据
P老师	由电子式的意义引入,即原子结构示意图到电子式,归纳总结电子式的书写规则	集中学习电子式,学生会形成系统的认识
F老师	没有专门提到电子式,但潜移默化融汇在学习过程中	电子式的学习不是一节课能突破的,应该通过多次应用和练习深入地认识和理解

2. 有关教学素材的选择

表6—11　　　　　　　　有关教学素材的选择问题

	教学素材	依据
Z老师	钠与氯气、氢气与氯气反应的视频 原子结构示意图动画模拟NaCl、HCl的形成过程 电子式板书NaCl、HCl的形成过程	学情分析:基础较弱 宏观—微观—符号三重表征
P老师	元素周期表、美国《化学文摘》杂志 NaCl、Cl_2的形成过程 原子结构示意图、物质分类图	概念形成理论:认识概念的价值——了解概念的来龙去脉——学会概念的实际应用
F老师	钠与氯气、氢气与氯气反应的化学方程式 氯化钠与氯化氢的沸点、熔点数据 原子结构示意图动画模拟NaCl、HCl的形成过程 电子式板书NaCl、HCl的形成过程	从学生已有的知识入手制造认知冲突,然后依据资料分析解决问题

3. 有关教学活动的设计

表6—12　　　　　　　　有关教学活动的设计问题

	教学活动	依据
Z老师	观察宏观现象——分析微观原因——用符号表达过程	宏观—微观—符号三重表征

续表

	教学活动	依据
P老师	提出问题——基于氯元素的理论探究——运用理论解决问题	探究式教学理论
F老师	创设情境感知化学键——问题讨论探究离子键——类比迁移理解共价键——概念形成——应用概念进行物质分类认识化学反应本质	微粒观的建立

通过对三位教师说课内容的整合分析，笔者发现她们最明显的变化是能够有理有据地分析解决教学问题，而不再仅仅是基于自己的主观经验和判断去分析解决教学问题。并且教师通过对理论的学习，也具备了运用理论分析解决实践问题的意识。比如在谈及处理某些问题的依据时，教师们所说的先行组织者策略、宏观—微观—符号三重表征策略以及概念形成理论等，都是在她们之前的教学设计中未曾涉及的，但现在她们却能在教学中灵活运用。因此，学校倡导教师在日常工作中要主动学习理论，但单纯地给教师讲某个理论或者要求教师自主学习某个理论，教师可能会觉得枯燥乏味而不感兴趣。只有当教师真正遇到困扰自己的实践问题时，他们才能切实体会到理论之于实践问题解决的必要性和重要性。由于在评课环节，参与听课的其他教师有课或其他事务，因此参与研讨的只有高一年级的四位教师和笔者。以下是本次评课的实录及分析。

L老师：首先我认为三位年轻老师今天的课上得都非常成功，都比我上得好，值得我学习的方面有很多。但是，由于今天是基于问题的主题式研讨，因此我就不像以往一样笼统地说每节课的优缺点了，主要就我们之前集体备课时所确定的几个教学问题，结合刚才的听课内容，发表我个人的观点。第一个是概念呈现的顺序问题，三位老师的呈现顺序各不相同。而且刚才在说课的时候三位老师也都说了自己的理论依据。我认为没有好坏之分，各有可取之处。第二个是化学键概念定义问题，Z老师用的人教版上的定义，另外两位老师用的苏教版的定义，我个人来看苏教版的定义更加全面容易理解。而且在三个班的教学过程中我们也发现，苏教版的定义学生更容易理解。第三个是电子式的处理问题，三位老师都和我的教学处理不一样，把电子式都是分布在其他几个概念的教学过程中来学习的，我认为在第一课时中这样处理是非常好的，也是我以后要借鉴的，但是我觉得在第二课时或者后面的练习课上，还是应该给学生总结电子式书写的规则，并进行系统的练习。总之学生对这个内容的掌握还不是很好，我的两个班我已经上了两个课时了，但是学生的作业中还是错误百出。第四个是教学素材的选择问题，三位老师都用到了氯气分别与钠和氢气的反应，只是用的角度不同，有的是从宏观现象入手分析，有的是从微观形成入手分析，最有亮点的是P老师还用到了氯气的形成过程引导学生认识共价键，我认为这是一个非常好的突破，教材中用氯化氢，学生会想当然地认为氢原子失去一个电子，氯原子得到一个电子，从而形成离子化合物。但是氯气中是两个氯原子，不好判断到底是得电子还是失电子，这样造成的认知冲突会给学生留下更为深刻的印象。第五个是有关教学活动的问题。F老师之前给我们讲了，现在的概念教学再不能就概念讲概念，一定要通过教学活动让学生主动建构形成概念。在这个理念的引导下，我发现我们的年轻教师都做得非常好，不像我一样还是老一套。特别是P老师的教学过程，指导学生进行理论的探究，颠覆了我之前对于探究的认识。之前我理解的探究一定是学生要做实验，通过今天的听课我一定要改变自己的老观念了。其实学生运用已有理论知识对未知新学的知识开展探究也是未尝不可的。以上就是我的一些个人的看法和观点，总之我觉得今天三位老师确实让我刮目相看，以后要好好向她们学习。

L老师一改传统听评课中整体评价课的优缺点的习惯，紧紧围绕集体备课中的主题和问题以及课堂观察中收集到的信息发表观点。这种听评课视角的转变是非常重要的，说明教师有了通过听评课研究课堂教学问题的意识，并能将集体备课、听课和评课活动有效地衔接。然而，在针对某些问题发表观点时，L老师由于没有基于课堂观察收集的第一手资料分析问题，她的观点大都还是基于自己经验的主观判断，因此缺乏一定的客观性。

  P老师：L老师过奖了，您是我们的旗帜楷模，我们一定要多向您学习请教。不过说实话，我们今天的课，一方面是听了您的课引发了我们的一些思考，另一个方面也是F老师给我们讲了一些如何设计一堂课的知识，特别是她给我们的那些文章，其实刚开始我不想好好看，但是硬着头皮看了一篇之后觉得确实对我帮助启发挺大的，原来课还可以这么设计。因此我就花了几个小时时间把其他的几篇也都看完了。然后又对我原来的教学设计作了一些修改。

  P老师切身体验到了理论对实践的指导作用。虽然基于经验的研究必不可少，但是理论的引领对教学研究来说更是锦上添花。

  Z老师：我觉得我的课还是照本宣科的嫌疑太重。听了P老师和F老师的课，真的使我有眼前一亮的感觉。不过我有个问题想请教各位老师，就是最后的总结，几位老师都用了概念的逻辑关系图和概念的比较图，这个到底是教师呈现出来比较好还是学生自己总结出来比较好呢？

  Z老师基于其他两位教师的课交流了自己的收获和问题。

  P老师：我认为学生概念关系图式的形成应该是在概念学习过程中学生通过相关概念间的辨析自主建构，而不应是教师为了教学便利直接呈现或归纳小结。如化学键概念图应该是学生通过直观实验感知上位概念化学键的存在，通过氯化钠和氯化氢的形成对比认识下位概念离子键和共价键，补充知识知道还有金属键、配位键的存在。在整个学习过程中学生自己建立化学键概念图，要比教师直接给出再讲解剖析效果好。因此需要思考在教学中如何让学生真正地参与知识的学习和建构过程。

P老师就Z老师的问题做了回应，并且对于概念教学的实质与核心分析非常到位，由此看来，理论学习对教师专业发展的提升作用是显而易见的。

F老师：有了F老师之前的指导，我们自己确实觉得这个课在原有基础上有了很大的进步。特别是我知道以后如何去借鉴别人的成果了。您再针对我们今天的课说一说我们三个的课还有什么问题，我们接下来进一步改进。

F老师也体会到了理论学习的价值，并且有非常强烈的改进意向。

笔者：你们的设计过程我比较了解，因为最近几乎天天和你们在一起，有问题我们也是随时讨论分析。今天我是想结合课后访谈学生的情况给各位反馈一下你们的教学效果。我们在之前已经说了，我们本次研讨是跳出传统的概念教学模式，按照新课程的要求来进行概念教学。因此我们的测试题也都是偏向于测查了解学生概念和基本观念的建立。但是通过学生反映的情况来看，效果还不是很乐观。还需要我们进一步反思原因来改进。

教师们的发言大都基于主观认识，笔者将学生学习结果作为客观依据呈现出来，引发她们对课堂教学效果的理性认识。

P老师：没想到这么统计分析之后，确实发现了一些我们发现不了的问题啊，我们只是凭借自己的经验或学生作业来分析学生对知识的掌握情况，没想到通过和学生谈话还能谈出这么多有用的东西啊。不过我的班上学生情况相对来说要好一些，可能一些基本的知识点他们找家教已经补习过了，但是像这些基本观念微粒观、分类观等学生确实还是没有很好地建立起来。

Z老师：我们平时布置作业或测验考试都是注重学生对于具体知识的掌握，而对于知识是如何来的？学生如何自己建构知识？我们平时不重视，也不知道如何去测查。今天这么一弄，我以后还真知道朝哪个方向努力了。

F老师：看来以后布置作业确实要有所改变，其实我们平时给学生布置的很多作业是无用的。有些是学生经过机械记忆就能完成的，或者抄书就能完成的。这样的作业其实含金量不高。而像我们今天测查学生的题目，就不是学生能够通过抄袭做出来的，因此既能保证作业的质量，还能反应一定的问题。

对学生学习结果的评价，既可以是针对具体知识的掌握情况，也可以针对学习角度与基本观念的建立情况进行测查。课前的测查主要是了解学生的学习起点，课后的测查主要是为评课和改进课堂教学提供依据。表6—13呈现的是课后测查学生的情况统计。

表6—13　　　　　　　　课后测查学生情况统计

题目	2班（P老师授课）	8班（Z老师授课）	11班（F老师授课）
你能用自己的话总结本节课的收获吗	有四位同学能说出化学键、离子键、共价键的关系。两位同学能从化学键对物质进行分类，说明学生自己基本建立了知识体系	有四位同学能说出化学键、离子键、共价键的关系，没有同学能从化学键对物质进行分类，说明学生自己基本建立了知识体系，但是对分类观的建立还应该强化	有三位同学能说出化学键、离子键、共价键的关系，两位同学能从化学键对物质进行分类，说明学生自己基本建立了知识体系
给你一种物质，比如CO_2，你将从哪些方面入手去研究	有三位同学能说出化学键的角度，其他两位同学说是物理性质和化学性质的角度。说明学生基本建立了从化学的角度看待物质及其性质	只有一位同学能说出化学键的角度，说明学生还不能从化学的角度看待物质及其性质	有四位同学能说出化学键的角度，而且还说出了物理性质和化学性质、化合价的角度。说明学生基本建立了从化学的角度看待物质及其性质

续表

题目	2班（P老师授课）	8班（Z老师授课）	11班（F老师授课）
你认为CO_2的性质可能与哪些因素相关	没有学生说出从微粒之间的相互作用这个因素，只是说到构成物质的元素种类、原子的最外层电子数。说明学生的认识角度还没有从微粒拓展到微粒间相互作用	没有学生说出从微粒之间的相互作用这个因素，只是说到构成物质的元素种类、原子的最外层电子数。说明学生的认识角度还没有从微粒拓展到微粒间相互作用	有两位同学说出了化学键，另外三位同学说出了构成物质的元素种类、原子的最外层电子数。说明学生的认识角度还没有完全从微粒拓展到微粒间相互作用，但是已经有这个趋势
CO_2这种物质是由什么微粒构成的？请写出来	四位同学说是CO_2分子并能够写出来，一位同学不知道，说明学生基本理解了什么是共价化合物	三位同学说是CO_2分子并能够写出来，另外两位同学不知道，说明学生基本理解了什么是共价化合物	三位同学说是CO_2分子，一位同学说是碳原子和氧原子，并能够写出来，一位同学说不知道，说明学生基本理解了什么是共价化合物
你能用自己的方式表示CO_2的形成过程吗？请写出来	两位同学直接用电子式表示了形成过程，而且完全正确，另外三位要先写出碳原子和氧原子的原子结构示意图，然后再写原子的电子式，最后写出物质的电子式，其中一位写错了。说明学生在符号表达方面基本从化学式转向电子式，不过熟练程度还有待于加强	只有一位同学直接用电子式表示了形成过程，而且完全正确，另外一位要先写出碳原子和氧原子的原子结构示意图，然后再写原子的电子式，最后写出物质的电子式，另外三位写了化学反应方程式。说明学生在符号表达方面还没有从化学式转向电子式	只有一位同学直接用电子式表示了形成过程，而且完全正确，另外三位先写出碳原子和氧原子的原子结构示意图，然后再写原子的电子式，最后写出物质的电子式，但书写不规范。说明学生在符号表达方面基本从化学式转向电子式，不过熟练与规范程度还有待加强

四　评价与反思

此次行动研究是笔者深入 S 中学开展的第一次行动研究。基于在 Y 中学积累的研究经验以及田家炳项目提供的便利与支持，在 S 中学的研究整体推进较为顺利，并且参与行动研究的教师们所反馈的意见与建议也大都是积极正向的，但同样存在一些需要改进的问题。

首先，如何引导教师学会自己确定研究主题？在 S 中学进行的三次课堂教学研究都是基于主题的研究。但在研究过程中发现，教师看待教学问题要么过于宏大，比如应试教育的问题如何解决？要么过于具体、琐碎，比如某一道题目到底如何去解？普遍缺乏归纳整合具体问题找出共性问题并使之上升为研究主题的意识与能力。虽然一线教师的教学研究强调以经验和问题为中心，但教师看待课堂教学问题往往容易停留在经验和直觉的层次上难以提升。因此，必须引导教师基于问题确定研究主题，并借助理论指导开展研究。

其次，如何引导教师针对主题自主查阅资料？任何研究中，查阅资料都是一个极其重要的环节。在课堂教学研究中，教师通过查阅资料能够找到研究的起点，他们不仅能熟悉这一主题的理论研究成果，而且能通过对文献梳理形成自己扎实的研究基础。但在行动研究中，笔者深切感受到一线教师对理论的排斥。他们更喜欢直接接受某一个问题的解决方法，而不愿意被要求去学习某个相关理论，从而依据理论自主解决问题。而且，某些客观因素也影响了教师自主查阅资料学习理论，比如学校没有购买相关的数据库等。因此，主观因素加之客观因素造成教师不愿意也不会查阅资料。在 S 中学开展的三次主题式课堂教学研究中，都是笔者代劳为教师查阅并筛选有用的资料以供他们学习。不过，总体来看，教师还是认识到了理论对于实践的指导价值，也体验到了基于理论指导下的实践改进效果。

最后，如何引导教师学会收集课堂研究的证据？在 Y 中学开展课堂教学研究的过程中，笔者深切感受到了证据的重要性。很多教师在评课过程中还是依据自己的主观经验评价课堂教学的效果，而这样的评价对诊断课堂教学问题和改进教学不能产生实质性作用。一方面是由于授课教师对于这种基于主观经验并且缺乏证据的评价不信服，虽然在评课过程中勉强认同，但在实践中却不会积极采纳。另一方面是由于这样的评价不能给授课教师改进课堂教学提供有力的抓手。比如有的教师在评课时说这堂课目标的达成度不好。那到底如何不好？表现在哪些方面？客观证据是什么？如果评课教师能将这些问题阐述清楚，那么听课教师一定会认同并知道如何改进自己的课堂教学。因此，在S中学的行动研究中，笔者和三位教师共同商讨，确定通过诊断学情评价课堂教学效果，由此检验预设性问题的解决情况并发现生成性问题。然而，现实情况表明，教师虽然在观念层面认同这样的做法，但在实践操作层面仍旧不会设计有针对性的测查题目。

在本次行动研究的基础上，笔者与S中学的教师合作开展了第二次行动研究——高中化学有机物教学必修与选修的衔接问题研究（以高一必修《生活中常见的有机物——乙醇》新授课为例）和第三次行动研究——高中化学复习课到底该如何上（以必修2《化学反应与能量》复习课为例）。三次行动研究都是基于主题的课堂教学研究，在研究过程中，S中学的化学教师以自己教育教学实践中最困惑、最需要解决的问题入手，在对问题进行整合分析后，归纳总结共性问题并使之上升为研究主题，并有针对性地学习相关理论与方法，从而依据理论与方法进一步分析解决问题。因此教师真正体验到了研究之于教学的意义与价值，并且增强了教师的问题意识与证据意识，提升了教师自身的专业素养。

第 七 章

教师通过听评课开展课堂教学研究的理论建构

依据库恩的范式理论,从以评价管理教师为取向的传统听评课走向以研究课堂教学为取向的专业听评课,其实质是听评课范式的转变,专业的听评课范式如何建构?首先在哲学层面需要对其概念进行重新界定;其次在社会学层面要把教师组建成专业合作体;最后需要在技术或工具层面对其提供支持。[①] 因此,本部分在调查研究和行动研究的基础上,从这三个层面展开对普通高中教师通过听评课开展课堂教学研究的理论建构。首先,在哲学层面进一步厘清其本质内涵,明晰其基本特征;其次,在社会学层面归纳概括课堂教学研究共同体通过听评课开展课堂教学研究应该持有的基本理念;最后,在技术或工具层面为教师通过听评课开展课堂教学研究提供基本的内容框架、路径与模式以及操作程序。

第一节 教师通过听评课开展课堂教学研究的本质内涵

对教师通过听评课开展课堂教学研究的本质内涵做进一步分析,可以区别其与传统听评课的不同之处,同时揭示其内在特征。本书中教师通过听评课开展课堂教学研究其实质是教师合作的行动研究,教师基于自己或同伴的课堂教学实践,共同反思发现其中存在的问题,针对问题

---

① 崔允漷:《听评课:一种新的范式》,《教育发展研究》2007 年第 9B 期。

设计最佳的解决方案，并通过实施方案反思与总结问题解决效果，从而提高对课堂教学的认识并改进课堂教学实践的过程。因此这是一个从实践到认识再到实践的过程。具体来看，教师通过听评课开展课堂教学研究的本质内涵可以从以下五个方面作以理解：

一 教师通过听评课开展课堂教学研究是一种反思活动

问题是研究的逻辑起点，没有问题也就谈不上研究，课堂教学研究也不例外。那么课堂教学研究中的问题究竟如何产生？诚然，问题不会凭空产生，教师要发现并提出有价值可研究的课堂教学问题，必须从反思自己或同伴的课堂教学开始。反思是人特有的一种心智活动，也是人有意识地考察自己行为及情境的能力，它使人清晰地理解自己的行为及后果，从而更理性、更有目的地开展行动。[①] 教师的教学反思既要对教学情境进行感知，又要对自身内部认知过程进行再认知。因此，教学反思体现教师自主思考和批判分析的态度与方法，指向教师内部的认知过程和外部的教学行为，目的在于解决课堂教学问题，提高课堂教学质量，并促进教师专业发展。教师在通过听评课开展课堂教学研究的过程中，反思具体表现为以下两个层面：第一，按反思的主体可分为自我反思与合作性反思。自我反思主要表现为教师个人在其课堂教学过程中对教学情境的知觉、对课堂教学问题的关切以及对实际状况改变的需求。只有教师对教学时刻保持一种有意识的思考和批判，才能发现其中困惑自己的不确定的、复杂的问题。如果没有这种有意识的自我反思就不会发现有意义有价值的问题，更谈不上研究。同时，教师在通过听评课开展课堂教学研究的过程中还要进行合作性反思，主要表现为教师集体就共同关心的问题或主题进行对话和讨论，或者就教师个人的教学设计或课堂教学实施过程进行分析与研讨。比如在听评课活动前针对教师的个人问题或教学设计所开展的集体备课活动，听评课过程中针对授课教师的课堂教学实施过程所进行的观察、描述、解释与分析等。第二，按时间可分为课前反思、课中反思与课后反思。课前反思主要体现在教师个人发

[①] 钟启泉等主编：《普通高中新课程方案导读》，华东师范大学出版社2003年版，第147页。

现教学实践中存在的问题以及教师集体讨论教学设计，目的在于使课堂教学研究更加有针对性和自觉性，这种反思具有前瞻性，能有效地提高教师对教育教学的预测和分析能力。课中反思主要体现在两个方面，一是授课教师根据课堂教学情境的变化对教学过程的调控，这种反思具有监控性，旨在使课堂教学高效进行，并有助于提高教师对课堂教学的调控和应变能力；二是听课教师对课堂教学有目的、有意识的观察，从而发现课堂教学中存在的问题。课后反思主要是对已发生的课堂教学的评价，这种反思具有批判性，旨在使教育教学的经验理性化，并有助于提高教师教育教学的总结和评价能力。因此，教师通过听评课开展课堂教学研究首先是一种反思活动，这种反思不仅是一种能力，更是一种态度，是教师以批判的思维来发现自己或同伴教学中的问题，以理解、真诚、开放的心态直面教学中的问题。

二 教师通过听评课开展课堂教学研究是一种探究活动

传统听评课活动中教师其实也在反思，通过反思发现课堂教学中存在的问题并归纳总结课堂教学中的优秀经验。但是，传统听评课往往只是停留在这一水平。从专业的、研究的角度来看，教师的听评课不能仅仅停留在"表扬大会"或"批判大会"的层次上。课堂教学研究强调的是要挖掘"表扬"背后的深层意义与价值，使教师优秀的宝贵经验即实践性知识外显化或者上升到理论层面；同时要追究"批判"背后的深层次原因及证据，有理有据地解决问题并检验问题解决的效果。也就是说，教师通过听评课开展课堂教学研究是要在传统听评课的基础上"再往前走一步、再往深挖一尺"，这个过程其实就是探究的过程。汉语大辞典中对"探究"的解释是探索研究，即从发现问题、分析问题、解释问题到解决问题的基本过程。因此，在听评课活动中，从教师个人反思发现预设性问题到教师集体反思发现生成性问题，从教师个人基于预设性问题设计教学方案到教师集体基于预设性问题初步探讨解决策略，从教师个人对课堂教学的调控与应变到教师集体对课堂教学的观察与记录，从教师个人对课堂教学过程的整体反思到教师集体对课堂教学的分析讨论，从教师个人进一步明晰问题及正确归因到教师集体进一步寻找证据形成最终解决方案，再到教师集体对方案进行检验并分析问题解决效果，其实这其中的每一个步骤每一个环节都是围绕发现问题、分析问题、解决问题和验证结果这样一个探究过程来展开的。赵明仁等学者指出，教师的改变不是让他们获得一套固定的教学技能和学习如何运用特定的教学方案，而是为他们提供持续成长和问题解决的机会。[1] 教师通过听评课开展课堂教学研究，其实就是基于课堂教学中的问题，探究问题形成的原因及解决方案。因此，这是一种"自我持续和富有生产力的改变"，这种改变是对教师的认识论、学习观和教学观的不断更新。换言之，是教师在价值、信念方面的深层改变，而不仅仅是知识与技能的增长。而且有研究表明，教师有能力对自己的教育行动与教育活动加以思索、研究、改进，由教师来研究改进自己的专业实际问题是最直接、最合适的方式。

三 教师通过听评课开展课堂教学研究是一种学习活动

反思与问题同在，但是问题是否有意义还需要做进一步的"求证"。问题求证的过程往往并非一马平川，而是充满着各种艰难险阻。从问题的确定到问题的分析再到问题的解决，往往凭借教师个人经验是无法有效应对的。因此，在问题求证的过程中教师还需要不断地学习，在学习过程中才能够冲破习惯和经验的束缚，改变自己的固有成见，掌握先进的教育教学思想，树立崭新的教育教学观念；在学习过程中汲取他人的先进经验，了解理论的前沿信息，为问题的求证提供新的视角和理论基础；在学习过程中使自己个性化、情境化的经验得以升华，上升到理论层面。具体来看，教师学习包括两个层面：一是教师相互之间的经验学习。教师面对实践中发现的问题，有些是基于同伴的经验可以解决的，这种同伴之间互动与经验的分享其实就是一种学习，是对教师原有经验的充实与改造。这种针对特定问题的经验交流是教师实践性知识提升最直接、最有效的途径。但是，课堂教学实践中存在的有些问题却是基于教师经验无法解决的，这就需要借助理论的学习来解决实践中的问题。二是理论知识的学习。理论对实践的引领作用就体现在教师运用理论可以解决实践中的问题，为其找到理论依据和支撑。值得一提的是，教师

---

[1] 赵明仁：《教学反思与教师专业发展——新课程改革中的案例研究》，北京师范大学出版社2009年版，第79页。

所进行的理论学习与其他的理论学习不同，教师的理论学习是基于实践问题的学习，针对性、情境性更强。如果教师在课堂教学研究活动中缺乏学习的态度，那么这样的研究是无意义的，只能囿于自身经验的重复。一个有效能的教师，不但应该具备坚实的教学理论基础，更需要拥有丰富的教学实践经验。教师既需要通过外在控制取向的专业发展获得必要的知识与技能，也需要通过内在控制的学习从自己以及他人的经验中学习，使两种取向的学习有机结合，从而使得外在控制取向的学习有地方落地生根，与教师的生活和工作世界联系起来，并生长出新的形态；教师的经验也能够在外来知识的刺激下得以提升。

四 教师通过听评课开展课堂教学研究是一种行动研究

第八次基础教育新课程改革中倡导教师成为研究者，而最切合教师实际的研究方式就是开展行动研究。但事实上，对于什么是行动研究？为什么要开展行动研究？如何开展行动研究？这些都是广大中小学教师普遍感到十分困惑的问题。行动研究，就其概念来说，是实践者为了改进工作质量，将研究者和实践者、研究过程与实践过程结合起来，在现实情境中通过自主的反思性探索，解决实际问题的一种研究活动。教育行动研究是在实际教育教学情景中，由教师和同事或专家合作，针对实际问题提出改进计划，通过实施、验证、修正而得到研究结果的一种研究活动。就其过程来说，行动研究一般包括问题—计划—行动—反思四个步骤。而且行动研究不是一次性的，而是循环往复的。第一次行动研究的结束意味着第二次行动研究的开始。就其特征来说，行动研究是实践导向的，从实践中来到实践中去，为实践而研究，在实践中研究，由实践者研究。因此，这与教师通过听评课开展教学研究的过程非常契合，其实质就是一个基于教师合作的行动研究。教师针对自己或同伴的课堂教学实践，共同反思发现其中存在的问题，针对问题设计最佳解决方案，并通过实施方案对问题解决效果进行反思与总结，从而提高对课堂教学的认识并改进课堂教学实践的过程。而且在这个过程中，关键在于教师的行动。教师要亲自参与问题的提出、方案的制定、课堂教学的实施以及反思评价。而且在反思评价后教师还要进一步去改进实践，检验问题的解决并发现新的问题。因此，教师通过听评课开展课堂教学研究是一种行动研究，是一个循环往复、追求教学不断改进的过程。

五　教师通过听评课开展课堂教学研究是认识提高的过程

教师通过听评课开展课堂教学研究作为一种实践活动，不是盲目的、随意的实践，它是基于教师课堂教学中的实际问题所开展的探究活动，因此在这个过程中教师要综合运用他们所持有的理论，这种理论是引导教师成长的支架，一般情况下，教师的这种理论能够引导教师实践。但是，如果遇到教师不能运用其所持有的理论解决问题时，教师就需要借助同伴帮助或专业引领，运用他人所创造的理论对原有理论进行检验、修改、提炼，并最终促使新的理论产生。因此，教师开展课堂教学研究的过程，其实就是统整教师的实践、理论和他人知识的过程。在解决课堂教学问题的过程中，将"显性"的理论知识在其已有的经验、信念和价值观基础上内化、整合从而形成自己的实践性知识，同时又将自己的实践性知识在批判与反思的基础上通过不断总结与概括使其"显性化"，形成抽象的理论知识。从理论视角反思自己的实践，从实践的视角重新审视理论。从自己和同伴的实践中归纳总结规律、经验，转变认识，从理论中汲取养料滋养实践，提高认识。因此，在这个过程中，教师获得的不仅仅是对自己行动的理解、实践的改善、知识的扩展，最重要的还有其对教育教学活动认识的提高。

第二节　教师通过听评课开展课堂教学研究的基本特征

一　意识性与常态性

课堂教学复杂多变，课堂教学行为转瞬即逝、难以捕捉。很多教师在课堂教学过程中难以意识到自己的课堂教学行为，在别人的课堂中也难以发现存在的关键问题。传统听评课活动中，教师由于缺乏一定的研究意识和明确的目的指向，很难意识并捕捉关键的课堂教学行为，因而也就不会发现其中存在的各种问题，难以对课堂教学进行深入研究。其实，要意识到课堂里发生的所有事是不可能的也是不现实的，而要意识到课堂里发生的重要事却是完全可能的，而且也是十分必要的。只要教师形成一定的问题意识、带着一定的研究目的深入课堂，研究课堂教学就是完全有可能的。而且，教师通过听评课开展课堂教学研究不仅应该是一种有意识有目的的活动，而且还应该成为一种常态性的习惯，即以研究的态度对待日常教学工作，研究真实的课堂教学问题。常态性首先表现在教师通过听评课活动开展课堂教学研究必须面对真实自然的课堂，否则是没有实际意义的。以表演、赛课等功利倾向为目的的课堂是失真的课堂，在这样的课堂中教师与学生的行为表现并不能反映课堂的常态与问题，而且往往会出现错误类推，因此针对这样的课堂开展听评课其实并不是研究意义上的听评课，它达不到提升课堂教学质量、促进教师专业发展的目的。而且，真实的课堂必然会存在诸多问题，如果教师以研究的态度对待自己的课堂，那么就会正视课堂中存在的问题，而不会有意回避或掩盖问题。因此，教师通过听评课开展课堂教学研究，必须敢于暴露问题、发现问题，否则将失去研究的意义。其次，在目前大力倡导校本教研、由传统的教书匠向研究型教师转变的过程中，教师通过听评课开展课堂教学研究不应该仅仅是一种偶尔为之的、"运动式"的活动，而应该成为教师的一种日常专业行为。只有在这种"日常的研究"中，才有可能真正地改善"日常的教学"。①

二 自主性与合作性

教师通过听评课开展课堂教学研究，一方面要靠自己的个人反思，即"主位"的研究。因为只有在教师全面深入反思自己日常教学的基础上，才会发现自己教学中的问题，才会进入研究状态，才能使研究具有针对性与实效性。另一方面，教师在听评课过程中还必须开展合作研究。首先，教师在教学过程中研究教学活动本身要求很高，而教师对自己课堂行为的洞察分析又极其有限，而且有时还会有"当局者迷"的一面，他们在反思课堂教学问题时，囿于自己的思维，难以跳出思维定式。因此，教师要真正能够意识到自己的课堂教学行为，开展有效的课堂教学研究，还需要与其他人员合作。这些人员可以是专业的理论工作者、教

---

① 沈正元等：《课堂观察：价值、目标、方式与推进策略》，《江苏教育研究》2009 年第 18 期。

研员，也可以是自己的同事。他们在课堂中的观察是一种"客位"的研究，比较客观公正，还由于他们不考虑教学的进程与课堂的场面，可以就某一问题进行较为深入地研究，并把多变的课堂教学尽可能详细地描述下来。这样，教师在同事或同伴的帮助下，可以更加有针对性地发现并解决自己课堂中存在的问题。其次，教师进入其他教师的课堂研究教学活动，也需要与授课教师以及其他的听课教师合作。听课前有必要进行沟通，了解授课教师的上课意图和预设性问题，听课中有明确的分工，各人有相应的关注点，评课时能够与授课教师和其他听课教师共同分析课堂中的生成性问题并讨论解决方案。这就是以别人的课堂教学作为研究对象，通过观察、描述、分析、解释等方法获得有关教学的基本认识和结论，从而在帮助别人发现课堂教学问题的同时还可以通过对比反思自己的课堂教学，提升自己的专业素养。因此，教师通过听评课开展课堂教学研究既有自主性，又有合作性，是两者的有机统一，是基于教师"自主思考"的"合作研究"。

三 实践性与理论性

教师通过听评课开展课堂教学研究是一种实践性研究，实践既是研究的对象，又是研究的归宿。从研究问题的来源看，教师通过听评课所研究的问题直接来自于课堂教学实践的需要；从研究的过程来看，课堂教学研究是教师在自己或同伴的课堂教学过程中进行的，并与自己的教育教学活动不可分割地交织在一起；从研究的目的来看，课堂教学研究主要是为了解决课堂教学实践中存在的问题。可以说，实践性是教师通过听评课开展课堂教学研究最根本的特征。对教师而言，不能解决课堂教学问题的研究，不能提升课堂教学水平和提高课堂教学质量的研究，不能促进自身专业发展的研究，就不是真正意义上的课堂教学研究。同时，教师通过听评课所开展的课堂教学研究又是一种在理论指导下的实践性研究，既注重运用理论指导解决实际问题，又注重概括、提升、总结实践中的经验和规律。如果缺乏一定的理论指导，教师的听评课往往会成为主观经验的重复，无法客观地分析问题、寻找证据，并有效地解决问题。这些理论一般包括学科理论、教学理论和课堂研究理论等。长期以来，教师习惯在听评课活动中依据自己的主观经验随意漫谈，而且教师在接受正规的师范教育过程中以及职后培训中也缺乏相关理论的学习，因此在缺乏理论支撑的听评课活动中，教师不能有效发现、解释并解决课堂教学中的问题，导致很多教师对听评课活动不感兴趣，甚至产生厌倦心理。另一方面，传统听评课活动中，教师不重视对实践性知识的归纳总结与提升，导致听评课活动的成效不显著。综上所述，教师通过听评课活动开展课堂教学研究一定是理论性与实践性相统一的活动，缺乏理论指导的研究实践是盲目的，教师必须悬置经验、抛弃成见，在理论的指导下客观地发现并分析课堂教学中隐含的各种复杂问题，同时通过研究把优秀经验归纳总结提升到理论的高度。只有这样，才能真正从根本上提升课堂教学质量、促进教师专业发展。

四 客观性与主观性

任何研究都强调客观性，即价值中立性。课堂教学研究也不例外，在研究过程中教师要尽可能客观真实地观察、描述课堂教学中的各种现象与问题，同时要尽力收集第一手研究资料有理有据地分析、解释问题，把握课堂教学的本质。但在这个过程中，教师面对的是活生生的学生和复杂多变的课堂，因此在问题求证过程中难免出现价值关联性和主观性。一方面，对于授课教师来说，课堂研究不是远离自己的教学实践，而是置身其中。教师不是以"旁观者"的身份，而是以"行动者"的角色开展研究，其研究的问题既是自己课堂教学实践所产生的问题，同时问题的解决方式、结果也直接关涉自己的教学效果和切身利益。因此，教师对某一问题的求证就难以摆脱其固有价值观念的影响，难以做到价值中立的"纯客观性"，而是体现着教师自身的教育理想与追求。[①] 另一方面，对于听评课教师来说，他们所研究的对象是复杂多变的课堂中活生生的学生，而不是实验室中的冷冰冰的化学物质，因此在观察、描述、分析、解释的过程中会仁者见仁智者见智，有时可能不会达成一致共识，而且难免带有主观偏见。因此，教师通过听评课开展课堂教学研究是一个主观性与客观性相统一的过程。

---

① 李润洲、张良才：《论"教师即研究者"》，《教育研究》2004 年第 12 期。

五　微观性与持续性

教师通过听评课开展课堂教学研究就其内容来说是微观的和具体的。首先，教师研究课堂教学针对的是一堂具体的课，有特定的教师与学生以及特定的教学内容，因此在听评课过程中就应该有针对性地分析解决具体课堂中的具体问题，而不应该说一些假大空的套话。其次，课堂教学复杂多变，需要研究的问题参差不一，有些是教学管理层需要解决的问题，有些是专业研究者需要关注的问题，而有些才是一线教师所能研究的问题。这些问题一般都是微观和具体的，是和具体的学科内容紧密相连的，是教师经常困惑但又无法有效解决的。比如应试教育问题就不是课堂教学研究所要解决的问题，而学生对某一知识点的认知障碍就是课堂教学研究所要解决的问题。总体来说课堂研究要解决的问题，是真实的问题，发生在教师执教的班级里；是有价值的问题，具有典型性、代表性；是能够研究的问题，教师的能力和水平足以驾驭。因此，通过听评课开展课堂教学研究，就是教师合作互助、群策群力，使这些微观具体的问题能够得以解决。最后，教师通过听评课开展课堂教学研究最好能够针对具体问题的某一方面或某一点进行深入持续地研究，使教师能够在经验的基础上有效结合教育教学理论深入透彻地认识并解决问题。同时，课堂教学问题又不断呈现，一个问题往往不是一次性就能彻底解决的，需要教师不断尝试一步一步地得以化解。而且，原有的问题淡出了，新的问题又出现了，问题总是源源不断、接踵而至，永远没有完全平息的时候。问题的不间断性决定了课堂研究的持续性，需要教师永远走在不断反思、探索的旅途中。

第三节　教师通过听评课开展课堂教学研究的基本理念

以上从哲学层面对教师通过听评课开展课堂教学研究的本质内涵、基本特征做了详细探讨。依据库恩范式理论，接下来需要在社会学层面将教师组建成基于课堂教学研究的专业共同体。这个专业共同体中不仅包括授课教师、听课教师、评课教师，而且还包括学生。库恩认为，范式的转换，需要科学共同体的认识视角发生格式塔转变，产生或接受新的知识信念。那么课堂教学研究共同体应具有怎样的共同信念才能有效运行，也就是说在听评课活动中教师到底应该持有怎样的基本理念？

一 以提高课堂教学质量为目标

听评课活动的目标是多元的。传统听评课活动旨在评定教师的课堂教学表现，是一种以区分等级或合格与否的总结性评核。而教师通过听评课开展课堂教学研究的目标理应是改进课堂教学，提高课堂教学质量。随着基础教育课程改革的逐步深入，人们越来越认识到课程改革的关键是教学改革，教学改革的核心在课堂。而课堂能够真正发生变革依赖于教师自身的专业发展和对日常课堂教学的不断改进与完善。听评课活动作为校本教研的主要形式之一，它的本体功能就是研究课堂教学。所以教师通过听评课开展课堂教学研究其实质是听评课本体功能的应然回归，它理应为课堂教学的改进和教师专业发展的提升发挥应有的作用。因此，通过听评课开展课堂教学研究，其目的就是要从教学实际出发，针对教师课堂教学中的问题与困惑以及学生学习中的障碍与困难，寻求有效的解决办法，从而改进课堂教学，提升课堂教学质量。

二 以解决课堂教学问题为根本

教师通过听评课活动开展课堂教学研究的目标是提高课堂教学质量，那么制约课堂教学质量提高的根本原因是什么？研究发现，其实就是课堂教学中存在的各种问题。因为课堂教学是一项复杂的系统工程，涉及相互作用的许多因素，并且各因素之间在相互作用的过程中会产生很多有碍课堂教学质量提升的问题。[①] 这些问题中，有些是教师自己在教学过程中能发现的显性问题，有些是教师自己意识不到发现不了的隐性问题；有些是比较容易解决的个别教师存在的个性化问题，而有些是教师普遍比较困惑的共性问题；有些是教师主观原因造成的问题，有些是客观原因造成的问题。如果这些问题能够得以有效解决，那么课堂教学质量自

---

① 沈正元等：《课堂观察：价值、目标、方式与推进策略》，《江苏教育研究》2009 年第 18 期。

然而然就能够得到提高。因此,教师通过听评课开展课堂教学研究,就必须从课堂教学中存在的实际问题入手,切实解决各种问题。而且,在以研究课堂教学为取向的专业听评课活动中,教师必须针对不同的问题,进行正确的归因与分析,寻找对策、解决问题,这样才能真正提高课堂教学质量。

三 以教师自我反思为基础

教师通过听评课开展课堂教学研究以解决课堂教学问题为根本。那如何发现课堂教学中存在的问题呢?其实首要的还是基于教师的自我反思。所谓自我反思就是教师以自己的教学行为为思考对象,对自己在教学中所作出的行为以及由此产生的结果进行自我审视和分析的过程。一般来讲,自我反思是一种理论和实践之间的对话,是一种深层次的教学体验。只有教师的反思成为个体的自我意识,成为自觉自愿的行为,研究才能成为现实,才能产生实效。因此,自我反思是课堂教学研究的起点与最基本的形式,也是开展集体研究的基础。[①] 教师只有以研究的态度审视、分析自己的课堂教学行为与结果,才能进入研究的状态。自我反思表现为教师个人在日常生活中对教学情景的知觉、对教育问题的关切以及对实际状况改变的需求。只有教师对自己的教学时刻保持一种有意识的思考和批判,才会发现其中不确定的、复杂的问题。如果没有这种有意识的自我反思就不会发现有意义有价值的问题,更谈不上研究。因此,教师通过听评课开展课堂研究就是从教师的自我反思开始的,也是以自我反思为基础的。

四 以教师同伴互助为形式

自我反思是教师发现课堂教学问题的途径之一。但有时教师对于已经意识并发现的问题,会因为客观或主观原因不能有效解决。而且,在课堂教学过程中还存在着大量教师自己意识不到发现不了的隐性问题。这些隐性问题的发现与解决更要依靠听评课活动。因为在听评课活动中,除授课教师以外还有一定数量的听课教师。听课教师在课堂上所进行的

---

① 王鉴:《教师与教学研究》,甘肃教育出版社2013年版,第179—180页。

观察其实就是一种客位的课堂教学研究，比较客观公正。而且，由于他们不考虑教学的进程与课堂的场面，所以可以就某一个问题进行较为深入的观察，并把多变的课堂教学尽可能地描述下来。这样，授课教师在同事或同伴的帮助下，可以更加有针对性地发现并解决自己课堂中存在的隐性问题。因此，同伴互助是教师通过听评课开展课堂教学研究的主要形式，授课教师与听课教师在坦诚合作的基础上，发现课堂教学中存在的各种问题，并展开研讨，有效解决课堂教学中存在的各种问题。

五　以专业引领为依托

如前所述，课堂中存在显性和隐性问题，而且这些问题有的是个别教师存在的个性化问题，而有的是教师普遍存在的共性问题。对于共性问题，单凭教师的经验和互助是无法得以有效解决的。因此，这就需要依靠专业引领解决问题。专业引领就其实质而言，是理论对实践的指导，是理论与实践之间的对话，是理论与实践关系的重建。然而，很多教师抱怨学校很少请专家亲自来指导他们的教学，以至于他们不会通过科学的理论与方法开展课堂教学研究。其实教师只有深入理解专业引领的内涵，才能使专业引领在课堂教学研究中真正发挥作用。事实上，专业引领包括专业人员的直接引领和专业人员的间接引领。专业人员面对面作报告、通过听评课开展课堂教学研究、参与同一课题等属于直接引领。而专业人员通过专业性学术著作、学术期刊、学术网站、专家博客等对教师课堂教学研究的引领属于间接引领。因此不能把专业引领仅仅片面地理解为人对人、面对面的引领。在信息化社会，专业领域中的人、著作、期刊、网站等均可以发挥专业引领的作用。教师在通过听评课开展课堂教学研究的过程中，除了依靠专业人员的现场指导，还要针对特定的问题自主学习相关理论，从而为有效解决课堂教学问题找到一定的理论支撑与依据。

六　以促进教师专业发展为旨归

教师在通过个人反思、同伴互助、专业引领对课堂教学问题进行分析、解决的过程中，教师个人的专业发展也是自然而然会有所促进与提升的。从教师专业发展的历程来看，教师专业发展经历了由教师专业化向教师专业发展的转变，发展的模式经历了由培养"技术熟练型"向"反思型实践家"的转变，两个转变的核心都集中在教师的专业素质和能力上，其关键是教师的知识问题。目前学界都比较认同教师知识主要包括本体性知识、条件性知识与实践性知识。实践表明，专家型教师与普通教师在本体性知识与条件性知识方面差别不太明显，关键在于实践性知识的不同。这类知识是教师知识结构中最有价值且最有效用的知识，对教学实践具有引导性，是教师专业发展的生长点。而通过听评课开展课堂研究，恰好就是在解决课堂教学问题的过程中，将"显性"的理论知识在其已有经验、信念和价值观基础上内化、整合而形成实践性知识，同时又将实践性知识在批判与反思的基础上通过不断总结与概括而使其"显性化"，形成抽象的理论知识。这一过程在本质上就是促进教师专业发展的过程。因此，教师通过听评课活动开展课堂教学研究的过程归根结底是一个促进教师专业发展的过程。

第四节 教师通过听评课开展课堂教学研究的基本内容

如前所述，教师通过听评课开展课堂教学研究是反思活动、探究活动、学习活动、行动研究和认识提高的过程，是集意识性与常态性、自主性与合作性、实践性与理论性、主观性与客观性、微观性与持续性于一体的活动，那么教师通过听评课开展课堂教学研究到底应该研究什么？诚然，目的决定内容。教师通过听评课开展课堂教学研究的目的是改进课堂教学，提高课堂教学质量。因此，教师通过听评课开展课堂教学研究的内容理应是课堂教学中的问题及其解决。因为只有课堂教学问题解决了，课堂教学才会改进，课堂教学质量才能提升。那么课堂教学中到底会存在哪些问题？如何发现课堂教学问题？

课堂教学问题一般隐藏在课堂教学现象中。课堂教学现象发生在课堂教学活动之中，因此，每一个进入课堂的研究者，都会或多或少感知到一定的教学现象，但是能不能透过教学现象发现教学问题，就需要有一定的研究意识与研究能力。一直以来，不论是进入课堂的研究者还是身处课堂的教师，常常对教学现象的观察式研究并不重视，缺乏明显的研究意识，或者是有了研究的意识，当面对复杂多变的教学现象时却不知如何去研究。所以，进入课堂之中研究教学现象和问题，首先必须从理论层面厘清以下概念。

一　教学现象

要理解什么是教学现象就必须从理解什么是现象开始。现象和本质是一对哲学范畴，因此对二者的理解常常相互关联。《辞海》中对现象和本质是这样描述的："本质是事物的内部联系，它由事物的内在矛盾构成，是事物的比较深刻的一贯的和稳定的方面。现象是事物本质在各个方面的外部表现，一般是人的感官所能直接感觉到的，是事物的比较表面的零散的和多变的方面。"任何事物都有其本质和现象。本质从整体上规定事物的性能和发展方向，现象从某一特定方面表现事物的本质。所以研究事物的本质或规律就必须从现象入手。一般而言，人们对事物的认识过程是从现象到本质、从不甚深刻的本质到更深刻的本质的深化过程。基于此，教学现象就是在教学活动过程中表现出来的有关教学的比较表面、零散的和多变的外部联系，是教学活动过程中可以看得见、摸得着的各个方面。而教学活动的本质或规律就是教学活动内部的联系，由教学的内在矛盾构成，是教学活动比较深刻的、一贯的和稳定的方面。理解课堂教学现象，不能简单地等同于课堂教学过程中发生的所有现象。因为课堂教学现象中可能会包括一些社会现象、心理现象和教学现象。只有课堂教学过程中表现出来的教学现象才是课堂研究的对象。另外，课堂教学现象的表现包括较为普遍性的教学科学现象和具有情境性的教学人文现象两个方面。

二　教学问题

问题就其本质来说就是事物的矛盾。教学问题也就是教学过程中各因素之间的矛盾。因此，教学问题隐藏于教学现象中，教学问题的发现与解决其实就是透过教学现象把握教学本质的过程。在复杂多变的课堂教学现象中，教学问题扑朔迷离、多种多样。因此，首先根据不同标准将课堂教学问题进行分类，再针对不同类型的问题采取不同的解决策略。

(一) 根据问题的状态分为显性问题与隐性问题

显性问题是指在课堂教学过程中能够清晰地外显出来的问题，教师比较容易直观地感知。比如课堂教学过程中举手发言的同学较少，课堂气氛不够活跃；学生对于课堂教学不感兴趣，大部分学生干自己的事情而不能专注于课堂教学等。

隐性问题是指在课堂教学过程中不能够清晰地外显出来的问题，需要通过一定观察、分析才能发现。这类问题教师不容易直观地感知到。比如教师在课堂教学过程中注重了优等生而忽视了学困生；教师的教学更多地注重知识解析而轻视学生的能力发展等。教师课堂提问的问题水平停留在学生机械记忆的水平，缺乏迁移、解释、应用等类型的高水平问题等。

(二) 根据问题的性质分为预设性问题与生成性问题

预设性问题是教师在课堂教学实施前对课堂教学情况进行预测、分析可能会出现的问题。这类问题的发现主要依据教师自身的教育教学经验以及反思以往课堂教学之后的所思所想。比如某一节课中教学难点的确定及其突破方法与策略；学生在学习某一个知识的时候可能会存在的认知障碍和困难等。

生成性问题是教师在课堂教学过程中实际表现出来的问题。这类问题主要是教师在课堂教学过程中自己随时感知到的，以及其他教师在听课过程中观察发现的。比如教师的教学方法与学生认知方式之间存在一定的差距；教师使用的课程资源无法有效调动学生的学习积极性等。

(三) 根据问题的特点分为个性化问题与共性化问题

个性化问题是指在个别教师的课堂教学中存在的特殊问题。同一所学校的教师队伍素质与水平参差不齐，不同年龄、教龄、职称、学历的教师在课堂教学中存在的问题也各有差异。不同的班级有不同的学生，即使是同一位教师所带的班级，学生水平与特点也不尽相同。因此，在这个教师的课堂中存在的问题不一定在那个教师的课堂中存在，在这个班级中存在的问题也不一定在那个班级中存在。

共性化问题是指在大部分教师的课堂教学过程中普遍存在的问题。第八次普通新课程改革以来，很多教师对新的教育理念、教学内容和教学方式等的改革都普遍表现出不适应。比如在高中化学新课程实施过程中，教师一开始普遍对新的教材编写体系不认同，认为知识点太分散、杂乱无章。元素化合物知识打破了传统的以元素周期律为基础的学习模式，而是从金属和非金属两大类入手，以知识在生产、生活中的应用为基础来学习，教师不好教授、学生也不容易掌握。基本概念原理的学习在选修中难度提升，考察的重点已不再是知识的理解记忆，而是化学基本观念的建构。因此，这些共性化的问题都需要教师在课堂教学研究过程中一一破解。

（四）根据问题的成因分为主观性问题与客观性问题

主观性问题主要是指由教师自身原因所造成的问题。比如教师的语言表达能力、课堂管理能力不强；教师本身的知识结构体系不完善，知识之间的内在本质与联系掌握不深入；教师对学情的分析不到位把握不准确等。

客观性问题是指由教师以外的原因所造成的问题。比如学校课时安排不紧凑、课时量不够；学生的学习习惯不良、学习基础薄弱等。

（五）根据问题的内容分为课程问题与教学问题

课程问题就是课程本身的结构、内容、实施等问题。比如地方课程或校本课程的开发与编制问题，课程资源的整合利用问题、教科书的优化整合问题等。

教学问题就是在课程实施过程中出现的具体问题。比如课堂教学中的师生关系问题、教学目标达成问题、教学内容选择问题以及教学方式方法的运用问题等。

总体来说，教师通过听评课开展课堂教学研究就是通过观察课堂教学活动感知课堂教学现象，透过课堂教学现象发现课堂教学问题，并进一步分析问题、解决问题，从而把握课堂教学本质与规律的过程。因此，教师开展课堂教学研究是一个从观察课堂教学活动到把握课堂教学规律与本质的层层深入的过程，其基本的内容框架如图7—1所示。

第五节 教师通过听评课开展课堂教学研究的基本路径

教师通过听评课开展课堂教学研究既然是一种研究，那就必须要遵

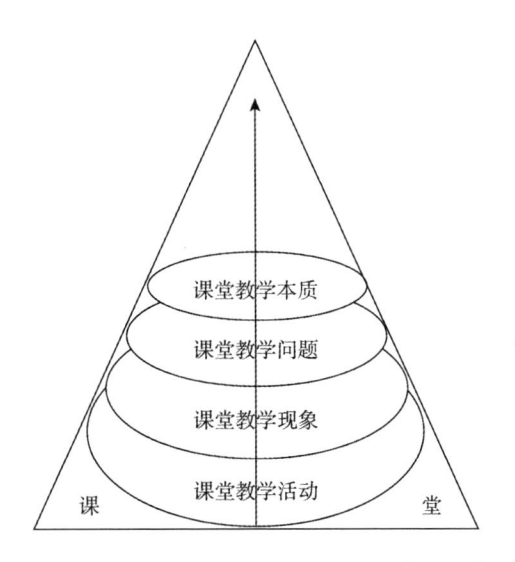

图7—1 教师通过听评课开展课堂教学研究的基本内容

循和体现研究的基本过程和基本规范,从而不同于一般的教育教学实践活动。就研究的过程来说一般有两种方式:一种是自上而下的理论演绎方式,另一种是自下而上的实践归纳方式。具体到教学研究来说,演绎方式是运用一定的教学理论,分析、解释和指导课堂活动,规范教学过程,增强教师教学的自觉性。而归纳方式是指依据一定的课堂观察和经验,通过反思、归纳、概括来反映教学活动规律,形成新经验、新策略,上升为理性知识,丰富教师的知识经验,从而提高教学的有效性。[①] 因此,依据上述分析并结合实践研究发现,教师通过听评课开展课堂教学研究的路径主要有以下两条,具体如图7—2所示。

一 自下而上的归纳式路径

该路径即教师通过个人反思发现课堂教学问题,经集体备课分析问题后教师能够基于经验初步解决课堂教学问题,运用经验设计方案,通过听评课实施方案、评价方案,最后将实践经验归纳总结上升到理论

[①] 叶立军、彭金萍:《研课:促进教师专业发展的有效途径》,《天津师范大学学报》(基础教育版)2014年第3期。

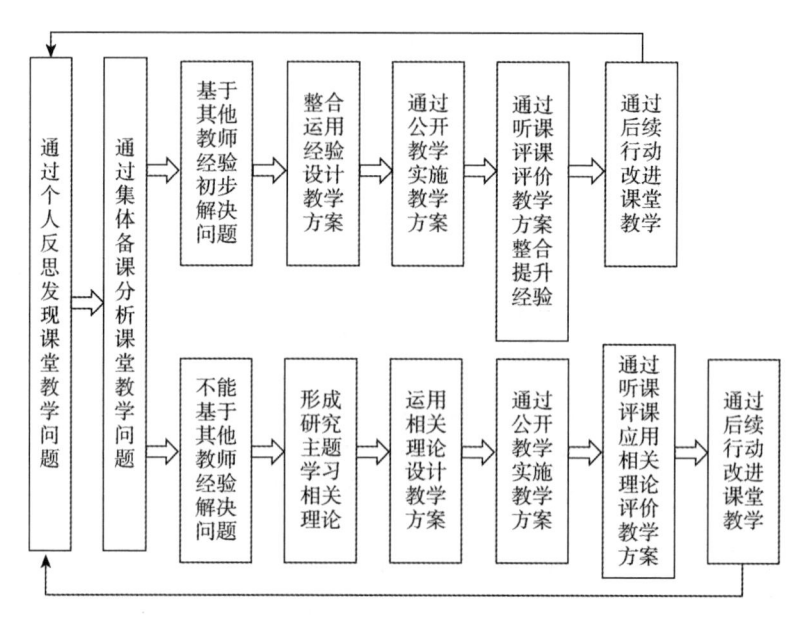

图7—2　教师通过听评课开展课堂教学研究的路径

层面。

二　自上而下的演绎式路径

该路径即教师通过个人反思发现课堂教学问题，经集体备课分析问题后教师不能基于经验初步解决课堂教学问题，此时教师需要基于相关理论分析解决课堂教学问题，运用理论设计教学方案，通过听评课实施方案、评价方案，最后结合实践过程进一步整合顺应理论。

第六节　教师通过听评课开展课堂教学研究的基本模式

教师作为研究者从事课堂教学研究，关键是如何将研究的基本过程与教师工作的基本环节有机对接起来？研究发现，本次基础教育新课改以来，很多学校都在倡导教师开展自我反思、集体备课、公开课、听评课活动以及说课活动，其目的在于使教师通过这些活动开展课堂教学研究，改进课堂教学实践，提高课堂教学质量，促进教师专业发展，而且很多学校也形成了一些零散的研究成果。但是，实践研究发现，教师对这些活动缺乏应有的积极性与热情，而且活动效果也不十分理想。究其原因，问题的关键不在于学校是否开展了这些活动，而在于学校是如何开展这些活动的？所开展的这些活动内部能不能有效地联系？这些活动与教学研究的基本过程能不能有机地对接？如果这些关键问题解决不好，就容易造成教师的一种错误认识，即教学是教师的本职工作，而研究是独立于教学工作之外的。基于此，本书在实践探索过程中，针对个案学校的具体问题，将教师的个人反思、集体备课、公开教学以及听评课、说课这几个环节有机地联系起来，作为系列活动开展，而不是将其作为毫无关联的活动分别进行。教师通过听评课开展课堂教学研究模式的建构，关键在于将日常的教学工作即听评课活动与教学研究的基本过程有机对接，使教师在实践操作层面真正体验到通过听评课开展课堂教学研究的益处，观念层面能够意识到听评课对于课堂教学研究的意义与价值，认识到课堂教学研究不是游离于教学工作之外的，而是基于日常教学工作、为了改善课堂教学实践，并在日常工作过程中就能开展的。基于此，结合上述两条基本路径的分析，教师通过听评课开展课堂教学研究的模式可以总结为以下两种。

一　基于教师个性化问题的研究模式

如图7—3所示，基于教师个性化问题的研究模式中，内圈是教师开展课堂教学研究的路线，外圈是教师日常工作的路线，实践研究表明，两条路线有机对接起来教师就能有效地通过听评课活动开展课堂教学研究。这一模式是针对教师个人的个性化问题开展研究的最基本模式。该模式的基本操作流程如图7—4所示，以下具体分析该模式的操作步骤。

（一）通过个人反思发现课堂教学问题

课堂教学研究的首要环节就是通过教师的个人反思发现课堂教学中的问题。而这里的问题其实就是前面基本内容中提到的显性问题或预设性问题，即教师通过对自己日常课堂教学的反思，能感知或预测到的问题。而且，通过教师的初步分析，可以判断这些问题是客观性问题还是主观性问题，是与课程相关的问题还是与教学相关的问题。总之，通过

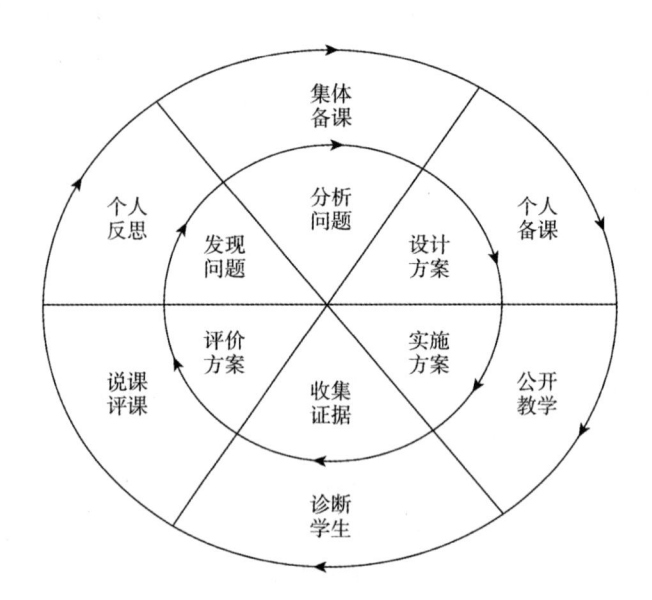

图7—3 基于教师个性化问题的研究模式

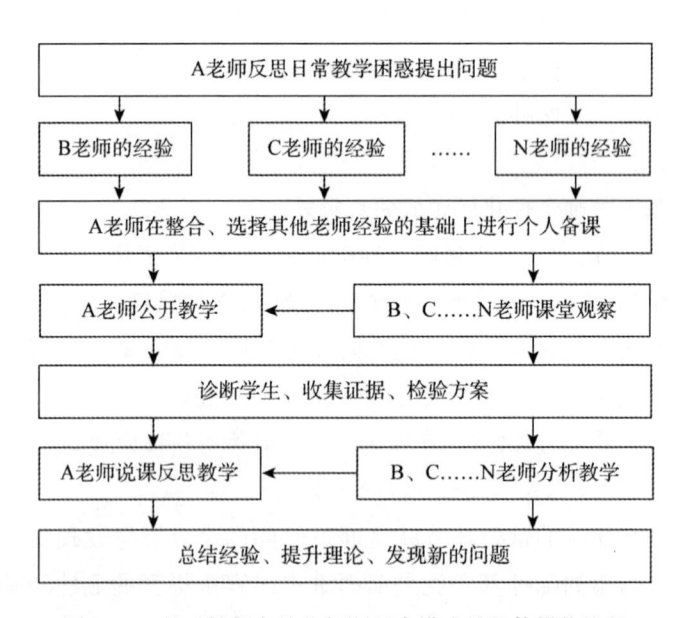

图7—4 基于教师个性化问题研究模式的具体操作流程

教师的个人反思以及初步分析，这里的问题必须是教师凭借个人经验无法有效解决的问题，而且是具有研究价值和可行性的问题。传统的听评课活动也提倡发现课堂教学中存在的问题，但是它关注的是课堂教学过程中的生成性问题，而对于课堂教学前的预设性问题关注不够。因此，使得授课教师不能有目标有指向地准备公开课，听评课的教师也不能有准备、有针对性地进行课堂观察，导致听评课活动达不到应有的效果。

(二) 通过集体备课分析问题成因及对策

教师通过个人反思发现了问题却又不能凭借自己的经验有效解决问题时，最为有效的、快捷的方法就是借助同伴的力量群策群力来解决问题。这里的集体备课不再是随意漫谈式的意见发表或经验交换，而是直指课堂教学问题解决的深度对话。针对教师个人存在的问题，在个人反思的基础上集体分析问题的成因，并有针对性地提出对策。传统的不以问题解决为根本的集体备课，往往会导致备课无目标、无成果。长此以往，教师也会失去应有的激情与兴趣，更谈不上集体备课的实效性。因此，只有以课堂教学问题为载体开展集体备课，才能促使教师及时进行自我反思和集体反思，进而发现问题、分析问题，抓住关键和疑难问题进行集体攻关，依托群体智慧清淤除障、释疑解惑，最大限度地改善课堂教学，提高课堂教学质量。值得一提的是，当教师的个性化问题在集体备课中借助同伴的经验不能有效解决时，说明这个问题是教师普遍存在的共性化问题。因此这时就需要通过集体备课确定进一步研究的主题，借助专业引领开展主题式研究，这也是下一种模式所要解决的问题。

(三) 通过个人备课设计问题解决方案

设计指的是解决问题的一种方案、设想、构想与策划。教师的个性化问题在集体备课中被研究后，对策可行不可行，就要通过教学设计来体现并在实践当中去检验。此时的个人备课不同于日常的备课活动，而是要将其提升到教学设计的高度来认识，使备课与研究成为一件事而非两件事，这正是"教学即研究"的本意。此时，教师必须纠正日常备课中存在的两种不良倾向：一是仅仅追求技术层面的完善。若从知识的传递出发去理解教育，教师的备课只能是技术性的；若从学生的成长出发，那么教师的备课则总是在实现着文化的融合、精神的建构，永远充满着研究和创造的性质。① 然而，从实践表现来看，教师的备课更多关注技术的完善，缺乏对教学行为背后所隐含的教育价值观念、教育哲学理念的深层次反思。二是过分依赖其他教师的经验或直接照搬其他教师的教案进行机械模仿。这里并不是说教师不能参考他人的教学设计，不能借鉴其他教师的有益经验。集体备课的意义就体现在针对教师的个性化问题，其他教师贡献经验群策群力帮助其解决问题。但是，教师在借鉴、模仿的过程中要加入自己的思考，如为什么要这样设计？这样的设计是不是适合我？只有在反复琢磨与不断追问中，教师才会形成对教学问题深刻而独到的认识，个人备课才是一种研究意义上的备课。

（四）通过公开教学实施方案并观察课堂教学

教师设计好教学方案后，到底能不能切实解决教学实践中的问题，还需要实践检验。因此，基于同伴互助的公开教学就是实施教学方案的最佳途径。公开课过去常常是作为检查或评价某一学校或某一教师教学的主要形式。所以遇到有上级教育主管部门来检查或同行专家来观摩，一些优秀的教师常常要代表学校上公开课。对于此种公开课，教师们的积极性不高，甚至产生较强的逆反心理。但是作为教学研究基本环节的公开教学，则是教师真实展示预设性教学文本的过程，是再现教学设计理念与方法的过程，是教师参与真实的教学研究的过程。对于此种公开课，教师们参与的积极性高，而且参与听课评课的教师也会有更多收获。作为参与过集体备课的教师，在参与公开教学活动时，应以研究者的视角来观察课堂教学，一方面要关注预设性问题的解决效果，另一方面还要发现课堂教学中的生成性问题并分析其原因。因此，教师在进行课堂观察时，可以自行设计课堂观察量表记录并分析课堂教学中的问题，也可以通过质性的描述记录课堂教学中的问题。总之，这里的课堂观察不同于传统的听课，教师在进入课堂之前已经具有了明确的目的和系统的计划。因此这里的课堂观察是具有研究性质的科学观察，而不是无目的、无准备的随意观察。

（五）通过诊断学生收集事实证据

科学研究讲求证据，通过证据和事实来说明问题解决的程度。教师

---

① 宁虹：《"教师成为研究者"的理解与可行途径》，《比较教育研究》2002年第1期。

的课堂观察是检验教学方案的一种途径，但是教师课堂观察的结果难免带有主观性，因此对于研究来说有必要找到一种更为客观的依据来证明方案的可行性与教学实践的有效性。而且方案是否可行、教学是否有效，并不是指教师有没有顺利完成教学任务或教得认真与否，而是指学生有没有学到有用的内容或学得好不好，如果学生学得不好，即使教师教得再辛苦、再认真，也是低效或无效的教学。因此，学生的学习情况是检验教学的主要依据，可以通过诊断学生收集证据说明方案的可行性。一方面可以通过课后随机访谈的形式了解学生对这节课的整体认识、感受与收获。另一方面可以通过问卷或试题的形式，有针对性地检验教学目标的达成度。这样可以为接下来的评课提供更为客观、直接的证据，也可以使教师更加科学地分析课堂教学问题。

（六）通过评课反思问题解决并总结经验

评课活动是对公开课教学的进一步研究，通过评课才能真正实现和延拓公开课教学的价值。在评课过程中，授课教师作为课堂教学研究的主体之一，必须真正地参与到研究中来。因此，评课过程中必须尊重授课教师，首先听取授课教师的个人感受和想法。授课教师在课后反思的基础上，通过说课分析课堂教学中预设性问题的解决效果和课堂教学实施过程中发现的生成性问题，并从"当事人"的视角发表对这些问题的认识。然后其他教师在授课教师说课反思的基础上，与授课教师展开深入对话。这里的对话有三个层面，而且这三个层面是依次递进的。第一个层面是信息的交流，也就是教师描述他们在课堂中看到了什么、听到了什么、感受到了什么。虽然在听评课过程中具有合作性，但是每个进入课堂的个体都是彼此独立的，他们看问题的视角、侧重点是不同的，因此教师通过彼此之间所获信息的交流，可以最大范围地促进课堂教学信息的流动，从而扩大和丰富教师对于课堂教学的信息量和认识。第二个层面是经验的共享。在信息交流的基础上要对课堂教学进行分析与评价。每堂课都有其闪光点但也存在不足之处，因此在信息交流的过程中挖掘课堂中的闪光点，可以借鉴和吸收授课教师的经验，而这些经验只有被激活、被分享，才会不断升值。同时通过问题的发现与解决，其他教师贡献自己的经验，从而在问题解决的过程中反思、活化、提升自己的经验。第三个层面是深度会谈。深度会谈是在信息交流和经验分享的基础上,就大家对课堂教学中共同关注的话题展开讨论。这里的讨论关键在于教师间要有真诚的人际关系,彼此信任、互为伙伴,只有这样才能无拘无束地发表意见,产生思维互动。深度会谈是一个自由的开放发散过程,它会诱使教师把深藏于内心的甚至自己都意识不到的想法、思想、智慧展示、表达出来。这个过程同时也是最具有生成性和建设性的,它会生成很多有价值的新见解。最后,在授课教师说课以及和其他教师对话的基础上,达成对课堂教学问题解决的共识,归纳经验,形成案例研究的素材以及新的问题解决方案。

(七) 通过改进课堂教学发现新的研究问题

如前所述,教师通过听评课开展课堂教学研究是一个循环往复、持续不断的过程。到此,教师的课堂教学研究活动并没有真正结束,它只是完成了一轮循环。在本轮研究中发现的问题,通过集体备课、公开教学、听评课后一定要及时将研究成果应用到教学实践中去进一步改进课堂教学。而且这一轮研究的成果作为下一轮研究的开始,还需要教师将归纳总结的经验、新发现的问题及其解决对策,通过新的实践去研究与检验,从而进一步提升经验、上升到理论。

二 基于教师共性化问题的研究模式

基于教师共性化问题的研究模式是在教师个性化问题研究模式基础上的延伸与拓展,如图7—5所示。当教师的个性化问题通过集体备课凭借教师的集体经验与智慧无法有效解决时,此问题就转化为教师的共性问题。这时就要通过对共性问题的整合、提炼形成研究的主题再开展研究。在该模式中,内圈同样是教师开展课堂教学研究的路线,外圈同样也是教师日常工作的基本路线,两条路线有机对接起来教师就能有效地通过听评课活动开展课堂教学研究。这一模式是针对教师的共性化问题展开研究的,其基本的流程如图7—6所示。以下具体分析该模式的操作步骤。

(一) 通过集体备课确定研究主题

目前,很多学校都在倡导主题式教研,但主题如何确定?如何保证主题式教研活动的实效性?诚然,主题不是随意确定的,也不是基于教研组长、个别教师或专家学者的主观意愿确定的。主题一定是基于教师的共性问题产生的。当教师所面临的课堂教学问题较为普遍且表现出一定的共性时，就是问题转化为主题的最佳时机。也就是说，当教师的个性化问题在集体备课中借助同伴的经验不能有效解决时，说明这个问题是教师普遍存在的共性化问题，这时就需要通过集体备课进一步确定研究的主题，借助专业引领开展进一步研究。

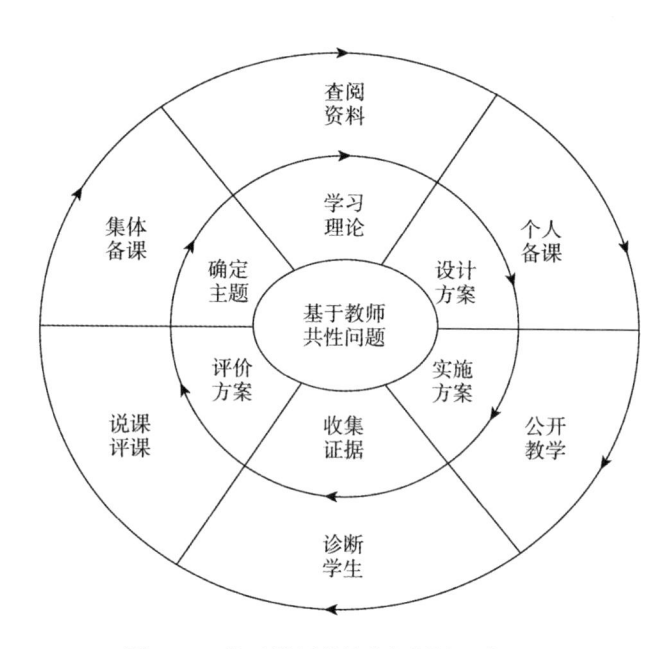

图7—5 基于教师共性化问题的研究模式

（二）通过查阅资料寻找理论指导

教师在面临课堂教学问题的时候，一般不会自主学习理论，而是凭借自己的主观经验或学习其他教师的优秀经验来解决问题。但是当教师的个性化问题不能凭借教师自己或其他教师的经验有效解决时，理论的重要性就凸显出来了，教师也不会表现出强烈地排斥。那么理论到底如何引领实践呢？这里主要包括三个层面：一是教师对所要研究主题的相关文献进行整理与归纳，这是任何研究都必须做的工作，目的在于找到研究起点，使教师不仅要熟悉这一研究主题在理论上的已有成果，而且要通过对文献梳理形成自己独特的研究基础；二是从已有的教学案例中找到其共性与个性的内容，为教师设计课堂教学问题解决方案提供借鉴；

```
┌──────────────┐  ┌──────────────┐       ┌──────────────┐
│ A老师的问题  │  │ B老师的问题  │ ......│ N老师的问题  │
└──────┬───────┘  └──────┬───────┘       └──────┬───────┘
       └─────────────────┼──────────────────────┘
                         ▼
         ┌────────────────────────────────────┐
         │ 基于老师的共性问题提出研究的主题   │
         └────────────────┬───────────────────┘
                          ▼
         ┌────────────────────────────────────┐
         │ 基于研究主题查阅资料，寻找理论支持 │
         └────────────────┬───────────────────┘
                          ▼
  ┌──────────────────────┐   ┌──────────────────────┐
  │ A老师运用理论设计教学│◄──│ B......N老师运用理论备研│
  └──────────┬───────────┘   └──────────────────────┘
             ▼
  ┌──────────────────────┐   ┌──────────────────────┐
  │ A老师公开教学        │◄──│ B、C......N老师课堂观察│
  └──────────┬───────────┘   └──────────────────────┘
             ▼
         ┌────────────────────────────────────┐
         │ 诊断学生、收集证据                 │
         └────────────────┬───────────────────┘
                          ▼
  ┌──────────────────────┐   ┌──────────────────────┐
  │ A老师说课反思教学    │◄──│ B、C......N老师分析教学│
  └──────────┬───────────┘   └──────────────────────┘
             ▼
         ┌────────────────────────────────────┐
         │ 整合理论、总结规律、发现新问题     │
         └────────────────────────────────────┘
```

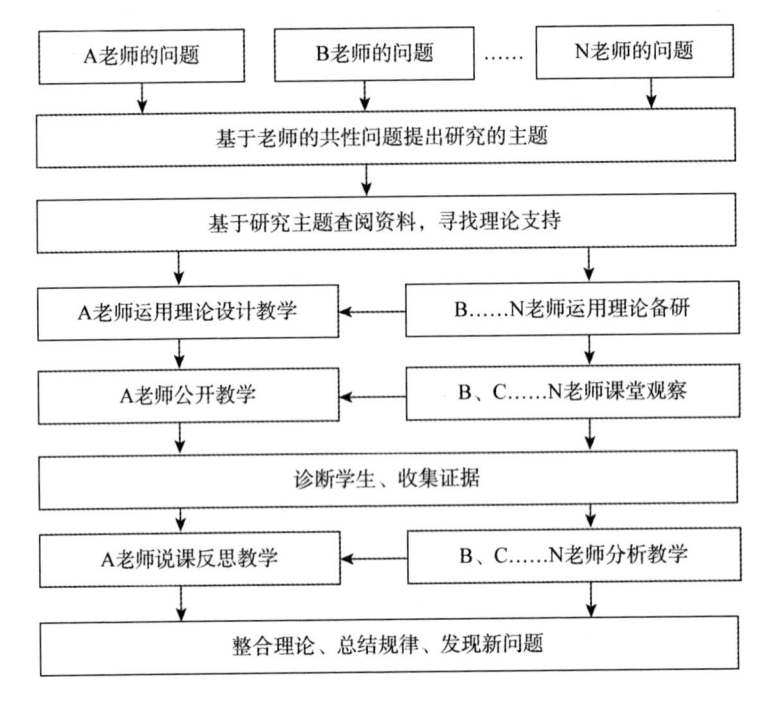

图7—6　基于教师共性化问题研究模式的具体操作流程

三是对所要研究的主题在课堂教学活动中的现象如何进行观察与记录做充分准备，对观察什么、如何观察、记录什么、如何记录等内容进行分析与分配。

（三）通过个人备课设计问题解决方案

该模式中的教师个人备课与第一种模式中的教师个人备课有共同的方面，也有不同的方面。共同的方面是备课的目的相同，都是为了上好课，即教学活动的有效或高效。不同的方面是备课的依据不同，前一种模式中教师主要是依据其他教师的经验，教师备课的关键是如何整合并有效运用经验。而该模式中教师主要是依据相关的理论进行备课，分析、解释和指导课堂活动，规范教学过程，增强教师教学的自觉性。理论较之经验其操作性相对较弱，因此，教师到底如何有效地运用理论解决实践中的问题就是个人备课的关键点和难点。

（四）通过公开教学实施方案并观察课堂教学

该模式中的课堂观察与第一种模式中的课堂观察有共同的方面，也有不同的方面。共同的方面是观察目的相同，都是为了收集课堂教学研究的第一手资料，不同的是观察内容与侧重点不同。第一种模式中教师课堂观察主要是针对授课教师课前的预设性问题，通过观察课堂教学掌握问题解决情况，在此基础上发现课堂教学中的生成性问题。第二种模式中教师课堂观察的目的与内容除上述方面，还需要结合教师自己在该主题中的具体问题以及所学习的相关理论，找到一定的实践依据，也就是一种检验相关理论的课堂观察。

（五）通过诊断学生收集事实证据

这一环节与第一种模式相同，在此不再赘述。

（六）通过说课评课反思问题解决并整合相关理论

该模式中授课教师的说课和听课教师的评课与前一模式中有共同的方面也有不同的方面。共同的方面是目的相同，即对课堂教学的研究。不同的方面主要是侧重点不同。说课教师主要说自己是如何查阅资料寻找理论指导的，自己在备课中是如何运用理论的，在课堂教学中实施的效果如何？而评课教师除针对课堂教学进行信息交流与经验共享，并运用理论进行深度会谈外，还要阐述基于该主题，自身存在什么困惑与问题，在理论学习与课堂观察的基础上，该问题与困惑是否解决，有什么体会与收获。从而使授课教师与听评课教师都能对该主题产生新的认识，并将相关理论整合纳入自己的理论体系。

（七）通过改进课堂教学发现新的研究问题

这一环节与第一种模式相同，在此不再赘述。

第八章

教师通过听评课开展课堂教学研究的实施对策

以上从哲学层面、社会学层面、技术操作层面建构了教师通过听评课开展课堂教学研究的相关理论。然而，在实践层面，教师通过听评课开展课堂教学研究还需要社会、学校、教师和学生等多种因素和条件的协调一致。下面在理论研究与田野研究的基础上，从学校和教师两个层面归纳总结教师通过听评课开展课堂教学研究的实施对策。

第一节 学校层面

一 重建专业的听评课制度

听评课制度作为学校建立正常教学秩序而制定的维系公约，发挥着规范听评课组织和实施的作用，对教师的相应行为也发挥着约束、指导作用，引导着听评课活动的发展方向，并直接影响着听评课活动的效果。因此，教师通过听评课开展课堂教学研究，学校层面首先必须建立专业的听评课制度对其作以保障与引领。

（一）建立规范性与灵活性相结合的听评课制度

专业听评课活动的有效开展，相关制度对其进行规范与约束是必要的，但是制度不能过于刚性化，不能把教师管得太严、规范得太死，而是应该具有一定的弹性与灵活性。调研发现，很多学校规定教师每学期必须听够多少次课，在学期末检查听评课笔记并作为年终考核的依据，每个教研组或备课组每学期必须要搞几次同课异构活动，或者青年教师和优秀教师都要开展公开汇报课活动等，这样一些刚性的制度规定对于教学任务本来非常繁重的普通高中教师来说只能将听评课作为一种任务来完成。研究发现，普通高中教师更倾向于教师个人层面的、小范围的、非正式的听评课活动，并且认为这样的听评课活动更加有针对性和实效性。但是由于教师个人的时间、精力以及学校制度等相关因素的影响，这样的听评课活动并不能持续有效地开展。因此，学校在制定规范性的听评课制度的基础上，还应给予教师一定的时间和空间，允许并鼓励教师针对各自的具体问题开展小范围的、灵活多样的听评课活动。

（二）建立监督型与保障型相结合的听评课制度

在专业听评课活动中，听评课制度不仅应该发挥监督管理的作用，更应该发挥保障引领的作用。调研发现，很多学校领导会通过"突然袭击式"的听评课检查教师的上课情况，或者通过教研室等相关组织机构检查教师参与听评课活动的情况等。然而事实上，这样的听评课制度只会引起教师的反感，而不会增强教师对听评课的正确认识，更不会发挥听评课的实效性。因此，应该从制度层面体现学校对听评课有效开展的保障与引领。比如通过制度规定，保证每学期每位教师都能去其他学校参与听评课和交流研讨活动，每学期都能够邀请课程与教学方面的专家深入学校与课堂指导教师通过听评课开展课堂教学研究，或者调动本校理论知识与实践经验丰富的专家型教师开展校本培训。另外，对于日常教学中通过听评课开展课堂教学研究取得一定成效的教师及时给予物质和精神方面的鼓励或奖励，等等。也就是说，学校应该使教师切身感受到是在为教师更加有效地开展听评课活动提供保障，着眼点在于通过听评课切实提高课堂教学质量以及促进教师自身专业发展，而不是将关注点放在检查教师到底有没有参加听评课活动，或者参加了几次听评课活动这种量的考核方面。

（三）建立自上而下和自下而上相结合的听评课制度

传统的听评课活动一般都是学校统一规定的，教研组组织安排，教师落实学校和教研组的规定。这样的听评课活动难以从根本上调动教师的积极性与主动性，教师总以一种被动与消极的态度对其应付。专业听评课活动的组织实施不仅应该有学校层面的统一规定安排，更应该有教师个人层面的自主自发。因此，需要改变传统听评课自上而下的检查评价方式，把听评课真正变成教师内在的自主自发的学习和研究活动，由教师自主反思自己的课堂教学开始，其他教师在集体备课以及听评课的基础上形成统一改进的意见与建议，并且使自评与他评相结合。这样一方面可以使听课教师更加了解授课教师的预设性问题、教学设计意图以及在课堂教学过程中的真实感受，使听课与课后研讨都能做到有的放矢；另一方面也可以充分尊重授课教师，体现其在课堂教学研究中的主体地位，使评课变成一种平等的对话活动，而不是评价和审视活动。

（四）注重听评课制度的落实与效果

制度的生命在于落实。访谈中，教师们认为学校听评课制度最突出的问题就是"布置多、落实少"，表现为一些制度没有得到很好地贯彻执行，导致听评课活动未能按照设想的状态去开展，未能充分发挥其应有的功能与作用。而且目前的听评课制度更多的是规定教师听课数量，以及检查教师是否达到了量的要求，而对于评课环节则可有可无，不注重听评课活动质的保证以及教师通过听评课活动获得了什么，以及教师通过听评课活动在后续的行动中发生了哪些质的改变。因此，学校听评课制度建设中不可忽视听评课活动的实施过程与效果，学校听评课制度应该从关注听评课的量到关注听评课的质；从关注教师是否参与了听评课到关注教师通过听评课收获了什么；从关注教师在听评课过程中说了什么到关注教师在听评课活动以后怎么去做。

二 培育专业的研究性文化

教研文化不仅是教研活动状况的集中反映，更是教研活动有效开展的动力支撑。学校的教研文化不仅潜移默化地影响教师的听评课观念并规范着教师在听评课活动中的行为，同时也反映了教师的整体素质。具有共同使命、共同愿景和核心价值的教研文化，不仅能够调动教师参与听评课的积极性和主动性，同时也能得到教师的认同，有助于培养教师的教研意识。[1] 研究发现，学校统一组织安排的听评课活动对教师缺乏吸引力，不能仅仅归因为校本教研制度不健全或学校对听评课活动不重视……更深层的原因在于长期以来学校缺乏滋养教师职业精神的教研文

---

[1] 张广斌：《转型与使命：新时期教研队伍建设研究》，《中国教育学刊》2011 年第 11 期。

化，缺乏促进教师专业发展的教研生态环境。因此，教师要有效地开展专业听评课活动，学校必须注重培育专业的研究性文化，而学校的研究性文化其实就是一种合作、民主、平等、开放的思想观念和行为方式。

(一) 参与听评课的教师关系由主客关系走向主体间性关系

主客体关系是一种不可逆的单向关系。在主客体之间只有主动和被动的关系，而不可能存在互动的双向关系。以评价管理教师为取向的传统听评课活动中，授课教师与评课教师之间就是一种单向的主客关系。授课教师是评课教师批判的靶子，被动接受听课教师的评价。而听课教师缺乏与授课教师的有效沟通，以自己的经验和一己之见主观地评价授课教师，相互之间缺乏双向的对话与理解。因此，从根源上导致听评课的文化必然是以个人主义、相互竞争或表面合作的文化为主。而主体间性关系是一种相互理解的双向关系。首先，这是一种相互关系，是指主体之间是一种互动、双向的关系。在主体间性关系中的对话双方是一种能够平等交流的"互为主体"的关系。哈贝马斯认为，只有交往关系才是一种理想的相互关系。人们只有通过这种交往关系，才能寻求到合理的共同生活的方式。其次，这是一种理解的关系。主体间的相互理解过程是主体交往中的信任和认同过程，是交往者通过言语行为相互作用的过程。按照哈贝马斯的观点，理解更是一种参与交往对话的主体之间的默契与合作，是一种交往活动，而不仅仅只是认识活动。所以，理解的内涵并不仅仅限于对语言表达的理解，它还是对存在事物的共识，甚至是对言者意向的理解。因此，在以课堂教学研究为取向的专业听评课活动中，授课教师与听评课教师之间必须是这种双向的互动理解关系，否则他们无法围绕教学实践中存在的真实问题平等交流、对话理解。而且，在这样的关系中没有外力的强迫与控制、没有主动与被动、没有约束与被约束，有的只是交往主体之间的平等交流、解释和对话，以及主体之间的相互理解、求同与合作。赵汀阳在《论可能生活》中谈到："人际关系是相遇相处的关系，如果相待和谐就产生积极健康的情感，否则就产生敌意、冷漠和孤独。"因此，培育专业的听评课文化，必须重建听评课主体的关系，从主客关系走向主体间性关系。

(二) 鼓励教师正视、反思、发现、暴露课堂教学问题

传统听评课中，学校将听评课作为评价监督教师及其教学的工具与

手段，这样的定位，必然导致讲授公开课的教师过度准备、文过饰非、讳疾忌医，努力表现展示自己最好的一面，其他听评课的教师也觉得听这种失真的公开课没什么实际意义，将其作为任务而走走过场。专业听评课以提高课堂教学质量为目标，以课堂教学问题解决为根本。因此，学校层面首先要转变对听评课的观念与认识，对于表现型的公开课，如青年教师汇报课、优秀教师展示课等活动应该尽量弱化，而对于学习研讨型的公开课，比如针对教学中普遍比较困惑的教学问题以专题研讨的形式开展集体备课、公开教学以及听评课活动则应该强化，鼓励教师勤于反思自己的课堂教学，善于发现课堂教学中的问题，敢于主动暴露教学中的各种问题。而且，不论是授课教师还是听课教师，关键还要正视课堂教学中的问题，在公开教学活动中能够真实地展现自己的日常教学问题。另外，专业听评课不是评价课上得好不好，而是诊断课堂教学中存在哪些问题，针对问题改进课堂教学，提高课堂教学质量。因此，只有正视课堂教学问题，授课教师才能真实地展现自己的课堂教学，暴露问题，听课教师也才能够无所顾忌地发现课堂教学问题，并针对问题开展研讨，这样才能够形成一种真正开放、民主、合作的研究性文化。佐藤学在《静悄悄的革命》一书中指出："（学校改革）最为重要并且是中心的课题，是围绕创造性教学和教研制度形成作为专家的教师们之间互相培养的'合作性同事'之间的关系。这种合作的同事之间的关系一日不形成，学校的改革就一日不能成功。"教师评课就是需要打破那些"不想在同事面前暴露自己的弱点，又不愿意自己的工作方式被别人指手画脚；我不会对别人的事说长道短，也不希望别人来干涉我的工作"这种传统的封闭的心理状态，致力于让所有教师都开放教室，共享教学，直面问题，坦诚交流，共商对策，谋求创新，共同成长。

（三）对教师的评价机制由成绩本位向以人为本转变

目前，从政府到学校、从社会到家长都普遍关注学生的学业成绩，教师需要应对自下而来的学生和家长的期望以及自上而来的社会和管理人员的压力。在当前政府和教育行政部门还未制定出科学的评价学校办学水平和教学质量检测体系的情况下，考试分数与升学率仍然是评价教师和学校办学水平的标准，甚至是唯一标准。家长、学生以及社会各方面的压力最终施加到教师身上，因此教师的教育教学工作不可避免地围绕着如何提高学生的考试成绩来进行。尤其是在普通高中，学生面临着高考这一所谓决定自身命运的"关键性考试"，学校要求教师不论采取哪种模式、使用什么方法，只要学生的分数和升学率能上升不下降即可。因此，为了短时效益，为了提高成绩，教师只有依赖经验进行惯性重复教学、大搞题海战术，逼迫学生机械训练、死记硬背，难以通过课堂教学研究开展反思性、理解性和创造性的教学。而且，教师之间因为教学成绩排名竞争的因素，在听评课活动中也不会真诚、真实地交流课堂教学问题，个人主义和分化竞争的文化便应运而生。因此，学校应该从国家富强、民族振兴、人民幸福的高度出发重新审视当前学校教育的职责和功能，转变狭隘的应试教育观念，克服功利性和效率优先对教育造成的异化，回归教育的本位，从学生和教师的长远发展考虑，为教师和学生提供更多自由发展的空间。

三 组建专业的研究共同体

传统听评课中教师基本是单兵作战、各自为政，表面上是大家一起听课评课，而实质上是谁听谁的，评课的时候各自发表意见。而教师通过听评课开展课堂教学研究必须基于合作，否则无法发现课堂教学问题，更不用说有效地分析解决问题。因此，通过教师听评课开展课堂教学研究，必须组建专业的研究共同体。德国著名社会学家、哲学家斐迪南·滕尼斯在《共同体与社会》一书中，深刻地阐明了人类群体生活的两种结合类型——共同体与社会，认为共同体是一种持久的和真正的共同生活。[1] 近年来，建立在自觉自愿、积极主动基础上的以"共同体"为组织形式的"教师专业发展共同体"模式相继出现。[2] "研究共同体"实质上是一个实践共同体，其所有成员拥有一个共同的关注点，共同致力于解决一组问题，或者为了一个主题共同投入热情；他们在这一共同追求的领域中通过持续不断地相互作用而发展自己的知识和专长。实践

---

[1] ［德］斐迪南·滕尼斯：《共同体与社会》，林荣远译，商务印书馆1999年版，第54页。

[2] 张海珠等：《合作研究共同体：教师专业发展的新思路》，《教育科学论坛》2010年第11期。

共同体具有自愿性、同一性和发展性特性。因此，构建"研究共同体"就是要形成这样一个教师实践共同体，它是由有着强烈学习意愿和共同研究兴趣的教师（包括专业研究者）自愿组建，其共同目标是要在共同参与的各种教育实践和研究实践中形成良好的学习、研究氛围，并通过创造与传承知识而促进自身专业成长。[1]

（一）发挥校长在课堂教学研究共同体中的首席与引领作用

朱慕菊在《改进和加强教学研究工作深入推进新课程实验》中指出："校长是校本教学研究的第一人。"访谈中很多教师都说到："怎么开展听评课关键还是看校长，跟着校长的步子走。如果校长重视课堂教学研究，亲自带领我们或者支持鼓励我们搞，那么我们肯定也是愿意的。"因此，教师能否有效地开展专业听评课，学校的管理人员，尤其是校长的作用发挥很关键。校长不仅是学校的管理者和领导者，同时也是某一学科的教师。因此，作为课堂教学研究共同体中的首席和引领者，应该树立"科研兴校""科研兴师"和"做研究型教师"的思想和理念，主动参与到教师的课堂教学研究活动中，发挥示范导向和引领者的作用。通过多种途径不断提高自身的研究意识与能力，并在全校范围内为教师营造浓厚的研究氛围。在管理上树立以人为本的管理理念，对教师施以人文关怀，考虑、分析教师在研究中遇到的各种困难，并利用自身的行政权力予以解决，对教师开展课堂教学研究给予多方面的鼓励和支持。

（二）发挥教研组长和备课组长在课堂教学研究共同体中的带头作用

教研组、备课组是教师研究最常见的组织，也是形成"研究共同体"的胚胎。但是，实践中的教师合作松散而不专业。调研发现，教研组和备课组并没有真正发挥应有的作用。教研组长和备课组长的地位比较尴尬，虽然这个角色还存在，但其在听评课活动中发挥的作用仅仅局限于负责通知组织人员，上传下达，忠实地执行学校的相关规定，缺乏应有的专业引领和带头作用。但在差异检验中发现，担任学校领导的教师和教研组长、备课组长较普通教师更具研究意识，行为方面更加倾向于通过听评课开展课堂教学研究。因此，教研组长和备课组长作为一个学科的骨干教师，教学经验相对比较丰富，研究意识和能力也相对较强，应

---

[1] 周耀威：《试论"基于对话"的研究共同体》，《教育理论与实践》2006年第7期。

该充分发挥骨干教师的示范和帮扶作用。在日常的教学活动中带领其他教师共同开展课堂教学研究，帮助教师反思发现课堂教学中的问题与困惑，善于归纳总结本学科教学中的难点与问题，带领本学科的教师开展基于问题或主题的教研活动，使本学科的教师在原有基础上都能获得专业发展。

（三）发挥专家学者在课堂教学研究中的指导作用

研究发现，教师通过听评课开展课堂教学研究遇到的较为突出的问题是在理论层面缺乏相关知识与技能，尤其是课堂教学研究的理论与方法。虽然教师可以通过自学或在研究过程中学习等措施来弥补，但是教师忙于教学工作，缺乏充足的时间和精力投入系统的理论学习。虽然不反对"摸着石头过河"的探索精神，但是如果能得到专家学者的现场指导就会在较短的时间内提高教师的理论水平，减少行动的盲目性，避免实践中的低效现象。因此，迫切需要大学或研究机构的教育理论工作者和研究者走进课堂，为教师通过听评课活动开展课堂教学研究给予相关的理论指导与方法引领。

四　创建课堂教学研究的客观条件

教师通过听评课开展课堂教学研究，不仅需要学校在制度、文化以及组织实施层面给予支持与保障，还需要为教师提供研究的客观条件。

（一）给予教师一定的时间和空间开展课堂教学研究

教师开展课堂教学研究，时间保证是一个重要的客观因素。然而，普通高中教师教学任务繁重，教师将大部分时间和精力用在教学和管理学生方面，几乎没有属于自己独立支配的时间。即使是规定的教研组活动时间，有时候也会因为学校这样或那样的事务而被挤占。因此，学校首先应该从时间方面保证教师有共同的、足够的时间开展课堂教学研究。比如同学科的教师每周能有半天的空闲时间，专门通过听评课开展课堂教学研究，而且学校还应该为教师提供开展研讨的空间，比如有专门的教师研讨室或同学科教师有相对集中的办公室可以方便开展研讨。

（二）给予教师相关的资源支持开展课堂教学研究

教师通过听评课开展课堂教学研究不仅需要时间的保证，还需要资源的保障。首先是文本资源，学校应该为教师提供有关教育学、心理学以及教育科研方法的相关书籍，还有新的专业知识以及各类教育教学期刊等，使教师在教学之余能够充实理论提高自己的理论水平，掌握新的专业知识动态。其次是电子资源，比如购买一些国内常用的和教育教学相关的数据库——知网、万方数据库等，方便教师免费查阅所需资源。再次是人力资源，包括外请高校或科研院所的专家来为教师做如何开展课堂教学研究的相关报告讲座，引领教师开展课堂教学研究等。最后，学校还应该配备相关的现代化信息设施，比如录播教室、多媒体设备、教学研讨活动室，等等。只有这些客观的硬件设施配备齐全，才能更有效地促进教师通过专业听评课开展课堂教学研究。

第二节 教师层面

教师通过听评课活动开展课堂教学研究，不仅需要学校层面的相关支持与保障，更需要教师在主观方面转变观念、培养意识、提升能力。

一 转变传统听评课的观念

观念的形成依赖于社会环境及实践，在经验的基础上形成的观念具有相对的独立性、稳定性、持久性，对行为的选择发挥持久的影响，并能成为指导人们实践活动的重要原则和精神力量。因此，教师在观念层面对听评课本质的理解，不仅直接影响教师所持有的教育理念，而且指导着教师的听评课行为。

（一）从评价教师走向研究课堂

这是专业听评课和传统听评课的本质区别。因此，专业听评课活动的有效实施，教师的目的取向一定要发生根本性转变。教师不能再将听评课活动看作评价教师及其教学的工具与手段，进而依据自己的主观经验对其进行随意评价。而要将听评课活动看作开展课堂教学研究的方式，通过听评课活动发现课堂教学问题，并分析解决问题，从而提升课堂教学质量，促进自身专业发展。

（二）从表现自我走向诊断发展

与评价取向相应的必然是表现取向，因为如果将听评课作为评价教师及其教学的工具与手段，那么授课教师必然要展示自己最好的一面获得较高的评价。而与研究取向相应的必然是诊断发展。因为如果听评课围绕发现问题、分析问题、解决问题开展课堂教学研究，授课教师就必然会将听评课作为诊断自己的课堂问题，促进自己发展的过程。在这个过程中教师也要通过自我反思找到课堂教学研究的起点，在公开教学过程中不回避问题、敢于暴露问题，在此基础上和其他教师合作开展课堂教学研究。

（三）从技术模仿走向批判重构

研究发现，很多高中教师在听评课的过程中，都愿意听"好课"，关注"好课"技术层面的优势以及教师之间技术层面的互补。而对于普通的家常课或同校教师的课，他们认为缺乏相应的技术优势与价值，因此很多教师抱着完成任务的目的去听课。在听评课活动中，汲取别人的优势与经验固然重要，特别是年轻教师，一开始从教就是一个不断追求技术熟练的过程。但是，随着教师技术的熟练和经验的积累，在听评课活动中如果只是一味追求技术层面的借鉴模仿或学习取经，而对自身教育价值观念、教育哲学理念缺乏深层反思、批判与重构，对于课堂教学中的实质性问题不能得以有效解决，那么课堂教学的质量和教师的专业发展都难以从根本上得到提升。而且，如果没有与技术更新相匹配的观念转变，将最终造成观念更新与技术掌握之间的割裂。因此，教师在汲取优势的同时，还要进行反思，从而批判重构自己的教育教学观念行为。

（四）从外在要求走向内在需求

研究发现，很多教师参与听评课活动是为了完成学校安排的任务，而不是为了自我的专业发展以及课堂教学改进。专业听评课活动中，主体的意愿是非常重要的因素，如果教师不能将听评课活动作为自身专业发展的内在需求，而是学校强加于他的外在要求，那么听评课活动必然达不到应有的效果。因此，教师首先要从观念层面将通过听评课开展课堂教学研究作为一种内在需求，通过这样的活动提高自己的课堂教学质量，促进自身的专业发展。

二 培养课堂教学研究的意识

从传统听课评课走向专业听评课，不仅是一种观念的转变，更是一种专业意识的觉醒与培育、一种教学生活态度的升华。① 具体来说，教师的课堂教学研究意识包括以下几个方面：

（一）主体意识

教师个体的主观能动性在教师的专业成长中起着决定性作用。听评课作为一种教师集体的自主实践学习和研究活动，教师的主体意识在这个过程中起着非常重要的作用。但调研发现，普通高中教师普遍缺乏这种意识。长期以来，教师只是被动接受上级领导或教育理论的指导，成为上级领导指示或教育理论知识的实施者，并按照上级领导的要求或运用所学的理论来改变自己的教育教学实践。即使一些教师具有主体意识，也是表现为他律性的主体意识，而不是自主、自觉的主体性。没有教师的主动参与和自主发展，就不会有教师真正的专业提升。因此，教师应该明确课堂教学研究对自己专业发展以及实现人生价值的意义，积极主动地参与听评课活动，从"被听课"走向"来听课"，邀请其他教师进入课堂诊断课堂教学问题，在其他教师的课堂开展听评课的过程中要勤于反思课堂教学中的问题，并能够持续地关注和研究问题，制定切实可行的解决方案，综合运用多种方法开展研究。

（二）问题意识

任何研究都是从问题开始的，课堂教学研究也不例外。传统听评课中教师只关注课堂教学过程中的生成性问题，而忽视了课堂教学前的预设性问题。因此，听评课的针对性和指向性不强，导致听评课缺乏实效性。专业听评课要求教师从反思课堂教学问题开始，针对预设性问题开展课堂教学研究，在此过程中发现生成性问题。因此，教师要有意识地培养自己的问题意识，打破惯常的教学思维，在日常教学中多问几个为什么，从而使自己的教学更加具有科学性与专业性。

（三）改进意识

有改进意识的教师对教育理论和实践持有一种健康的怀疑与批判，能够以开放的姿态看待事物，易于接纳新的思想，不断地对教学进行思考。他们既是教学的实践者，又是教育理论的思考者与构建者。相反，

---

① 张爱军：《课堂观察之于教师研究：价值、困境与对策》，《教育理论与实践》2011 年第 10 期。

没有改进意识的教师则对此缺少关注,他们顺从权威而又依赖既有经验,无法超越固有的思维模式和行为方式,从而在教学中缺少创新。具有改进意识的教师,只要拥有可利用的新根据或信息,就会重新思考既定教学决策的结论与判断。而没有改进意识的教师固守结论,迷信权威,机械地按决策行事,结果必然导致教师缺乏灵活性,不能对问题情境进行弹性处理,很少有意识地思考教学效果,也不能对教学计划持有一种前瞻性态度。缺少反思和批判的教师往往只能基于其经验主义的做法,很少进行理论与实践的研究,不善于以研究者的态度从事教学实践。[①] 因此,教师通过听评课活动开展课堂教学研究,必须具有改进意识。

三 提升课堂教学研究的能力

教师的研究能力是指成功完成某一教育研究活动,教师需要掌握并使用的且保证每一环节顺利进行的操作方法及相关的良好心理品质。具体包括以下四种能力:感知教学信息的能力、收集教学信息的能力、分析教学信息的能力和评价教学信息的能力。感知教学信息是为了意识到课堂教学活动中发生的关键现象与问题。收集教学信息是为了了解在课堂情境中究竟发生了什么。分析教学信息主要是解释收集到的信息数据。评价教学信息主要是对教学结果做出评定。这就需要教师进行必要的学习、培训活动,从而掌握科学的研究方法,逐步培养其专业的听评课能力。因为只有掌握科学的方法,具备相应的专业能力,教师才能对教学现场进行专业水平的观察,获得有价值的研究素材,才能通过进一步的研究探索,体验到课堂教学研究带来的幸福感。而只有这种创造性成果带来的教育幸福,才能成为教师从事教育研究的不竭动力。

(一)加强学习

专业听评课是一种需要专业能力的研究行为,必须具备一定的理论与方法,如何进入观察现场、如何进行观察记录、如何进行资料收集与分析等,都有一定的科学性、艺术性乃至伦理性要求;它要求研究者有明确的研究目的与计划,需要遵循一定的原则,强调观察的真实性和系

[①] 钟启泉等主编:《普通高中新课程方案导读》,华东师范大学出版社2003年版,第154页。

统性。因此教师要通过听评课开展课堂教学研究必须加强学习，向实践学习、向书本学习、向同事学习、向专家学习。学习课堂教学研究的相关理论与方法，学习教育教学的理论知识，学习如何诊断学生的学习效果，如何与其他教师合作，等等。只有不断地加强学习，才能提升课堂教学研究的能力。

（二）积极行动

教师通过听评课活动开展课堂教学研究，不是被动的、强迫的，而是教师积极主动的行动才能实现的。在通过听评课开展课堂教学研究的行动过程中，教师能够进一步认识专业听评课，体验专业听评课对课堂教学改进以及自身专业发展的作用与价值，逐步地学会感知、收集、分析、评价教学信息的方法，提升自身课堂教学研究的能力。因此，在日常的教研活动中，教师要将参与听评课作为提升自己课堂研究能力的机会，不仅自己积极主动地深入同伴的课堂发现问题并分析解决问题，更要真诚热情地邀请其他教师深入自己的课堂来诊断问题，共同研究解决问题，从而提升自己的课堂教学质量并促进自身的专业发展。只有在一次次的行动过程中，教师才能更加深刻地认识到听评课对于课堂教学研究的意义与价值，学会如何通过听评课开展课堂教学研究，并逐步提升课堂教学研究的能力。

结　　语

随着普通高中课程改革的深入推进,如何从根本上提高普通高中课堂教学质量、提升普通高中教师的专业发展成为每一位教育工作者面临的现实而又紧迫的问题。本书认为,教师通过听评课开展课堂教学研究是听评课本体功能的应然回归,是改进课堂教学的最佳途径,是教师专业发展的未来趋势。作为教师日常的一项专业活动,它一方面指向课堂教学本身,通过对教学问题的研究改进课堂教学,提高课堂教学质量;另一方面指向教师,使教师通过听评课活动学会关注课堂、研究课堂,进而促进教师专业发展。然而,教师通过听评课开展课堂教学研究目前面临着主观与客观方面的诸多问题与困境。在甘肃这样教育相对落后的省份,这些问题与困境具有普遍性,不仅在个别学校化学学科的教师中存在,而且在很多普通高中的几乎所有学科教师中都存在这样的问题。

因此,尽管本书力求在深入分析理论与全面调查现状的基础上深入普通高中化学教师的专业生活内部开展实践探索,从而建构普通高中教师通过听评课开展课堂教学研究的实质性理论,并提出具有可操作性的实施对策,但这些理论与对策还需要学校以及教师在实际教学过程中进行长期实践,并逐步完善。这是一项持续性的工作,不仅需要专业研究者在理论与实践两方面进行大力倡导与引领,更需要教师自身转变观念,积极行动,切实通过听评课活动去研究并解决困扰他们的课堂教学问题,将新课程的理念真正落实到学科课堂教学实际中。因此,本书的出版可以说是万里长征第一步,笔者以期后续的研究能够更加深入到教学一线,进一步完善理论，对相关问题有更加理性深刻的认识，同时能与一线教师共同收获更多的实践研究成果。

参考文献

专　著

陈大伟：《怎样观课议课》，四川教育出版社2006年版。

陈大伟：《观课议课与课程建设》，华东师范大学出版社2011年版。

陈桂生：《到中小学去研究教育——教育行动研究的尝试》，华东师范大学出版社2003年版。

陈桂生、赵志伟：《现代教师读本：教育卷》，广西教育出版社2008年版。

陈时见：《课堂学习论》，广西师范大学出版社2001年版。

陈向明：《质的研究方法与社会科学研究》，教育科学出版社2000年版。

陈向明：《教师如何作质的研究》，教育科学出版社2001年版。

陈瑶：《课堂观察指导》，教育科学出版社2002年版。

迟春燕：《切磋教师如何做教研》，中国人民大学出版社2008年版。

崔允漷等：《课堂观察Ⅱ：走向专业的听评课》，华东师范大学出版社2013年版。

顾明远、石中英：《国家中长期教育改革和发展规划纲要（2010—2020）解读》，北京师范大学出版社2010年版。

顾志跃等：《如何评课》，华东师范大学出版社2009年版。

胡德海：《教育学原理》，甘肃教育出版社1998年版。

教育部师范教育司组织编写：《教师专业化的理论与实践》，人民教育出版社2003年版。

联合国教科文组织国际教育发展委员会：《学会生存——教育世界的今天和明天》，教育科学出版社1996年版。

李秉德：《教学论》，人民教育出版社1991年版。

李秉德：《教育科学研究方法》，人民教育出版社1998年版。

李泽林：《高中课堂的危机与变革》，甘肃教育出版社2014年版。

宁虹：《教师成为研究者——国际运动、理论、路径、实践》，首都师范大学出版社2002年版。

齐学红：《走在回家的路上——学校生活中的个人知识》，北京师范大学出版社2005年版。

沈毅、崔允漷：《课堂观察：走向专业的听评课》，华东师范大学出版社2008年版。

石中英：《知识转型与教育改革》，教育科学出版社2001年版。

王福强：《用心做教研——一线教师最需要的教研策略》，吉林大学出版社2010年版。

王鉴：《实践教学论》，甘肃教育出版社2004年版。

王鉴：《课堂研究概论》，人民教育出版社2007年版。

王鉴：《教师与教学研究》，甘肃教育出版社2013年版。

王鉴：《课程与教学的基本原理》，人民教育出版社2014年版。

王少非：《新课程背景下的教师专业发展》，华东师范大学出版社2005年版。

王卫东：《教师专业发展探析若干理论的阐释与辨析》，暨南大学出版社2007年版。

王艳霞：《教师成为研究者——基于一所中学的个案研究》，北京师范大学出版社2011年版。

温忠麟：《教育研究方法基础》，高等教育出版社2004年版。

吴康宁等：《课堂教学社会学》，南京师范大学出版社2000年版。

吴明隆：《问卷统计分析实务——SPSS操作与应用》，重庆大学出版社2010年版。

徐世贵：《怎样听课评课》，辽宁民族出版社2000年版。

叶澜等：《教师角色与教师发展新探》，教育科学出版社2001年版。

应湘、向祖强：《教师专业发展与学生成长》，暨南大学出版社2007年版。

袁方：《社会研究方法教程》，北京大学出版社1997年版。

余文森:《一位教育学教授的听课评课与教学断想》,福建教育出版社 2011 年版。

赵汀阳:《论可能生活》,中国人民大学出版社 2010 年版。

赵祥麟:《杜威教育论著选》,王承绪编译,华东师范大学出版社 1981 年版。

郑金洲:《教育文化学》,人民教育出版社 2000 年版。

钟启泉等主编:《普通高中新课程方案导读》,华东师范大学出版社 2003 年版。

周青等:《化学教育测量与评价》,科学出版社 2011 年版。

译 著

[英] A. F. 查尔默斯:《科学究竟是什么?》,鲁旭东译,商务印书馆 2013 年版。

[美] 艾尔·巴比:《社会研究方法》,邱泽奇译,华夏出版社 2005 年版。

[美] 彼得·圣吉:《第五项修炼——学习型组织的艺术与实务》,郭进隆译,杨硕英审校,上海三联书店 1998 年版。

[德] 斐迪南·滕尼斯:《共同体与社会》,林荣远译,商务印书馆 1999 年版。

[美] 克利福德·格尔茨:《文化的解释》,韩莉译,译林出版社 2008 年版。

[德] 克里斯托夫·武尔夫:《教育人类学》,张志坤译,教育科学出版社 2009 年版。

[英] 凯西·卡兹曼:《建构扎根理论:质性研究实践指南》,边国英译,陈向明校,重庆大学出版社 2009 年版。

[美] 理查德·I·阿兰兹:《学会教学》,丛立新等译,华东师范大学出版社 2007 年版。

[美] 洛伦 S. 巴里特等:《教育的现象学研究手册》,刘洁译,教育科学出版社 2010 年版。

[瑞] 让·皮亚杰:《教育科学与儿童心理学》,文化教育出版社 1981 年版。

[法] 皮埃尔·布迪厄、[美] 华康德:《实践与反思——反思社会学导

引》，李猛、李康译，中央编译出版社 1998 年版。

［美］乔伊斯·P. 高尔、M. D. 高尔、沃尔特·R. 博格：《教育研究方法实用指南》，屈书杰、郭书彩、胡秀国译，北京大学出版社 2007 年版。

［苏］苏霍姆林斯基：《给教师的建议》，杜殿坤编译，教育科学出版社 1984 年版。

［美］托马斯·库恩：《科学革命的结构》，李宝恒、纪树立译，上海科学技术出版社 1980 年版。

［美］托马斯·库恩：《科学革命的结构》，金吾伦、胡新和译，北京大学出版社 2003 年版。

［美］Tomas L. Good、Jere E. Brophy：《透视课堂》，陶志琼、王凤、邓晓芳等译，中国轻工业出版社 2002 年版。

［日］佐藤学：《课程与教师》，钟启泉译，教育科学出版社 2003 年版。

［日］佐藤学：《静悄悄的革命——创造活动、合作、反思的综合学习课程》，李季湄译，长春出版社 2003 年版。

期　刊

安富海：《公开课问题再审视》，《中国教育学刊》2013 年第 5 期。

陈大伟：《走向有效的观课议课》，《人民教育》2007 年第 23 期。

陈大伟：《观课议课的文化观念》，《教育与教学研究》2010 年第 5 期。

陈红日：《学校层面的听课评课应重在"议课"》，《中小学教师培训》2006 年第 9 期。

陈晓端：《当代教学范式研究》，《陕西师范大学学报》（哲学社会科学版）2004 年第 5 期。

陈晓端等：《近年来国内课堂类型建构研究的回顾与反思》，《当代教育与文化》2011 年第 4 期。

陈晓端、龙宝新：《教师专业学习共同体的实践基模及其本土化培育》，《课程·教材·教法》2012 年第 1 期。

陈益：《关于高中化学教师教科研的调查与思考》，《化学教育》2009 年第 12 期。

崔允漷：《听评课：一种新的范式》，《教育发展研究》2007 年第 18 期。

崔允漷：《课堂观察 20 问答》，《当代教育科学》2007 年第 24 期。

崔允漷：《论指向教学改进的课堂观察 LICC 模式》，《教育测量与评价》（理论版）2010 年第 3 期。

尤炜：《听评课的现存问题和范式转型——崔允漷教授答记者问》，《基础教育课程》2007 年第 11 期。

崔允漷：《论课堂观察 LICC 范式：一种专业的听评课》，《教育研究》2012 年第 5 期。

褚远辉、辉进宇：《中小学教师成为研究者：价值、优势、局限、问题及措施》，《中小学教师培训》2004 年第 5 期。

丁道勇：《评课中的视角差异及其重构》，《上海教育科研》2012 年第 5 期。

冯青林：《论听评课的困境与突围》，《基础教育》2008 年第 4 期。

方洁：《我国听评课研究二十年：回顾与反思》，《西北师大学报》（社会科学版）2014 年第 3 期。

付黎黎：《听评课：指向合作的课堂观察》，《教育科学研究》2010 年第 2 期。

高慎英：《教师成为研究者："教师专业化"问题探讨》，《教育理论与实践》1998 年第 3 期。

高慎英、刘良华：《论"教师成为研究者"——斯登豪斯及其"人文课程研究"》，《外国教育研究》2002 年第 6 期。

胡惠闵：《教师专业发展背景下的学校教研活动》，《全球教育展望》2006 年第 3 期。

黄立刚：《如何提高听课、评课的实效性》，《教育实践与研究》（A）2011 年第 1 期。

金东升、王英：《对中学化学教育科研的思考》，《化学教学》2006 年第 6 期。

江玉安：《评课的三个基本问题：内容、标准与思路》，《课程·教材·教法》2007 年第 3 期。

李长吉、余芬艳：《课堂观察研究：进展与趋势》，《当代教育与文化》2010 年第 6 期。

李方安：《二十世纪西方教师研究运动发展脉络与启示》，《华东师范大学学报》（教育科学版）2009 年第 4 期。

李锋：《课堂观察研究：从"感性描述"走向"理性实践"》，《教育科学》2008年第3期。

李茂森、曹丹丹：《论评课的路径转换及其实践意义》，《现代中小学教育》2006年第11期。

李润洲：《叙事研究与教师角色——兼答叙事研究到底是谁的方法》，《湖南师范大学教育科学学报》2005年第6期。

李润洲：《专业化视域里的教师听评课》，《中国教育学刊》2009年第8期。

李润洲、张良才：《论"教师即研究者"》，《教育研究》2004年第12期。

李森：《论课堂的生态本质、特征及功能》，《教育研究》2005年第10期。

李松林：《课堂教学研究二十年：回顾、反思与重建》，《教育理论与实践》2008年第11期。

刘万海：《近二十年来国内外教育叙事研究回溯》，《中国教育学刊》2005年第3期。

陆有铨：《时代呼唤研究型教师》，《杭州师范学院学报》（人文社会科学版）2002年第1期。

闵钟：《关于"教师成为研究者"的理性思考》，《教学与管理》2001年第23期。

牟映雪：《教研组协作文化构建与教师专业发展》，《课程·教材·教法》2006年第9期。

宁虹、刘秀江：《教师成为研究者：教师专业化发展的一个重要趋势》，《教育研究》2000年第7期。

宁虹：《"教师成为研究者"的理解与可行途径》，《比较教育研究》2002年第1期。

宁虹、武金红：《建立数量结构与意义理解的联系——弗兰德互动分析技术的改进运用》，《教育研究》2003年第5期。

彭亚青等：《中小学评课：问题与策略》，《中国教育学刊》2006年第1期。

邵光华、王建磐：《教师专业发展取向的观课活动》，《教育研究》2003年第9期。

邵光华、董涛：《教师教育校本培训与同事互助观课浅论》，《课程·教材·教法》2004年第1期。

邵光华、董涛：《观课与教师专业成长》，《中小学教师培训》2004年第3期。

孙涛：《教师听评课的现状和策略》，《教书育人》2012年第11期。

沈正元等：《课堂观察：价值、目标、方式与推进策略》，《江苏教育研究》2009年第18期。

陶志琼：《课堂的使命：为人生播种希望的种子》，《宁波大学学报》（教育科学版）2005年第6期。

V. K. 拉伊纳：《印度教育研究：对一份学术研究期刊的分析》，《教育展望》（中文版）2002年第1期。

王鉴：《论教师主体与研究型教师》，《学科教育》2003年第5期。

王鉴、李泽林：《教师研究课堂：意义、路径和模式》，《教育研究》2008年第9期。

王鉴、方洁：《中小学集体备课模式的变革研究》，《教育研究与实验》2013年第6期。

王建军：《实践为本的教师专业发展：专题性"听—说—评课"》，《上海教育科研》2004年第11期。

王洁：《教师的课例研究旨趣与过程》，《教书育人》2010年第5期。

汪海：《关于教研员评课几个问题的研究》，《教育探索》2012年第5期。

吴俊明：《刍议化学学科教育的研究与转型》，《化学教学》2008年第8期。

肖红梅：《评课——教师专业化发展的重要途径》，《中学化学教学参考》2012年第11期。

肖钰士、曾文英：《中小学教师成为研究者的障碍及其突破》，《江西教育科研》2005年第6期。

熊岚：《中小学评课：问题反思与策略构建》，《教育探索》2010年第1期。

徐炜霞：《知识与方法——"教师成为研究者"的再探寻》，《教育科学》2011年第2期。

徐武汉：《基层学校评课中的问题及对策》，《中小学教师培训》2000年第 11 期。

阳利平：《对"教师即研究者"命题的探析》，《教育发展研究》2007 第 10B 期。

杨丽花：《新课程背景下的听评课》，《教育理论与实践》2011 年第 2 期。

杨启亮：《研究教育科学：未来教师成长的必然选择》，《教育发展研究》2001 年第 4 期。

杨素君：《教研活动中教师如何听好课与评好课》，《教育探索》2009 年第 1 期。

杨玉东：《"课堂观察"的回顾、反思与建构》，《上海教育科研》2011 年第 11 期。

余文森：《校本教学研究的实践形式》，《教育研究》2005 年第 12 期。

叶立军、彭金萍：《研课：促进教师专业发展的有效途径》，《天津师范大学学报》（基础教育版）2014 年第 3 期。

张爱军：《教师研究的价值取向及实现路径》，《中国教育学刊》2010 年第 3 期。

张爱军：《课堂观察之于教师研究：价值、困境与对策》，《教育理论与实践》2011 年第 29 期。

张广斌：《转型与使命：新时期教研队伍建设研究》，《中国教育学刊》2011 年第 11 期。

张海珠等：《合作研究共同体：教师专业发展的新思路》，《教育科学论坛》2010 年第 11 期。

张贤金、吴新建：《当前中学化学教师如何做学科教育研究》，《福建教育学院学报》2011 年第 5 期。

张向众：《学校变革中研讨性评课文化的更新》，《教育研究与实验》2007 年第 2 期。

郑毓信、张汝新：《"教师研究"的现状与发展》，《全球教育展望》2005 年第 7 期。

郑金洲：《听课的技能与技巧》，《上海教育科研》2002 年第 2 期。

郑金洲：《课堂教学研究 30 年的变迁进程》，《中国教师》2008 年第 11 期。

周杰：《直面课堂情境：评课的应然追求》，《教育理论与实践》2010 年第 5 期。

周予新：《谈谈新课程下的评课》，《教育实践与研究》（B）2011 年第 2 期。

周坤亮：《指向课堂教学改进的听评课》，《教育理论与实践》2011 年第 9 期。

周耀威：《试论"基于对话"的研究共同体》，《教育理论与实践》2006 年第 7 期。

周瑜芽：《评课：教师在校本研修中互助的重要形式——访特级教师曹培英》，《江西教育》2008 年第 5 期。

钟启泉：《课堂转型：静悄悄的革命》，《上海教育科研》2009 年第 3 期。

朱郁华：《主题式观课议课促进教师专业成长的一种有效方式》，《教学与管理》2007 年第 1 期。

学位论文

卜静静：《我国中小学教师开展教学研究的历史演变》，硕士学位论文，华东师范大学，2010 年。

纪德奎：《变革与重建：课堂优质化研究建设》，博士学位论文，西北师范大学，2008 年。

李泽林：《西北地区普通高中课堂变革研究》，博士学位论文，西北师范大学，2010 年。

滕荣娟：《初中听评课制度研究——基于 YA 中学的调查研究》，硕士学位论文，华东师范大学，2009 年。

王慧君：《中学教师物理教学科研发展特点及影响因素研究》，博士学位论文，西南大学，2009 年。

徐柏华：《数学研课的内容框架研究》，博士学位论文，南京师范大学，2012 年。

岳欣云：《教师研究的反思与再探究》，博士学位论文，华东师范大学，2005 年。